现代传播学精品教材

现代广告学

XIANDAI GUANGGAOXUE

王军元 著

第4版

苏州大学出版社
Soochow University Press

图书在版编目(CIP)数据

现代广告学 / 王军元著. —4 版. —苏州：苏州大学出版社，2013.5(2025.7重印)
现代传播学精品教材
ISBN 978-7-5672-0472-0

Ⅰ. ①现… Ⅱ. ①王… Ⅲ. ①广告学—高等学校—教材 Ⅳ. ①F713.80

中国版本图书馆 CIP 数据核字(2013)第 091421 号

现代传播学精品教材

现代广告学 **第4版**

著　　者　王军元
责任编辑　周　敏
装帧设计　刘　俊
出版发行　苏州大学出版社
地　　址　苏州市十梓街 1 号
邮　　编　215006
电　　话　0512-65225020　67258815(传真)
网　　址　http://www.sudapress.com
印　　刷　广东虎彩云印刷有限公司
开　　本　787 mm×960 mm　1/16　印张 18.5　字数 340 千
版　　次　2013 年 5 月第 4 版
　　　　　2025 年 7 月第 3 次印刷
书　　号　ISBN 978-7-5672-0472-0
定　　价　55.00 元

前 言

16 年前，苏州大学中文系（新闻传播系）为了教学的需要，组织编写了《现代新闻学与传播学丛书》。考虑到教材多层次的适用性，我们一方面根据全日制普通高等学校新闻传播专业教学大纲的要求进行编写，另一方面有条理、清晰地编排知识点，尽量让读者“无师自通”，从而方便自学者使用。教材出版后，不仅在江苏省普通高校全日制专业和自考专业中使用，而且得到了江苏省以外的许多高等学校的认可，国内一些高校甚至将它指定为新闻传播学专业考研的参考书。这套教材受到了普遍好评，16 年来除增补的两种外已修订重版三次。

新闻传播学是与社会的发展紧密相连且实用性很强的学科。随着中国新闻传播事业的快速发展、改革开放力度的不断加大以及新媒体技术的突飞猛进，新闻传播学的知识在不断更新，学科也在不断完善。为了避免教材内容的“老化”和理论建设与社会发展相脱离的现象，我们决定再一次对丛书进行大规模的修订，并重新命名为《现代传播学精品教材》。本次修订主要根据以下原则进行：

- 尽量吸收国内外新闻传播学的新成果，结合新媒体技术的发展，引领学生了解学科发展的最新动态。
- 保持原教材便于自学的特点，厘清概念，指出知识点。
- 进一步强调教材的系统性，做到内容充实，资料丰富。
- 根据实际需要和本学科的发展，对内容和结构适当加以增删。

在初版教材的前言中我们曾说:“学科的发展是无止境的,教材的编写也只是阶段性成果,我们希望听到各方面的意见,在以后的修改中使之更加完善。”在新版丛书出版之时,我们仍坚持这样的愿望,让我们的教材在逐步完善的过程中更具有时代的特性和社会的适应性。

本丛书适用于全日制普通高校新闻传播学专业学生、新闻传播学专业自考学员以及新闻传播系统从业人员。

伴随着科学技术的高速发展,创新是这一学科永恒的主题,因此,关注这一学科理论与实践的发展将是我们长期的课题。同时,我们也期待着专家和同行的批评指正,以便我们在再次修订时补正。

《现代传播学精品教材》编委会

2013 年 4 月

目 录

Contents

第十章
广告效果

第十一章
广告公司经营与广告管理

1

第一章

广告与广告发展

内容提要：

本章开头罗列了几个具有代表性的关于广告的定义，并指出了广告所应包含的六个要素，即广告主、付费、大众传媒、信息、非个体传播和沟通；按照不同的目的与要求，对广告进行了划分，并重点介绍了几种常见的广告类型及其特征；阐述了广告的五条基本原则，并大致描绘了广告发展的轨迹。

现代商业社会发展的一个重要标志就是广告的兴盛,尤其是对于生活在市场经济条件下的人们来说,广告在他们日常的工作、学习、生活、娱乐、休闲等领域所起的作用受到越来越广泛的重视。正如一位社会学家所说的,我们生活的环境是由水、空气、广告所组成的。人类的生活与广告已经是息息相关、密不可分了。广告已成为沟通生产者与消费者的重要纽带和桥梁,是人们日常生活的向导与指南,是推动社会主义市场经济发展的助力器。研究广告,对于更好地使广告为社会主义市场经济服务,为普通消费者的衣食住行服务,具有积极作用。

第一节 广告的定义及要素

一、广告的定义

“广告”,从字面上解释,“广”,为“广大、广博、广泛、广远”之意,“告”,为“告诉、告知、告白”之意,合起来,即“广而告之”之意。据考证,“广告”一词是外来语。它来源于拉丁文 Adverture,其意思是大喊大叫以引起别人的注意。中古英语时代(约公元 1300—1475 年)演化为 Advertise,其含义也逐渐演化为“一个人注意到某件事”和“引起别人注意”,“通知别人注意某件事”。直到 17 世纪末,英国资产阶级工业革命以后,大规模的商业活动在英国蓬勃兴起,并且影响到欧美其他受资产阶级工业革命熏陶的国家和地区,“广告”一词才被广泛地使用。同时,印刷术等先进的传播手段在欧美资本主义国家也得到了广泛运用,使广告成为一种新兴社会文化现象和商业活动的重要组成部分。对中国而言,“广告”一词是在 20 世纪初由日本传入中国的。

就世界广告发展的历史而言,广告活动的产生要比广告定义产生的历史更为悠久。我们现在所了解到的世界上最早的广告实物,存于大英历史博物馆。这是公元前 1000 年左右,在人类文明的发源地之一——古埃及首都特贝散发的一份传单:“一个叫谢姆的男奴隶,从善良的织布匠哈甫家逃走了,首都特贝城一切善良的市民们,谁能把他领回来的话,有赏。谢姆身高 5 英尺 2 英寸,红脸,茶色眼珠。谁能提供他的下落,就赏给他半个金币;如果谁能把谢姆送到技艺高超的织布匠哈甫的店铺来,就赏给他一个金币。”这份传单,字里行间已经包含了现代广告的基本雏形。

但是,人类从理论上研究广告的历史并不长。在 1890 年前,国外对广告公认的定义是“有关商品或服务的新闻”(News about Product or Service)。1894年,J. E. 肯尼迪给广告下过一个定义:“广告是作为印刷工具的推销手段。”(Salesmanship in Print.)这是迄今为止,我们所能看到的广告最早的一个定义。从人类传播发展史的角度来讲,在那个时代,媒体并不发达,可供选择的媒体很少,要想达到广而告之的目的,除了选择印刷手段外,别无他途。因此,这一定义不失为一个高度概括、高度凝练的关于“广告”的定义,在人类广告的发展史上,具有划时代的定义。

随着社会的不断进步、经济的正常发展,广告活动越来越受到重视,人们对广告的理性思考越来越深入而全面,有关广告研究的理论也越来越深刻,对有关广告定义的理论阐释则层出不穷。

美国《广告时代》杂志于1932年公开征求广告定义,入选的是“由广告主支付费用,透过印刷、书写、口述或图画等,公开表现有关个人、商品、劳务或运动等信息用以达到影响并促成销售、使用、投票或赞同的目的”。

著名的美国市场营销协会(American Marketing Association,即AMA)给广告下过这样的定义:Advertising is the nonpersonal communication of information usually paid for and usually persuasive in nature about products, services or ideas by identified sponsors through the various media.(“广告是由特定的广告主通常以付费的方式通过各种传播媒体对产品、劳务或观念等信息的非人员介绍及推广。”)

美国当代广告学者托马斯·C. 奥吉恩、克里斯·T. 艾伦、理查德·J. 寒梅尼克在其所著的《广告学》一书中认为:“毫无疑问,广告具有一定的神秘性,在推出本书的第1版时,我们是这样总结自己对这个领域的认识的:广告具有多重身份。它是民主流行文化,是资本主义工具,是压迫者,是解放者,是艺术,是戏剧,是自由的言论,是创意的流动,是信息。广告有助于企业销售产品,最重要的是,广告是一种乐趣。”

在《广告学》一书的第2版中,作者认为:“对于不同的人,广告意味着不同的东西。广告是一种商业、一种艺术、一个机构、一种文化现象。”对于跨国公司的首席执行官,比如Jürgen Schrempp来说,广告是一种有助于创造品牌忠诚、刺激需求的基本营销工具;对于媒介策划人来讲,广告则是企业利用大众媒介向自己的现有顾客和潜在顾客进行传播的途径;而对于学者和博物馆馆长来说,广告是一种文化产物,是一个课题,是历史记录。对于所有这些人来说,广告代表着不同的东西。事实上,有时判断什么是广告,什么不是广告也是一件十分困难的事情。鉴于这种情况,我们给出的广告定义如下:“广告(Advertising)(总称)

是一件有偿的、经由大众媒介、目的在于劝服的企图。”

正像这个看似直接而简单的定义一样,广告的定义包含了广告的许多特征,广告是由希望自己的信息得到扩散的企业或组织支付费用的一种传播活动。用广告语言来说,为广告支付费用的企业或组织就叫作客户(Client)或广告主(Sponsor)。

《简明不列颠百科全书》认为:“广告是传递信息的一种方式,其目的在于推销商品、劳务,影响舆论,博得政治支持,推进一种事业,或引起刊登广告者所希望的其他反应。广告的信息通过各种宣传工具,其中包括报纸、杂志、电视、无线电广播、张贴广告及直接邮寄等,传递给想要吸引的观众或听众。广告不同于其他传递信息的形式,它必须由登广告者付给传播信息的媒介以一定的报酬。”

日本出版的《广告用语事典》给广告所下的定义是:“广告是以广告主的名义,向不特定大众传播对象,告知商品及服务的存在、特征与便利性等,使其产生理解、好感乃至购买行为,或是对广告主产生信赖的一种有偿传播活动。”

以上所列举的仅仅是诸多广告的定义中有代表性的几个。由于人们认识问题的角度不同,所处位置的差异,因此,直到目前为止,还没有一个能够被广告学术界和广告实际工作者都能完全接受的广告定义。但是,通过对上述这些广告定义的介绍,又根据广告的构成要素和实际状况,我们认为,可以对广告作如下的定义:“广告是广告主通过付费的方式,借助于大众传媒,对有关产品、劳务或观念等信息的非个体的劝说及推广,以获得市场认同的沟通方式。”

二、广告的要素

根据以上给广告所下的定义,我们认为广告应该包含以下几个要素。

(一)广告主

所谓广告主,俗称广告客户,也即出资做广告的人或单位,或指做广告的倡导者和发起者。现在一般意义上的广告主主要是发布、刊登商品信息的企事业单位。

(二)付费

广告活动说到底是一种商业行为,一种经济行为,广告主做广告的一个最直接的目的是为了推销,否则广告就什么都不是,因此,广告主刊登、发布广告时必须付出相应的费用,主要是媒介购买的费用。同样是通过大众传媒发布有关信息,广告活动与新闻报道不一样,它必须是有偿的。

(三) 大众传媒

大众传媒是广告主发布有关广告信息的渠道和载体。从传统意义上讲,大众传媒包含了以下四个主要形式:报纸、电视、电台和杂志。这是大众传媒的“四大金刚”。随着现代科技的飞速发展,大众传媒也蓬勃兴起,除了以上所说的四大媒体外,网络作为一种新兴的大众传媒形式越来越受到人们的重视。除此之外,其他各种形式的传媒在广告活动中也起到了不可缺少的重要作用。

(四) 信息

这是任何一则广告最根本的东西,也就是指在一则广告中所要告知社会公众和消费者的内容。广告中的信息主要是指有关商品、劳务(或服务),或有关企业所倡导的观念等方面的内容。

(五) 非个体传播

广告不可能针对某一个个体或个人进行传播、宣传,它必须有选择地、有针对地、有目的地向它的目标公众或目标市场进行传播。广告如果仅仅针对某个人进行,那就是广告资源的浪费,广告起不到任何效果;而广告如果不能正确地选择目标公众,那广告的效果也只能事倍功半。

(六) 沟通

在消费者日益理智、商品日益同质化、市场竞争日益激烈的形势下,广告应更多地追求与市场、与消费者的沟通和交流,随时倾听消费者的呼声,这样才能使广告有的放矢,广告的效果才能事半功倍。

在《广告学》一书中,托马斯·C.奥吉恩等认为,作为广告的传播活动必须符合以下三个条件:一、这个传播活动必须是有偿的;二、这个传播活动必须经由大众媒介传递给受众;三、这个传播活动必须试图进行劝服。

第二节 广告的分类、特征与原则

一、广告分类

广告分类是为了适应广告运作的需要,使广告做到有的放矢,取得预期的效果。按照不同的目的与要求,可将广告划分为不同的类型。广告分类的恰当与否,直接关系到广告效果能否达到、广告目标能否实现。因为只有广告分类正确,认清不同广告的不同表现方式,才能为广告策划和广告创意提供可靠的依据,使整个广告运作正常、科学、合理、规范。

广告的分类方法和由此而得出的类型有许多种,在此,我们重点介绍几种常见的广告类型。

(一) 按广告的最终目的分

按最终目的划分,广告可以分为营利性广告和非营利性广告。商业广告一般都是营利性广告,而非营利性广告往往是以政府机构、社会团体的公文和告示形式出现的。现在绝大多数的公益广告都属于非营利性广告。

(二) 按广告的直接目的分

按直接目的划分,广告可以分为商品推销广告、企业形象广告和企业观念广告三类。

1. 商品推销广告

这是以推销商品为目的的广告,是获得经济利益的广告形式。目前通过大众传媒发布、刊登的广告,绝大部分都是商品推销广告。这种广告又可以分为三种类型。

(1) 报道式广告。这是商品进入市场初期所做的广告。在这个时期,消费者对有关商品的信息还一无所知,商品在市场没有任何知名度和影响力。报道式广告就是通过对商品的性能、价格、款式、用法以及生产厂家、商标等知识信息的传递,使消费者对商品具有初级的印象和初步了解,使消费者知晓该商品并产生初级需求,使市场能够接受商品。这类广告起到了开拓市场的作用。

(2) 劝导式广告。当报道式广告做了一个阶段,商品在市场上已有了一定影响，消费者也逐渐熟悉了这种商品，继而，广告就应该以说服消费者、劝导消费者为目标了。劝导式广告应该注意突出商品与众不同的个性与特征，加深消费者对商品的兴趣和记忆，从提高产品的知名度到提高产品的美誉度，从而刺激消费者的选择性需求——“指名购物”。同时，在这个阶段，市场上已经有了同类产品出现，这样，市场的竞争就会日趋激烈，因此，尽可能地扩大、强化消费者对产品的记忆度，增强产品在市场上的竞争力，是劝导式广告必须面对的问题。

(3) 提醒式广告。一个产品在市场上销售一段时间后，总会走入它的衰退期。这个时期，市场上同类产品之间的竞争已经是烽火连天了。消费者的消费心理决定了他们在选择商品时总是会喜新厌旧的，因此，广告产品要想保持它在市场中占有的份额，维持在消费者心目中已经确立起来的地位，就必须不厌其烦地刺激消费者，提醒消费者保持已经养成的购买习惯，防止消费者发生偏好转移，尽可能延长产品在市场上的寿命。

2. 企业形象广告

这是企业为建立商业信誉、塑造其在社会公众心目中的良好形象而制作发布的广告，它不直接介绍有关商品的知识和信息，而是宣传企业的宗旨和荣誉、历史与成就等，目的是为了完善自身形象，沟通企业与社会、企业与市场、企业与消费者之间的关系，在潜移默化的宣传中，使企业的产品伴随着企业的形象走进千家万户。如杭州娃哈哈集团为祝贺中国政府申办 2008 年北京奥运会成功，在中央电视台播放的广告就属于企业形象广告。

3. 企业观念广告

这种广告的目的是为了建立或者改变社会公众、消费者心目中对企业或产品的形象，从而建立或改变某种消费习惯或消费观念，使它朝着有利于企业获得长久利益的方向发展。

（三）按广告的覆盖区域划分

按覆盖区域划分，广告可分为全球性广告、全国性广告、区域性广告和地方性广告。

1. 全球性广告

全球性广告，又称国际性广告。它选择的是有国际性影响的、在全球范围都有一定听众、读者和观众的大众传媒发布有关的广告信息。这类广告的产品往往具有通用性强、销售量大、选择性少等特点，而且绝大多数都是一些国际知名品牌。可口可乐公司在全球所做的系列广告就属于这类广告。

2. 全国性广告

选择在有广泛影响的全国性的媒介发布、刊登广告,其目的是为了在尽可能短的时间里获得普遍反响,从而使消费者对产品产生购买欲望。这种产品在行销过程中,不受地理条件的限制,销售量大,能被广大消费者普遍接受。

3. 区域性广告

这类广告主要是为了配合差异性市场而制作的。选择的媒介往往是在某一个地区有代表性的媒介,或者是在当地影响度比较广泛的媒介。这类广告在实际操作过程中,往往根据企业的营销计划,产品到哪里,广告就到哪里,或者是配合某一个促销活动,在某一个区域内实施的广告策略。

4. 地方性广告

这类广告传播的范围窄,影响面小,主要是选择一些地方性的媒介,如当地的电视台、电台、报纸,或是路牌、霓虹灯、灯箱、公交车等地方性媒介。

(四) 按广告媒介划分

按媒介划分,广告可以分为电视广告、电台广告、杂志广告、报纸广告、网络广告、户外广告、直邮广告、交通广告、售点广告等多种形式。随着人们广告意识的不断增强,科学技术水平的不断提高,广告媒介也日新月异、层出不穷。任何一样物质只需带上一定的商业信息,都可以成为广告媒介。广告既可以采用单一的形式,也可以多种形式并用,媒介互补,尤其是现代广告,单一的媒介往往很难达到广告目的。所以,各种广告媒介的优化组合,已成为现代广告的一大特点。

(五) 按广告诉求方式划分

按诉求方式划分,广告可分为理性诉求广告、感性诉求广告和感性理性相结合的诉求广告三种类型。

1. 理性诉求广告

这类广告采用理性说服的方法,通过摆事实、讲道理,一是一、二是二地分析、论证推理,有理有据地直接说明产品的优点和缺陷。这类广告往往会采用专家、名人说法,用科学的数据、图表、事实来提高广告的说服力,让消费者自己判断,进而购买使用。

2. 感性诉求广告

这类广告主要是通过感情诉求的方式,以情动人。"感人心者,莫先乎情",借助于人类情感中某一类情感的诉求,激起消费者情感世界的共鸣,以便使消费者对产品产生好感,促使其购买。这类广告可谓情真意切、感人肺腑,很容易引起消费者心灵的震撼和情感的共鸣，在消费者未曾意识到的情况下，传递了广告产品的信息。

3．感性理性相结合的诉求广告

这类广告既有感性诉求广告的“以情动人”，又有理性诉求广告的“以理服人”，是目前在广告运作中运用得比较广泛的一种广告形式。

（六）按广告产生效益的快慢划分

按产生效益的快慢划分，广告可分为速效性广告和迟效性广告。

1．速效性广告

速效性广告，又叫直接行动广告，它是指广告发布后要求消费者立即实施购买行为的广告。这类广告中的产品主要是一些时令性商品，如中秋节前的月饼，或者是一些企业某一活动所做的促销广告等，都是速效性广告。

2．迟效性广告

这类广告不要求广告发布后就有明显的市场反映，而考虑的是在消费者心目中留下长久的影响力，企业注重的是长远的利益。

（七）按产品的不同生命周期划分

按不同生命周期划分，可将广告划分为导入期广告、成长期广告、成熟期广告和衰退期广告四种。

1．导入期广告

它是新产品刚刚“入市”期间所做的广告。由于是刚刚进入市场的新产品，消费者感到非常陌生，所以，这个时期的广告主要以介绍为主，突出新产品与众不同的个性和特征，引起消费者的注意，激发消费者的购买兴趣和欲望。

2．成长期广告

这个时期的产品在经过市场的导入期后，开始逐渐被市场接受（产品的生产工艺和技术设施也逐渐完善），成本开始下降，企业开始盈利。这个时期的广告主要是进一步扩大产品知名度，围绕着产品与众不同的独特之处做广告。

3．成熟期广告

这个时期的产品在市场上已占有一定的市场份额，销量大且稳定，成本降到最低水平，企业利润达到最高水平，同时，市场竞争相当激烈。这个时期的广告主要是加强消费者的认知和记忆，提高指名购买率。

4．衰退期广告

这个时期的产品已显出日薄西山之势，销售量下降，市场份额减少，利润也减少,随时会被市场淘汰。因此,这个时期的广告主要应注重产品和企业自身的优势,尽可能延缓产品被淘汰的时间。

二、广告的基本原则

广告是一项特殊的活动,涉及广告主、广告公司、广告媒介、广告对象等多个方面的利益;它又是一项综合性活动,具有经济活动、文化活动、社会活动、信息传递活动合而为一的性质。尤其在我国这样一个社会主义国家,广告活动的各类参与者,在从事广告活动的过程中都必须遵循广告的基本原则。

(一)真实性原则

真实性原则指的是广告所发布的内容和信息必须真实可靠,准确无误。这是广告最基本的原则,是广告的生命所在。

广告的真实性,主要包含以下三个方面的内容。

1. 广告信息要以事实为依据

广告可以通过实物、实证,做到科学、准确、具体;反对夸大失实、美化失度、含义不准而引起消费者的误解、误用、误伤。

2. 注重信誉

广告实际上就是一种承诺,广告的真实性要求广告中的一切承诺都必须"言必信,行必果",反对言而无信,否则企业的声誉就会一落千丈。在美国,每年都要评选一种讽刺性的"哈伯德不正当广告年度奖"的奖项。"获奖者"都是在广告中言而无信的企业。

3. 提供"一分为二"的介绍

在介绍商品的特征、质量的同时,把产品的某些不足如实地告诉消费者,这样既对消费者负责,也对企业自己负责。只有商业信誉好、社会形象好的企业,才可能是市场最终的赢家。

但是,强调广告的真实性与广告创作中所采取的艺术表达手法并不矛盾。广告的真实性主要是指广告发布的内容、信息是真实、准确的,但是,在表达这些真实、准确的信息时完全可以采取自由畅想、自由表达的方式。也就是说,广告的内容、信息是真实的,广告的形式、表达的方式可以是夸张的、艺术的。

(二)思想性原则

思想性原则是广告的灵魂。指广告传达的内容和表达形式必须是文明的、健康的，避免消极、颓废、落后的倾向，严禁含有淫秽、暴力、色情、恐怖的内容。

在广告中提倡思想性原则，并不是把广告当作某种教条、概念的传声筒，更不是用政治宣传来代替广告宣传，应该在广告中注重思想性与艺术性相结合，在艺术创作中融入健康文明、积极向上的思想。

（三）计划性原则

所谓广告的计划性原则，包括两个方面：从宏观上讲，广告事业是整个国民经济的重要组成部分，必须与国民经济发展相协调，有计划地发展，既不能脱离国民经济发展的实际情况，好高骛远，又不能过分滞后于国民经济的发展，起不到推动国民经济发展的作用。从微观上讲，每一次具体的广告活动必须遵循一定的原则，按照科学、合理、规范的程序，有计划地发展，才能使广告取得最佳效益。

（四）艺术性原则

广告的艺术性是指广告的艺术魅力与审美作用，是广告吸引受众、感染受众、激发受众、获取受众认同的有力手段。

广告的艺术性一般包含两个方面：① 广告艺术表现的目的，不是为了单纯地欣赏，而是为了更好地把有关广告的信息融入到艺术性的创作中去。在广告作品的创意设计过程中，充分调动一切可以调动的艺术因素，用各种艺术语言营造一个真实的产品信息空间。② 广告艺术表现的形式，在确保广告内容思想性和真实性的基础上，可以百花齐放。无论是文字、图画、摄影、音乐等都可以信手拈来，为我所用。

（五）效益性原则

广告活动说到底是一种经济活动、商业活动。广告主花巨资做广告绝不会仅仅想在媒介露个脸、扬个名。效益性原则要求任何一次广告活动都要考虑到广告费用与广告效益之比，要以最少的投入获取最大的经济回报，这样企业才能有所收益，才能再发展，社会才能进步。广告所取得的效益又不仅仅是指经济效益，而且还包括社会效益，只有经济效益和社会效益双丰收，企业才是真正的赢家。

第三节 广告发展的轨迹

广告发展到今天这样相对比较成熟的形式,已经历了非常悠久的发展历史。综观古今中外的广告发展轨迹,大致可以分为四个阶段。

一、口头叫卖阶段

口头广告是人类最早使用的广告形式。由于当时生产力低下,人们就用最简便、最灵活、最自然的方式来告知他人。当社会出现剩余产品时,人们会把它拿到市场上与他人进行交换。在进行交换的过程中,对自己产品的介绍和展示是必不可少的,而介绍和展示总是伴随着口头叫卖。相传夏朝时王亥能造牛车,他拉着牛车,用帛和牛当货币,在部落间做买卖,为了引起别人的注意并做成交易,王亥就不停地叫卖、吆喝。伟大的爱国主义诗人屈原在《楚辞·离骚》中写道:“吕望之鼓刀兮,遭周文而得举。”并在《楚辞·天问》中提到:“师望在肆……鼓刀扬声。”师望就是吕望,即姜太公鼓刀扬声,高声吆喝、叫卖,就是为了招揽顾客。众所周知的寓言故事《矛与盾》中的那位“楚人”就在集市上不停地叫卖,一会儿夸耀他卖的矛如何坚硬,无坚不摧;一会儿又吹嘘他卖的盾如何坚硬,无坚可摧。这就是比较典型的叫卖广告。另外,我们比较熟悉的《水浒传》,第十二回中记载的杨志卖刀,也可谓叫卖广告。

二、实物标志广告阶段

介绍与展示必须把商品放到集市上去,这毕竟费时费力,而且长时间地暴露实物,商品也容易受到损坏,于是替代物也随之产生了。这样,替代物就成了所交换、经销的商品的标记,起到了吸引消费者,让消费者识别、辨认、记忆的作用。替代物本身也在变化,用一个十分近似实物的东西,发展为一个招牌,逐渐发展成为一个标志。成书于战国时期的《晏子春秋·内篇杂下》中记载:“君使服之于内,犹悬牛首于门,而卖马肉于内也。”晏子是公元前500年春秋时期齐国的宰相,引文含有“要使臣民心服口服,必须表里如一”的思想,但在客观上也反映了当时曾把牛头陈列于门前,招徕顾客,这是以实物作为标志来介绍商品的广告。战国末年的《韩非子·外储说右上》中有一段记载:“宋人有酤酒者,升概甚平,遇客甚谨，为酒甚美，悬帜甚高。”这则寓言虽另有寓意，却把酒店介绍得头头是道，不只说了卖酒的营业员服务态度好，而且酒的质量也好，给的分量足，更重要的是他们知道好酒也怕巷子深，有好酒还要做宣传介绍，使用高高悬挂的旗帜做标志来吸引来往的行人和顾客的注意。旗帜广告的出现不但说明了当时已具备了这种广告形式产生的物质条件（如织染、缝制技术等），而且商品经济的发展使众多的商人开始逐渐强化了经商的意识。这种悬帜广告在古代中国商品经济的发展中，起到了推波助澜的作用。悬物广告是实物广告的发展，在汉代以后较为流行。

悬物广告是店家在店铺门前悬挂与经营范围有关的物品或习惯性标志，起着招牌广告的作用。如经营扫帚的店铺，在门前悬挂一把扫帚作为标记；卖灯笼的店铺则在门前悬挂一个灯笼；卖酒的就在门前挂一面酒旗。据《后汉书·方术列传·费长房》中记载：“费长房者，汝南人也。曾为市椽。市中有老翁卖药，悬一壶于肆头……惟长房于楼上睹之，异焉。”“悬壶”，就是用葫芦作为药铺的标志，高高悬挂于市场的街头，使这位市场管理者站在旗亭楼上，望见这种新形式的广告而感到诧异。唐代诗人张籍在《江南行》中有“长干午日沽春酒，高高酒旗悬江口”，杜牧在《江南春》中有“千里莺啼绿映红，水村山郭酒旗风”，李中在《江边吟》中有“闪闪酒旗招醉客，深深绿树隐啼莺”等诗句。悬挂酒旗成为酒店招徕顾客的一项新举措。《水浒传》第二十三回记载：武松在路上行了几日，来到阳谷县地面。此去县治还远。当日晌午时分，走着肚子饥渴，望见前面有一个酒店，挑着一面招旗在门前，上面写着五个字：“三碗不过冈。”卖酒的人都希望顾客酒喝得越多越好，然而这个店家却反其道而行之，简简单单的五个字，高度概括了酒的质量，又具有浓郁的人情味，可以说是有关白酒广告中最具有创意的杰作。

三、印刷广告阶段

印刷术的发展和广泛使用，使人类在口头叫卖广告、悬物广告、旗帜广告等原始广告的基础上又向前跨出了历史性的一大步。我国是印刷术的故乡，印刷术被称为中国古代的四大发明之一。东汉时期，蔡伦发明了造纸术；隋朝时已出现雕版印刷术；在宋仁宗庆历年间（公元 1041—1048 年），毕昇发明了活字印刷术，成为人类传播发展史的一个里程碑。伴随着印刷术的发明和使用，具有近代广告特点的印刷广告也应运而生了，这便是北宋时期（公元 960—1127 年）济南刘家针铺所用的铜版雕刻。这块铜版雕刻现存于中国革命历史博物馆，它是中国古代广告发展的重要标志和见证。铜版宽12.5厘米,高13厘米,上面雕刻着“济南刘家功夫针铺”的标题,中间是“白兔捣药”的图案,图案左右分别标注“认门前白兔儿为记”,下方则刻有说明商品质地和销售方法的文字:“收买上等钢条,造功夫细针,不偷工,民便用,若被兴贩,别有加饶,请记白。”整个版面图文并茂,起到了很好的广告宣传作用。

据有关材料记载,我国最早的广告画是在南宋时期就已出现的一幅推销“眼药酸”的广告。画面由两个穿戏装的演员组成,一人用手指着右眼,示意有眼病,另一人则手拿一瓶“眼药酸”请他使用。这个广告画形象生动,情趣盎然,具有很好的广告宣传作用。

时至元代,印刷广告得到了进一步的发展。1985年8月,考古人员在湖南沅陵县发掘出的一座元代墓葬中,出土了两张印有商品广告的产品包装纸。包装纸一尺余见方,是质地较好的毛边纸,正面和背面皆印有清晰的图案、花边和小字。文字内容是:“潭州升平坊内白塔街大尼寺相对住,危家(姓危的人家)自烧洗无比鲜紫艳上等银朱、水花二朱、雌黄、坚实匙筋(油漆的一种工具)。买主请将油漆试验,便见颜色与众不同,四方主顾请认清门首红字高牌为记。”显而易见,这是公元1300余年潭州城(今长沙)一家油漆店印在产品包装纸上的广告。这一广告不到80个字,却说明了该店的详细地址,所售商品的种类、质量和特性。这张包装广告的出土,为我们研究印刷广告的历史提供了宝贵的原始资料。元朝后期,我国的印刷术连同其他发明随着蒙古军队的西进而传入西方,使西方文明也进入了一个新的历史时期。西方近代印刷术以德国人谷登堡发明的铅活字印刷术为标志。这种铅活字印刷术是不同于中国古代印刷术的全新意义上的印刷术。它为出版业朝着工业化的方向发展奠定了基础,对世界文明的进程产生了巨大影响。日本著名科学技术史学者汤浅光朝指出:“印刷术的发明作为人类解放思想的武器,与火药的爆炸力相比,其强烈影响之所及是更大。中世纪学术被僧侣阶级垄断,哲学成为神学的婢女,科学堕落为巫术,技术被禁闭在行业的小圈子里,这些都与缺乏保存和传递知识的工具有关,在使世界理性生命力变得旺盛并使其水准改革显著提高方面,印刷术的文化史价值是必须给予极高评价的。”印刷术的广泛普及使得书籍、杂志的出版发行势不可当。

1473年,英国出版商威廉坎克斯印刷了许多宣传宗教内容的广告,张贴在伦敦街头。该传单宽12.5cm,长17.5cm,是向居民们推荐一种福音书的书籍广告。广告内文中有这样的文句:

倘任何人,不论教内或教外人士,愿意取得适用于桑斯伯莱大教学的仪式书籍,而其所用字体又与本广告所使用者相同,请移驾至西敏斯特附近购买,价格低廉,出售处有盾形标记,自上至下有一红条纵贯以为辨识。

该传单虽然印制粗糙,但标志着西方印刷品广告的开端。

1525 年,德国出现了第一张报纸广告。1631 年,美国第一份报纸《波士顿新闻通讯》刊登了一则向广告商推荐报纸为广告媒介的广告,标志着依靠广告来维持报纸生存的设想在西方初见端倪。1729 年,被认为美国广告之父的本杰明·富兰克林创办了《宾夕法尼亚日报》,把广告栏放在创刊号第一版社论的前面,首次刊登的是一则肥皂广告。

在印刷术应用于西方的初期,世界广告活动的中心在英国。到了 18 世纪,美国开始出现大量的商业广告,广告活动的中心才逐渐转移到了美国。

四、广告代理阶段

广告代理商是 17 世纪在英国首先出现的。1610 年,英国第一家广告代理店是詹姆斯一世的两个骑士建立的。1612 年,法国创立了"高格德尔"广告代理店,而真正成熟的广告代理业起源于美国。1842 年,美国的沃尔尼·帕尔默在费城开办了第一家广告公司。起初,他只是为其父亲在新佐治亚州开办的一份名为《米勒》的报纸拉广告,后来,帕尔默又为一些广告主向其他一些报纸订购广告版面,而广告文字及广告设计工作仍由报纸承担,他从中获取 25% 的酬金。由于这项工作有助于增加报纸的发行量,提高报纸的经济效益,因此广告代理工作受到报界的一致欢迎和好评。帕尔默被认为是美国第一位广告代理商,他的工作也开创了中外广告史上广告代理的先河。

1865 年,乔治·罗威尔在波士顿正式开办了一家广告代理公司,专门从事"报刊广告版面批发代理"的经营业务。他开始与新英格兰州的 100 家周报(刊)签订合同,买下他们的一部分广告版权,然后把这些广告版权分销给不同的广告主,广告价格可由广告代理者确定,这种代理工作盈利可观。后来,随着报纸发行量的扩大,报社成立了专门的广告部门,直接与广告主取得联系,承揽业务,这样就使得广告代理业务受到遏制。广告代理商面对竞争与挑战,采用了新的经营策略,即从单纯的为报纸推销广告版面,转而为广告主制订广告计划,撰写广告文案,设计广告版面。这种由推销型代理向服务型代理转换的做法,受到广告主的普遍欢迎,推动了广告公司代理业务的发展。到目前为止,美国已成为世界上广告代理空前发达的国家。

1993 年,我国国家工商局颁布了《关于进行广告代理有关工作的若干规定

(试行)》,意味着中国广告业经过改革开放之后的复苏阶段,将重振旗鼓,进入代理制时代。然而,由于种种原因,中国广告的代理制一直很难真正实施,广告市场还处在无序竞争的混乱状态。要想使中国广告业健康、规范、科学地向前发展,实现真正意义上的代理制,准确摆正媒介、广告主、广告公司三者之间的关系刻不容缓。

2

第二章

市场调查

内容提要：

本章简介了市场调查的概念、特性及其意义，使读者对市场调查有一个基本的认识；从市场宏观环境调查和市场微观环境调查两个方面论述了市场调查的主要内容，并从计划、实施、结果分析三个阶段较详细地论述了市场调查的八个步骤；介绍了市场调查的基本形式和主要内容，以及市场调查和广告调查之间的关系、异同。

市场调查是获取市场信息,进行广告策划、广告设计的基本前提和依据。现代广告活动需要准确的市场信息,这是建立在对市场有科学、系统认识的基础上的。所谓科学地认识,就是要能客观地认识对象,将有限的资源合理分配,以获得最佳的效益;所谓系统地认识,就是广告活动能从市场的总体上把握对象。因此,任何一次广告活动都应该进行规划决策。科学的规划决策首先就在于科学的市场调查。

第一节 市场调查的基础认识

一、市场调查的概念

市场调查,又叫作市场调研或市场研究,从不同的角度、不同的领域、不同的理解,都会有不尽相同的认识。

从经济学的研究角度来看,要解决好"生产什么,生产多少、如何生产、为谁生产"这几个经济活动的基本问题,首先必须掌握充分的信息(对企业来说首要的就是能获得有效的市场信息),从而明确市场"需要什么、需要多少、是谁需要"等等。这种搜集、整理、分析信息,直到作出最后的决策的过程,就是市场调查。

从市场营销学及企业经营管理的角度来看,市场调查是市场营销理论方法体系的有机组成部分,是企业经营管理活动的重要环节。就市场来说,企业所面对的消费者具有什么样的特征、消费群体有多大、购买力水平的高低等,还有企业的分销渠道是否通畅、销售组织是否合理、销售方法是否具有针对性等,这些都是企业运行当中所需要掌握的,需要通过市场调查来获得。

从消费者方面来看,广大消费者是有理性的,都希望用既定的开支去获取最大的效用,或者用最小的开支去获取既定的效用。因此,他们必须掌握足够有关商品的质量、功能、价格、使用寿命等信息,这也是一个信息搜集、整理、分析、判断和选择的过程。

美国市场营销专家菲利普·科特勒认为,市场调查是系统地设计、收集、分析和提出数据资料,以及提出跟公司所面临的特定的营销状况有关的调查研究结果。

也就是说,市场调查就是运用科学的方法,有目的、有计划、有系统地收集、整理和分析有关市场方面的信息，以便了解客观环境，发现问题及机会，并制订和评价市场经营活动可供选择的方案，作为市场研究的基础和市场预测、经营决策的重要依据。

二、市场调查的特性

（一）市场调查的目的性

企业的市场调查是有目的、有针对性的。专题性调查是为了解决某一具体问题；一般性调查是为了了解和掌握常规性市场信息。两者对信息需求的侧重点不同，但都有各自明确的目标。正是企业对信息的需求，产生了对市场调查的需要，市场调查的目的也就是为了满足企业对市场信息的需求。

（二）市场调查的客观性

市场调查搜集的是有关市场的信息，调查的结果需要准确反映客观事实。这些信息是客观存在的，但它们中的一些信息只是有关市场的表象，不能反映市场的真实。市场信息存在着一定的不确定性，这就要求市场调查工作及其工作人员必须实事求是地对待和处理市场信息，必须根据调查目标的要求和市场信息的实际情况进行客观分析，从而做到既能客观地反馈市场信息，又能反映客观事实。

进行市场调查时，工作人员不能根据自己的个人喜好随意取舍样本、处理信息，也不能带着自己的主观结论去做市场调查。

（三）市场调查的科学性

市场调查的对象是客观事实，市场调查的结果是要为经营决策服务的，这就要求市场调查要具备高度的科学性。市场调查的科学性体现在两个方面：一方面，要求市场调查工作的态度和方法是科学的；另一方面，市场调查的结果是科学的。只有采取科学的态度，运用科学的手段，才能得到科学的市场调查结论。

（四）市场调查的不完备性和参考性

市场调查的不完备性主要表现在两个方面：一个是信息的不完备，一个是调查结果的不完备。

在市场调查的过程中，由于被调查者的合作程度、所回答的问题或提供的信息的准确程度等难以保证,再加上调查范围的限制,通常市场调查采用抽样调查的方式,也就使得市场调查很难得到完备的信息。另外,由于分析者自身的素质水平、信息的不完备等方面的原因,使得分析出的信息与事实之间存在着一定的偏差。

正因为市场调查得出的信息的不完备性,因此对于市场调查结果,经营者不能把它当成经营决策的唯一依据,应将市场调查的结果当作决策的参考依据。

三、市场调查的意义

(一)市场调查是企业发现市场机会和问题的重要手段

及时发现市场机会或问题,是企业经营管理的重要内容之一。不断寻找新的市场机会,如新产品、潜在市场等,是企业在市场竞争中寻找发展、扩张的需要。市场调查能及时地发现并解决问题,是企业持续稳定经营的有力保障。

目前,工业发达国家的大小企业都非常重视市场调查研究。据美国管理协会的调查,几乎有93%以上的美国制造业,或是自设机构从事市场研究,或是由独立的市场研究机构和市场顾问公司来担任市场研究工作。在420家大公司中,有85%的公司根据市场调查和预测来制订长期计划。

美国沃特·迪斯尼公司总裁恩斯诺曾做过调查,发现每花100万美元广告费,就会增加15.4万多游客游览迪斯尼乐园,平均6.5美元可增加一名游客,而这位游客将花费18美元买门票,另花15美元到20美元买纪念品。为此,恩斯诺在各种媒体上所花掉的广告费达1000万美元之多,用以宣传迪斯尼乐园中米老鼠、唐老鸭的童话世界,结果迪斯尼公司增加了5540万美元的收入。

(二)市场调查是决策者能正确决策的依据

没有调查就没有发言权,这是一个被广大企业界、广告界人士所熟知的至理名言。面对竞争激烈、复杂多变的市场,如何使企业立于不败之地,使企业生产的产品能够更快、更多地转换为消费者的消费品,而不仅仅是商场、超市货柜上陈列的商品,如何使产品所占的市场份额越来越大,如何使品牌的知名度和美誉度越来越高,许多有识之士为此煞费苦心。而我们面对的市场就像一个五光十色的大千世界,既有农村市场又有城市市场,既有国内市场又有国际市场,既有商品市场又有服务市场,既有技术市场又有信息市场。从总体上看,构成市场的只有卖方和买方,但实际上买卖双方的关系极为复杂;而且,随着生产社会化的进一步发展、科学技术的飞速进步，产品的生命周期日益缩短，新产品层出不穷。与此同时，消费者的消费结构、消费需求也千差万别、千变万化。尤其是在以卖方市场为主转变为以买方市场为主的情况下，要使企业生产的产品符合社会需要，并使企业的产品在市场竞争中处于优先的、有利的地位，就要研究企业的经营策略，作出正确的经营决策，而要做到这一点，就必须对市场情况进行深入的调查研究。

总之，市场调查是市场营销活动的出发点，是一切广告活动的依据，市场营销与广告活动的成功与否，很大程度上取决于市场调查活动的成功与否。

第二节　市场调查的主要内容和步骤

一、市场调查的主要内容

市场调查的内容十分广泛，可以说，凡是与市场经营有关的问题都是市场调查的对象。当然，就某一项或某一次调查来说，不可能面面俱到，包罗万象。一般来说，市场调查的内容是由调查的目的决定的，按照调查主题的需要来确定调查的具体内容。

现在，关于市场调查的内容说法不一。有的著作把市场调查的内容罗列为生产、销售、采购、广告、财务和营业六个方面。在生产方面，包括工厂厂房、位置、人员、生产能力、技术水平、工人水平、产品设计、装潢、色彩、包装、改进产品、新产品、新技术、技术革新、运输、装卸、原材料、零部件管理、价格、利润等；在销售方面，包括整个潜在销售量、大量销售的可能、现市场的保持、销售比例、占有率、销售人员和组织、商店地点、推销员选定、报酬、销售设备、促时销售、售后服务政策、价格政策等；在采购方面，包括采购市场一般动向、采购品变化、供应单位选择、与供应单位关系、供货量、借贷办法、批量等；在广告方面，包括广告费预算、广告媒体、广告效果、广告时间和场所等；在财务方面，包括资金运用计划、固定资产、流动资金、贷款、资金构成、资产构成、投资或合资者关系、信用销售政策等；在营业方面，包括预算的编制和执行、职员之间的关系、供应规定、政府干预以及有关政策等。有的著作则把市场调查的内容概括为国内外市场环境调查、技术发展调查、市场需求容量调查、消费者和消费行为调查、产品调查、价格调查、分销途径调查、销售推广调查和竞争结构调查。也有的著作把上述一些内容排列组合为产品调查、消费者和消费者行为调查、经营方式调查以及市场环境调查等几个方面。

尽管归纳的角度不同,但基本内容大同小异。本书将市场调查的内容概括为市场的宏观环境和微观环境调查。

(一) 市场宏观环境调查

宏观市场环境又可分为国内市场环境和国外市场环境。市场环境调查包括:对政治环境、经济环境、文化环境、科学技术环境、竞争环境、人口环境、社会环境等的调查。

1. 政治环境调查

主要是深入理解党和国家在各个时期制定的方针、政策对企业产生的影响。在国家政策调整或改变时,企业的市场经营活动也要作相应的调整。

2. 经济环境调查

可从生产和消费两个方面进行调查。从生产方面调查,主要是了解工农业总产值和国民收入的增长情况,主要工业产品的产量、重工业产值和轻工业产值分别占工业总产值的比例,基本建设投资规模及其增长速度,交通和能源情况,等等;从消费方面调查,主要是了解消费者的消费水平、消费结构、消费倾向的变化。这种变化必然影响对消费品需求的数量和质量。

3. 文化环境调查

包括对消费者文化教育水平、宗教信仰、审美观、价值观等因素的调查。消费者文化素养的不同,必然对生活方式、工作方式、个人爱好、消费习惯等产生影响。

4. 科学技术环境调查

主要是了解新技术、新工艺、新材料的发展情况和发展趋势,以及它们的应用、推广情况等。据估计,20 世纪 60 年代以来,科学技术上的新发现、新发明,比过去两千年的总和还要多。由于新技术、新产品不断涌现,因此产品的陈旧率、淘汰率大大增加。人们在实践中逐渐认识到,企业的生命在产品,产品的生命在质量,质量的生命在技术。

5. 竞争环境调查

主要是了解企业产品在市场同类产品中是否处于有利地位。也就是说,企业的产品在质量、数量、价格、成本以及市场占有率等方面是否在同行业中处于先进水平。在对外开放的条件下,更要十分注意新设备、新材料、新技术的运用对企业的生产、管理、改革发生的重大影响。

6. 人口环境调查

人口环境对市场的影响很大,从根本上说,人口是市场的主体。因为无论是生产者还是消费者,都是由人口构成的,而人口本身又具有自然属性和社会属性两个方面。就自然属性而言,有人口的年龄结构、性别结构;就社会属性而言,有人口的地理分布、教育结构、民族构成等。广告活动中的许多方面,都与人口环境调查有着密切的关系。

7. 社会环境调查

主要是调查消费者的社会地位、相互关系、家庭组成等因素。比如,由于消费者受某种社会风尚的影响,而形成一种消费需求倾向,从而导致购买行为。

(二)市场微观环境调查

1. 市场需求调查

需求通常是指人们对外界事务的欲望和要求。人的需求是多方面、多层次的。有维持生理生存的生理需求;也有精神层面的文化需求;还有社会活动的需求,如参加政治活动、社会集团及各种社交活动等。根据不同的分类,人的需求有物质需求(包括生产资料和生活资料)、精神文化需求和社会活动需求;商品需求和劳务需求;欲望需求及有支付能力的需求等。

在市场经济当中,市场需求是指以货币为媒介,表现为有支付能力的需求,即通常所称的购买力。购买力是决定市场容量的主要因素,是市场需求调查的主要内容。此外,市场是由有消费能力的消费者构成的,因此,需要对消费者的人口状况进行研究,对消费者各种不同的消费动机和行为进行把握,才能更好地为消费者服务,不断开拓新的市场领域。

(1) 社会购买力总量及其影响因素调查。社会购买力有三个部分,即居民购买力、社会集团购买力和生产资料购买力。其中,居民购买力尤其是居民消费品购买力是社会购买力最重要的内容,历来是市场需求调查的重点。居民消费品购买力是城乡居民在市场上用于购买生活消费品的货币支付能力。对居民消费品购买力总量的调查,主要是通过搜集、整理和分析购买力的各种指标来实现的。这些指标是:本期形成的居民消费品购买力、居民结余购买力、本期已实现的居民消费品购买力和本期未实现的居民消费品购买力等。

(2) 对影响居民消费品购买力的因素调查主要包括以下几个方面:

其一,居民货币收入。居民的购买力来源于他们的货币收入,因此,居民的货币收入多少是决定居民购买力大小的最主要的因素。

其二,居民非商品性支出。居民的货币收入并非全都用来购买商品,另有一部分会用于精神文化消费,交纳社会团体等费用,这些统称为非商品性支出,在居民的货币收入当中占有一定的比例,会影响居民消费品购买力的大小。

其三,结余购买力。居民的结余购买力表现为储蓄存款、手存现金和各种有价证券,三者处在经常变动之中。结余购买力有期初结余和期末结余两种,期初结余购买力大小会对本期市场产生影响,而期末结余购买力大小则决定了对下期市场的冲击力。

其四,流动购买力。就某一地区来说,当地居民购买力的大小,还要受到流动人口引起的货币流入和流出的影响。货币流入大于流出,当地的购买力就会增加;反之,流出大于流入,当地的购买力就会减少。造成货币流出、流入变动的主要原因是流动人口的变化,相邻地区商品供应状况,以及商业网点设置与经营范围的调整等。

2. 消费人口状况调查

某一国家或地区购买力总量及人均购买力水平的高低决定了该国或地区市场需求的大小。在购买力总量一定的情况下,人均购买力的大小直接受消费者人口总数的影响。对人口情况进行调查,主要包括总人口、家庭及家庭平均人口、人口地理分布、年龄及性别构成、教育程度及民族传统习惯等。

(1) 总人口。在一些生活必需品的消费上,总人口数与产品的销量成正比。总人口的多少直接决定了该市场的大小。对总人口的调查研究,还应该注意到流动人口对人口总数的影响。人口的流动会引起市场需求的变化。

(2) 人口地理分布。人口的地理分布与市场需求有很密切的关系,比如内陆与沿海、西部与东部、北方与南方、此地与彼地等,会因为地域的差异而形成不同的消费习惯或者不同的市场需求。

(3) 家庭总数和家庭平均人口数。家庭构成社会的细胞,有很多的商品是以家庭为消费单位进行消费的,如住房、家具等。因此,家庭总数和家庭平均人口数对于家庭用品的需求有很大的影响。

(4) 民族构成。不同的民族因各自的历史发展、生活习惯不同而形成不同的民族文化,这些会直接影响到他们各自的消费意识、消费心理,会决定对特定市场的需求或抑制效应。

(5) 年龄构成。不同年龄的消费者对产品和服务的数量与种类有不同的需求。比如,年轻人对服装、体育用品、音像制品、文具等需求较多,而老年人则对滋补品、保健品有较多需求。当然,这也不能一概而论,市场的具体情况千差万别,需要通过调查才能得到具体实际的数据资料。

(6) 性别差异。消费品针对不同的性别有很大的区别,而且不同性别的消费者的消费习惯也有很大的差异。比如，一般来说，女性对服装需求较多，喜好逛商场，然而每次却大多没有明确的购买对象，购物随心情的好坏，购买具有很大的随意性；而男性大多直奔自己的购买目标，有明确的购买对象，买完就走。

(7) 职业构成。职业的不同对人们的消费习惯也有很大的影响，人们常常会对与自己职业相关的商品有较高的注意度。

(8) 教育程度。教育会培养人们不同的消费观念，消费者也会去追求与他们的教育程度相适应的消费品。

3. 市场供给调查

市场供给与居民购买力相对，指在一定时期内市场能提供可以用来交换的商品和服务的总量。对市场供给的调查通常包括以下几个方面。

(1) 商品供给来源及影响因素调查。在市场上出售的商品有不同的来源，可以对不同来源的商品进行调查，了解本期市场全部商品供应量变化的特点和趋势，再进一步了解影响各种来源供应量的因素。

(2) 商品供应能力调查。商品供应能力调查是对工商企业的商品生产能力和商品流转能力进行调查，主要包括以下几个方面：企业现有商品生产或货物流转的规模、速度、结构状况如何；能否满足消费要求；企业现有的经营设施、设备条件如何；其技术水平和设备现代化程度在同行业中处于什么地位；是否适应商品生产和流转的发展；企业是否需要进行投资扩建或者更新改造；企业资金如何；企业的现实盈利状况如何；综合效益怎么样；企业现有职工的数量、构成、思想文化素质、业务水平如何；等等。

(3) 商品供应范围调查。商品供应范围及其变化，会直接影响到商品销售量的变化，范围扩大意味着可能购买本企业商品的用户数量增加，在正常情况下会带来销售总量的增加；反之，则会使销售总量减少。这项调查主要包括以下几个方面：销售市场的地域有何变化；所占比例有何变化；等等。

4. 消费者购买动机和行为调查

从事商品生产和商品经营，要以消费者为中心。因此，要彻底了解消费者的愿望，他们希望有什么样的商品，什么样的价格，什么样的包装，一般的消费心理是什么，特殊的消费心理又是什么，购买动机和行为怎样。为此，要进行以下几个方面的调查。

(1) 消费者心理调查。消费者散布于各个阶层，由于他们的环境、经历、性格、气质、爱好、习惯、价值观各不相同，因而每个人都具有心理方面的特殊性，消费者之间存在着心理差异。也就是说，消费者究竟是处于什么心理状态下出现购买行为的，这就要进行消费者的心理调查。

根据消费心理调查,可以发现消费心理规律。例如,不同类型的消费者具有不同的购买心理。也就是说,消费者在选购商品过程中有不同的购买心理活动和不同的选择商品的标准:有的比较重视商品的实用性,有的比较重视商品的时尚性;有的偏重于感情动机,有的则偏重于理智动机。感情动机是由人们的情绪和感情所引起的购买动机,包括喜欢、快乐、舒适、好奇、好胜、一致、安全、美感、友谊、威望等;理智动机是由人们对某种商品进行了认真分析以后产生的购买动机,包括价格便宜、实用、耐久、可靠、使用方便、有效等。在消费心理调查的基础上,可以把消费者进行分类,如分成:① 习惯型消费者;② 理智型消费者;③ 经济型消费者;④ 冲动型消费者;⑤ 情感型消费者。

(2) 消费者购买行为调查。消费者在购买过程中的一系列行为称为购买行为。一般来说,购买过程的程序有六个环节,即知道→认识→喜欢→偏爱→确信→购买。消费者的购买过程实际上就是购买决策过程。对消费者购买决策过程进行分析,可以为制定销售策略提供依据。

消费者购买行为调查,就是要了解:① 消费者根据什么来决定购买,或者说,为什么要买;② 消费者买什么;③ 消费者在什么时候买;④ 消费者在什么地方买;⑤ 消费者怎样买;⑥ 由谁来买。了解为什么买,可以掌握购买动机,有利于商品推销;了解买什么,可以促进适销对路;了解何时买,可以掌握商品的旺季和淡季,调节货源;了解何处买,有利于正确确定分销渠道和销售网点的设置;了解如何买,有助于正确确定销售方式,包括邮购、送货上门、代办托运、代办安装等;了解由谁来买,可以确定销售对象,选择目标市场。

5. 市场营销调查

市场营销组合包括产品、价格、销售渠道和推销四个因素。这些是可以控制的因素,通过对这些因素的调查,可以掌握有关商品销售的各种信息,确定各种市场营销策略。

(1) 产品调查。主要是调查顾客对本企业生产的产品在设计、性能、用途、品牌、商标以及包装等方面的意见;调查他们对本企业在售前服务和售后服务方面的意见;调查老产品在其生命周期中所处的阶段及更替时期;调查新产品的设计方案是否适合市场消费需要或新产品的试制、试销情况;调查消费者对新产品开发的构思;等等。在进行产品调查的过程中,要坚持一个基本的指导思想,即没有最好的产品,只有最受消费者欢迎的产品。消费者的需求才是产品最终的归宿。

(2) 价格调查。主要是调查消费者对产品定价的要求,调查他们对产品价格变动的反应,调查商品的需求和供给的弹性大小,调查新产品的定价策略以及原材料的价格变动情况。

(3) 销售渠道调查。主要是调查哪种销售渠道对扩大企业产品的销售量最为有利;调查各类中间商的情况,包括销售额、进货能力与资金周转速度等;调查销售渠道有无阻塞或停滞的情况;调查销售渠道各个环节的储存是否合理,有无供应脱节与脱销情况;调查经营方式是否多样化以适应消费需要;等等。

(4) 商品推销调查。主要是调查销售人员、公众关系、广告及特种推销方法的组合;调查各种销售费用的支出对企业成本的影响;调查销售人员的配备与选择;调查应采取什么手段能增进社会公众对企业的信任与支持,以树立企业的良好信誉和形象,提高企业的知名度;调查广告的效果,包括广告的设计与广告媒体的选择对扩大销售额的效果,调查广告代理企业的选择;调查经销商对产品的陈列、出样和摆布的合理程度;调查提供售后服务以及试销、展销、赠送纪念品等销售促进的效果;等等。

二、市场调查的步骤

市场调查一般可分为三个阶段八个步骤,可表示如下:

市场调查的步骤

- 1. 计划阶段
  - (1) 市场调查的策划
  - (2) 设计调查方案
- 2. 实施阶段
  - (1) 问卷设计
  - (2) 抽样设计
  - (3) 预调查及方法修改
  - (4) 现场实地调查
- 3. 结果分析阶段
  - (1) 整理分析资料
  - (2) 撰写调查报告

(一) 计划阶段

1. 市场调查的策划

市场调查的策划实质就是针对以下几个主要问题作出决定。

(1) 确定市场调查的目的。客户要进行一项市场调查肯定是有所目的的,但这个目的是否很明确却因情况而异。一般来讲,客户做市场调查都是本着一定的目的来的。比如,有的客户想了解出现某种情况的原因,以便采取相应的对策;有的客户准备采取某种行动,但缺乏事实依据,不敢贸然行动,试图通过市场调查来判断行动的效果;有的客户是已经采取了行动,但是不清楚效果会怎么样,因而想通过市场调查来加以了解;有的客户是对企业或品牌的市场状况不太清楚,想加以了解。

确定市场调查的目的实际上就是要弄清楚以下三个问题:客户为什么要进行市场调查;客户想要知道什么;客户知道了之后有什么用处。

(2) 确定调查的内容。明确了调查的目的后进而需要考虑到为了达到目的需要调查哪些方面的内容。比如,想调查广告的诉求对象时,那么调查策划者需要明白广告的诉求对象通常是如何确定的,从哪些方面来加以确定的。调查内容是对调查的目的的扩展。如一项关于以了解家用冰箱广告诉求对象为目的的市场调查中,研究的内容可能有以下几个方面:现有家用冰箱使用者的基本情况,包括经济收入、住房条件、家庭人口数、文化程度、职业等;哪些家庭成员参与冰箱购买决策,是谁倡议购买、谁搜集信息、品牌选择意见由谁提供、谁作出最后的决定、谁执行购买的行动;有潜在购买意向的购买者是什么样的人或家庭;这些人的人口统计学特征是什么;等等。

调查内容的确定是市场调查策划中很重要的一个环节。这是因为,其一,调查内容的确定,界定了市场调查的问卷设计的范围,为问卷设计或访问提纲的编写提供了依据;其二,调查目的是否达到,在策划阶段只有通过研究者所界定的调查内容来判断。

(3) 确定调查的方法。在确定调查方法时,主要需要解决两个问题:一是抽样问题;二是资料采集方法问题。随着市场调查的技术的不断发展,有着各种各样的方法可供调查者选择。抽样方法中有随机抽样,如简单随机抽样、系统抽样、分层抽样、整群抽样等,有非随机抽样,如判断抽样、任意抽样、配额抽样、滚雪球抽样等;在资料采集方法中有电话访问、深度访问、固定样本调查、邮寄问卷调查等。各种方法各自有其适用的范畴,在具体采用时需要依具体情况具体分析。

由于采用不同的调查方法会直接影响到调查结果,调查的结果会因方法的不同而相差很大,有时甚至会相反。但对于一个特定的调查对象而言,科学正确的结果只有一个。因而能否获得正确的调查结果,所选择的调查方法至关重要。所以,在评估一项调查结果是否科学时,往往首先会对调查方法的合理性、科学性来作一个评判。如果方法不恰当、不合理,那么调查的结果也就值得怀疑。

(4) 拟定调查活动进度表。调查活动进度表是调查作业进行的时间依据,是检验调查活动进展情况的依据。在拟定调查活动进度表时,一方面要考虑到客户的时间要求,信息的时效性;另一方面也要考虑到作业的难度,完成调查的可能性。

(5) 调查费用预算。调查的费用因项目不同而差异很大。在作调查费用估算时最常用的方法是:依据抽样设计和资料采集方法,列出调查过程中各个费用支出项目及金额,然后求出总费用。

2. 设计调查方案

调查方案一方面是提供给客户来审查用，一方面是用来进行市场调查的实际操作中的依据。一份完整的调查方案大致包括以下几个部分：

(1) 引言：大概地叙述这一项调查的背景、缘由，介绍调查问题的由来。

(2) 研究目的和内容：简要地回答“为什么要做这项调查”，“研究结果用于何处”；列出该项研究预期获得的各方面信息，或者提出研究的假设。

(3) 调查方法：说明调查在哪些地区进行，选择这些地区进行调查的理由是什么；对调查对象作明确的界定；说明抽样人数、抽样方法，并列出样本结构表；对研究设计、资料采集方法作具体的说明。

(4) 提交结果的方式：阐明调查报告的形式、数量、大致内容，以及其他附件等。

(5) 调查进度表：把调查过程每个步骤所需要的时间制成表格。

(6) 调查费用：原则上只需要列出总费用，也可以根据客户的要求列出细目。

(7) 附录：如问卷初稿、抽样说明等。

（二）实施阶段

1. 设计问卷

设计问卷的目的是为了更好地收集市场信息，因此在问卷设计过程中，首先要把握调查的目的和要求，同时力求问卷能获得被调查者的充分合作，保证被调查者提供准确有效的信息。具体可分为以下几个步骤：第一步，根据调查目的，确定所需的信息资料。然后在此基础上进行问题的设计与选择。第二步，是确定问题的顺序。一般简单的、容易回答的放在前面，逐渐移向难度较大的。问题的排列要有关联、合乎逻辑，便于填卷人合作并产生兴趣。第三步，是问卷的测试与修改。在问卷用于实地调查以前，先初选一些调查对象进行测试，根据发现的问题进行修改、补充、完善。

2. 抽样设计

所谓抽样设计，是指在采用抽样调查的情况下，根据调查的实际需要，确定抽样的对象、抽样的方法和样本的大小。抽样的方法，可以是简单随机抽样，也可以是分类随机抽样。样本的大小是指抽查规模，样本数目大，则调查误差小，但费用较高；反之，样本数目小，则调查费用也较少，但调查误差大。

3. 预调查及方法修改

预调查就是检验问卷设计的合理性和适当性的最有效方法。预调查是抽取小部分调查对象根据调查要求进行访问,然后将获得的资料加以分析处理。一般来说,问卷设计中存在的问题在访问员的访问过程中以及对预调查资料的分析处理时都会暴露出来。

在预调查中,一旦发现了问卷设计以及抽样设计的问题,研究人员就必须对问卷以及抽样设计加以适当的修改。

4. 现场实地调查

现场实地调查是市场调查的主体,也是调查能否取得成效的关键。

为了保证现场实地调查有计划地进行,有必要制订切实可行的调查计划。这一调查计划也可作为安排调查时间和制定调查预算的依据,根据调查计划还要编制调查进度表。

为了保证现场实地调查能够达到预算的目标,有必要培训和挑选市场调查人员。培养市场调查人员的方法,可采用实地教学、演习和经验交流等。培训的内容包括: ① 市场调查的有关规定、工作需知和调查内容;② 本企业产品的性质、生产能力、交货期限、产品价格、收款方式和销售推广知识;③ 有关市场学、统计学方面的知识;④ 熟悉各种调查表格的内容、含义及其相互关系。

正确地挑选市场调查人员,要求调查人员具备基本的素质。具体包括: ① 要对市场调查有明确的目的和浓厚的兴趣;② 要有实事求是之心,无哗众取宠之意,有细致、踏实的工作作风,有克服困难的信心和勇气;③ 性格上要求稳重而不呆板,活泼而不轻浮,谦逊而不自卑,直率而不鲁莽,敏捷而不冒失;④ 要有相当的文化水平和实践经验。

在实地调查中,主要的环节是"询问",而"询问"是一种技巧。询问必须有两种功能: ① 把所有询问的事项向回答者进行宣传;② 制造回答者愿意回答的气氛。要使"询问"实现上述功能,必须注意问话的语气、用词、方式等适合受访者的身份和知识水平。为此,调查要充分研究被调查者的心理和社会环境,要注意他们心理的社会可容性,避免可能出现的心理抗拒。

(三) 结果分析阶段

1. 整理分析资料

不管在实地调查中如何千方百计地提高调查质量,要使调查资料真实可靠,还需要经过整理分析,包括将资料分类编号、统计分析和编辑整理。对调查得来的资料要检查误差,发现记录不完整和数据前后矛盾的地方应审核情报资料的根据是否充分,推理是否严谨,阐述是否全面,结论是否正确。因为面对同样的事实,可能由于观点不同而得出截然不同的结论。

2. 撰写调查报告

调查报告是市场调查的最终结果。调查报告写作的程序应包括主题的确立、材料的取舍、提纲的拟订和报告的形成。在编写调查报告时,要注意紧扣调查主题,力求客观、扼要、突出重点,使委托调查者或企业决策者一目了然;要求文字简练,避免或少用专门的技术性名词,必要时可用图表来说明。

调查报告完成之后,还应在适当的时候进行追踪调查。追踪调查的目的有两种:一种是对于关键问题,通过一段时间的连续调查,以了解这个问题的变化情况;另一种是为了巩固市场调查的成果和验证调查材料的真实性、可靠性,即了解调查报告中提出的方案是否已被采纳,实际效果如何,还应采取什么具体措施。决不能以为写出了调查报告就是市场调查的终结。

第三节 市场调查的基本形式和主要方法

由于调查者的出发点各不相同,在实际市场调查中,调查者所面对的市场条件不同,消费者面貌各异,因此,很难用一两种形式和方法去框定所有的市场调查。从总体上看,市场调查的基本形式和主要方法有以下几种。

一、市场调查的基本形式

(一) 访问调查

1. 面谈调查

面谈调查的优点是,可以听到被调查者的答复,而且可以观察到被访者的表情和反应,听不清楚时可以进一步解释,因此调查出的结果不容易出现误差。但面谈调查费事、费时、费钱。面谈调查一般包括以下几种形式。

(1) 个人访问。指调查者与被调查者面对面地通过提问交谈、记录,由此获得调查资料。

(2) 深层面谈。采取假设演绎的立场进行面谈,要求主持面谈者必须具备相当的经验与心理学素养。交谈的时间较长,常用开放询问法和行为抽样法两种方式。适用于购买动机的调查。

(3) 影射面谈。是指采用心理学的方法,并不直接就某一问题提问,而是采用看图发表意见等间接方式,从中发现被调查者的真实心理。其优点是可以消除被调查者的心理障碍。

(4) 小组座谈。以团体为对象,举行座谈会、讨论会或进行民意测验,可以通过一次调查得到多方面的资料。

2. 电话询问

电话询问是指由访问员通过电话对被访问者进行调查,按照问卷进行提问,从而获取资料的方法。电话询问的优点是在短时间内可调查比较多的人,成本低;其缺点是调查不易深入。

3. 邮寄调查

邮寄调查就是将问卷(调查表或问题)邮寄给被调查者,请他们填写好以后寄回。其特点是成本低,缺点是回收率也低。

4. 日记调查

日记调查就是调查者选定一些调查对象,请他们在调查期间如实做好每日的购货记录、消费记录以及收听、收看广告的记录,记在专门设计的日记中。这种日记调查一般有三种:① 购买日记;② 消费日记;③ 广告日记。

在调查期间,调查员必须逐日到被调查家庭访问、督促和提醒按实记录。待调查期满,即收回日记,据以分析研究。

这四种访问调查的形式,各有优缺点。在实际调查过程中,可根据具体情况择优使用。

(二) 市场实地观察

市场实地观察可分为直接观察和测量观察两种。

直接观察,就是到商店、家庭、街道上去进行观察。一般是只看不问,不使被调查者感觉到,这样可以观察到市场的真实情况。因为是在人们不知不觉之中进行观察,所以一切都极为自然。这种观察包括三个方面:① 观察顾客动作。这是研究如何吸引顾客的一种办法,如果装有摄像机来观察就更好。② 观察家庭消费需要。通过观察,了解什么样的家庭已有什么样的消费品。③ 观察商店。看哪些商品受顾客欢迎,哪些商品最能吸引顾客。直接观察的优点是比较客观、真实,缺点是观察不到内在因素,有时需作长时间的观察才能获得结果。

测量观察,就是运用电子仪器或机械工具进行观察记录和测量。比如,美国有一家广告公司,要测量电视广告节目的效果,就选择一些家庭作调查样本,把一种特殊设计的“测录器”装在这些家庭的电视机上,可将收看的节目自动地收录下来。这样,经过一定时间的测量,就可得知哪一类电视节目、在什么地方、在什么时间收看的人最多。此外,还有一种眼扣机,可以测量人们的眼部活动和注意力所在,以测定人们对广告的反应。

(三) 市场实验

所谓市场实验,就是对需要调查的问题选用合适的方式,进行实际销售试验,从而根据试验结果取得市场信息。这种市场实验包括:① 包装实验;② 新产品销售实验;③ 价格实验。具体的实验,可采用设立销售部、产品试销、举办产品展销会、召开订货会等形式。一般来说,经过市场实验,可以取得可靠的市场信息资料,对市场决策具有重大的参考价值。

二、市场调查的方法

(一) 实验法

实验法也叫作市场实验。它是将科学实验中的方法应用于市场调查中。其基本思想是要自始至终保持实验的公正性,使实验结果具有可比性。方法是将调查对象随机地分成两个组,或按配对方法分成两个条件相当的组:实验组和控制组,或叫作处置组和对照组。改变实验组的控制变量(也叫作自变量,如广告、价格、包装或某种营销活动等),而控制组保持不变。对两个组实验前后的结果进行比较和评价,从而得出该控制变量(因素)对市场的影响程度,如图 2-1 所示。

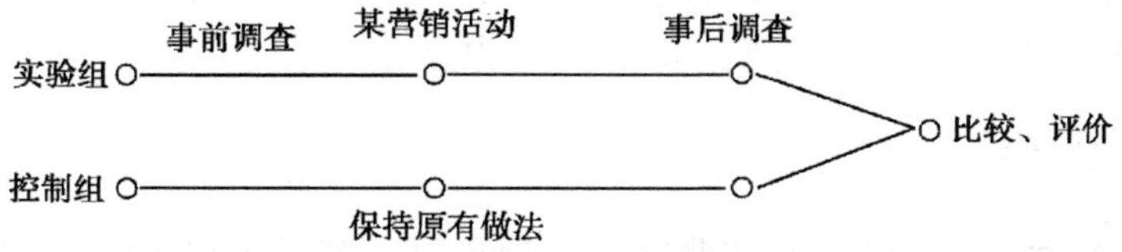

图 2-1 实验法示意图

如果有可能的话,实验最好是双盲的。也就是说,被调查对象并不知道自己所在的组是实验组还是控制组,进行调查评价者也不知道哪一组真正进行了新的营销活动,知道实验情况的只有一个人,他就是安排实验并主持统计分析的统计学专家。这种实验,较好地排除了由于被调查者和调查者的心理原因或其他原因造成的偏差。其方法如图 2-2 所示。

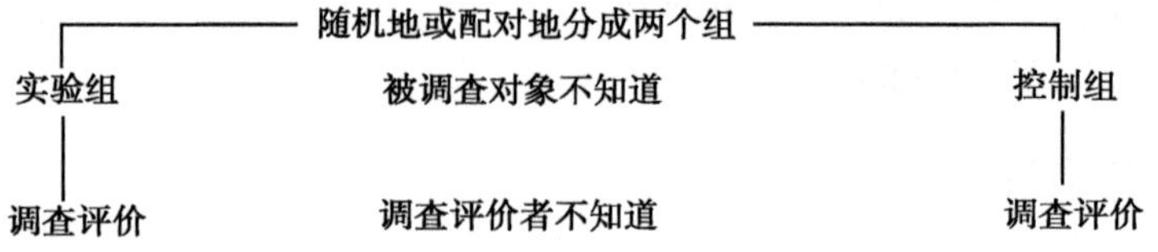

图 2-2　双盲随机化实验示意图

实验法除了采用以上常见的商店试销的方法来进行之外,还可以采用以下几种实验方法。

(1) 分割实验。实验法的一个重要前提是条件必须相同。例如,某一种商品的广告,在同一天、同一场所、同样大的版面,以各种形式在同一媒介中公布。可用两个文稿内容完全相同的广告,只是排版的形式或其中某些关键字的大小不同;或用三个文稿内容完全相同的广告,但排版不同、颜色不同,并配以不同的图片等,然后进一步调查不同形式广告的吸引力,并分析研究其效果。

(2) 消费者的购买实验。这种实验有多种方法。例如,为了了解消费者的反应,在某一期间,分别出售各种不同样式、不同颜色或不同价格的商品。又如,在某一期间,将商品放置在柜架的最低格,另一期间,将同一商品改放在较高的一格,如此逐步上升,直至摆放在最高的那格中。通过调查各期间的销售量,可以了解分析消费者的喜好和倾向:喜欢哪种式样,喜欢什么颜色,容易购买放置在什么高度上的商品,等等。

(3) 消费者使用实验。这种实验一般采取前面所述的双盲随机化实验的方式进行。例如,让实验组使用某种改进了的新型护肤品,让控制组使用外表看起来完全相同,但实际上是改进质量以前的护肤品。

(二) 观察法

针对一定的营销环境,对消费者的行动和反应等进行直接的观察,然后记录下来用作原始资料。

根据观察者是否置身于观察活动,观察法又可分为非参与观察法(作为局外人从侧面进行观察)和参与观察法(与观察者直接相处,并与之一起活动)。

(三) 小组调查法

小组调查法也叫作固定样本连续调查法。它是用于了解市场和市场营销中的问题及其随时间变化的趋势。通常是针对同一对象群(消费者、销售者、经营者、专家等),特定的调查事项,定期地、连续反复地实施调查。

(四) 询问调查法

询问调查法，是最为一般和常用的方法。调查员根据一定的问卷，或与被调查者直接接触，或邮寄，或用电话，进行询问并求得回答，从而收集所需的资料。

1. 询问调查法基本类型

(1) 事实调查。例如，询问"您家有电视机吗"这一类的事实，调查比较容易，一般不需要有特别的技巧。

(2) 解释调查。例如，询问"您为什么要购买这种商品"之类的问题，回答者可能会举出种种理由进行解释。调查的难点在于有时可能无法正确地了解其动机。

(3) 意见调查。例如，询问"您认为哪一种更好看""您更喜欢哪一种"之类的问题，被调查者不一定理解是在询问他个人的意见，很可能认为是在询问事实。因此，调查员必须十分明确地说清自己要问的是什么。此外，还必须注意询问的方式和方法。

2. 调查的技术

(1) 电话法。利用电话进行询问，既快速又节约。对询问的内容，可以请对方马上回答，也可以约定在以后的某日再回答。后者得到确切回答的可能性较大。不过由于调查仅限于电话用户，所以，样本可能缺乏代表性。

(2) 邮寄法。将问卷寄给或随报刊等送给被调查者(一般附上已贴好邮票的回邮信封)，请被调查者填好后寄回。虽然此法可节约调查费用，但回收率较低，调查进度慢，不能正确回答的可能性较大。

(3) 面访法。调查员按照问卷，请被调查者回答。收集资料的方法有如下几种：其一，调查者按照问卷向被调查者询问，然后将对方的回答记入问卷。其二，调查员将问卷交给被调查者，说明填写方法，请对方填写。可以当场填写完毕，也可以约定以后某日调查员再来收取问卷(也叫留置问卷调查法)。其三，调查员不直接按照问卷询问，而是从日常谈话中自然地接触到有关的各种问题。

面访法必须采用统一的形式和方法，调查员对被调查者的回答不能有任何诱导，对回答不能掺和任何自己的主观判断。面访法对调查员的素质有很高的要求，调查费用一般也较高。

(五) 仪器调查法

一些发达国家的实力雄厚的企业或广告公司，已有不少采用仪器调查法，特别是在广告调查研究领域。仪器调查法中使用的较有代表性的仪器有如下几种。

(1) 视向测定器,又称眼睛照相机。此仪器可以在一秒钟内,拍摄16个视线的动作,测出视线停留的位置及时间,用以控测被调查者对广告的反应。由此分析判定广告各构成要素的注意价值,以及广告布局的优劣。

(2) 瞬间显露器。此仪器可向被调查者作瞬间性的广告提示(提示的时间可以从千分之五秒到十秒间作适度调整),然后询问对广告的记忆程度,逐步作时间的调整(增加),由此决定各构成要素所需的记忆时间。

(3) 精神电流测定器。人的感情变化的强度,与脉搏跳动的速度、血压的高低、呼吸的快慢以及出汗的多少等息息相关。利用此仪器,可根据被调查者的感情变化,测出其心理反应的状况。

(4) 心理反应记录器。此仪器可以记录被调查者对广告的感情和心理反应,由此发现广告的优缺点,以进一步修改和完善广告的制作。

(5) 皮肤电流反射器,又称精神电流器或测谎器。人的精神上的变化会导致皮肤的反应,此仪器通过测定皮肤的反应,判断被调查者对广告的反应。

(6) 记忆鼓。用以测定被调查者在一定时间内对广告提示的记忆程度。

(7) 自动记录器。此仪器安装在收音机或电视机上,可以自动记录收听或收看的频道和时间。此仪器一般作为调查收视率的工具。

上述几种仪器,目前主要应用在广告调查研究领域。

第四节　市场调查与广告调查

一、广告调查的概念

广告调查是在广告运作过程中,围绕着广告活动而开展的有关调查。它是在市场调查的基础上,运用相关的理论方法对涉及广告活动全过程的内容作科学、规范的调查,其目的是使广告活动更科学、广告效果更明显。

从广告运作的实际来看,广告调查可以分为广义的广告调查和狭义的广告调查。广义的广告调查包括广告市场(即广告产品和广告对象)调查、广告创作调查、广告媒介调查、广告效果调查等;而狭义的广告调查则专指广告效果的调查。本节所讲的广告调查是指广义的广告调查。

二、市场调查与广告调查

严格地说，广告调查是市场调查的一个组成部分，也就是说，市场调查包含广告调查。市场调查的主要理论、观点、方法同样适用于广告调查，广告调查离不开市场调查。但是，作为广告运作中的一个环节，广告调查有其自身的规律性和独立性。广告调查与市场调查的关系可以从以下几个方面来认识：

（1）市场调查涉及有关市场营销的一切问题，广告是其中的一个方面，围绕广告所作的广告调查也只能从属于市场调查，两者的范围大小不同。

（2）广告调查的目的是使广告的投放更科学、更合理、更规范，使广告主所做广告的效果更符合广告主的意愿；而市场调查的目的也是为了使企业的市场效益能使企业、广告主满足。从这一角度上讲，市场调查的目的与广告调查的目的是一致的。

（3）从方法论上讲，广告调查常常借助于市场调查的理论和方法，广告调查是在市场调查的基础上展开的，市场调查的许多资料、数据、结论也可以作为广告调查的资料、数据和结论。

三、广告调查的阶段和内容

从广告调查的时间阶段来划分，广告调查可分为广告事先调查、广告事中调查、广告事后调查三个阶段。三个不同的阶段又基本上确定了广告调查不同的内容。

（一）广告事先调查

广告事先调查的内容除了在一般市场调查过程中要涉及的内容外，主要集中在对广告产品和广告对象（即消费者）的调查上。

广告产品的调查首先是针对广告所介绍、推广的产品的调查，包括产品的性能、款式、次数、服务以及生产历史等信息的了解和掌握，尽可能发掘该产品的独特个性和与其他产品相比的差异性；其次是了解该产品的适用对象是什么人，什么人可能会购买该产品，成为该产品的消费者。产品要有市场，必须适销对路，要做到这一点，对产品、对消费者的调查、了解至关重要。

（二）广告事中调查

广告的事中调查是指在经过了前一个阶段的广告事先调查后，广告主或广告代理公司为使广告产品有个好的形象出现在消费者面前而作的调查。这一阶段要做的广告调查所涉及的内容比较多,首先是广告创意的调查,调查该广告创意是不是表达了该产品的独特特点,是不是一个能让人过目不忘、过耳不忘的最佳创意,能不能给人一种"屏息吃惊"的感觉,同时能"历时十年而不衰"(奥格威语);其次是广告表达的调查,主要是指广告文案、广告设计是否能表达广告的创意,表现产品的个性;第三是广告媒介的调查,成功的媒介选择意味着广告活动成功了一半。广告媒介调查包括选择什么样的媒介,面对各种形式的媒介如何定夺,确定选择某一种或几种媒介之后,对这些媒介的个性、影响、物理属性、收视率、发行量等媒介指数的调查,以便制订科学、合理的媒介计划,使整个广告活动少花钱,多办事,办好事。

(三) 广告事后调查

广告的事后调查是指广告发布后对广告活动效果的调查。在所有广告调查的内容中,广告效果的调查是最难操作的一项。事实上,广告的效果很难用一两个因素来加以概括。据美国市场调查专家论证,影响一个产品在市场上销售的因素有37种之多,广告只是其中的一种,还有许多看不见的因素时时刻刻在左右着、影响着一个产品在市场上的销售,仅靠广告一个指标去衡量一个产品的成败得失,是不科学的,也是不公正的。目前,国内外的广告公司在进行广告效果调查的过程中,运用得比较多的是把广告效果调查集中在以下五个方面来进行:① 知名度调查;② 回忆度调查;③ 偏好度调查;④ 说服力调查;⑤ 购买行为调查。

3

第三章

广告心理

内容提要：

本章简介了消费者的基本心理——需要、购买动机、消费层次和决策形式，亦即广告诉求的心理基础；消费者消费的心理的不同决定了消费者广告接受心理和形式的各异，好的广告必须充分了解广告与消费者心理的密切联系；并在此基础上论述了广告创作的一般心理策略及其原则。

消费者对某一品牌究竟有什么印象？他们为什么要购买、通过什么方式购买该品牌的商品？消费者具有什么样的消费心理、消费意识、消费态度、消费能力、消费习惯、消费行为？这些都是每次广告活动中所必须考虑的问题。只有了解这些情况之后,才能进行有效的广告劝说。

消费者购买商品,是受其意识指挥的行动。大致可以从图3-1所示的几个方面,对消费者的消费行为展开研究。

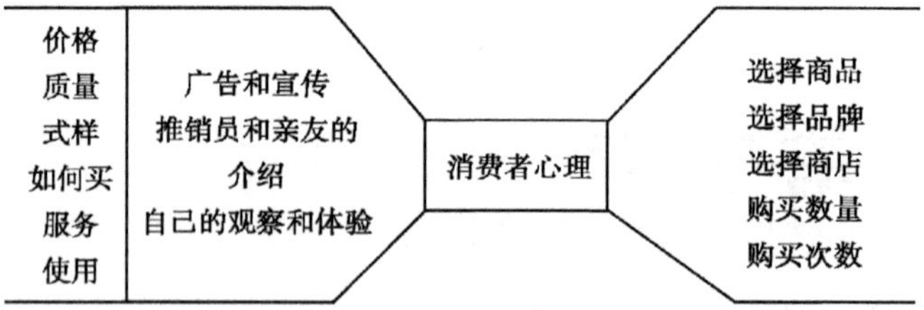

图3-1 消费者行为图

我们可以通过这张图来研究消费者作出购买行动的过程。消费者作出购买行动前,需要对产品的信息(诸如价格、质量、式样、如何买、服务、使用等)有一定的了解。这些信息一般经由三条渠道传递到消费者那里:一是广告和宣传;二是推销员和亲友的介绍;三是自己的观察和体验。经过考虑以后,消费者作出了购买行动——选择了某种品牌的某种商品;到某一家商店去购买;每次购买一定数量;每过若干时间购买一次。

以上过程中最关键的是消费者的心理过程,这是看不见摸不着的,因而被称为"黑箱",而这个"黑箱"也就是我们所要研究的广告心理。

第一节 广告诉求的心理基础

生产的最终目的是满足消费者的需要,消费者的需求心理及其偏好变化与企业生产息息相关。作为市场营销利器的广告,从"请消费者注意"到"请注意消费者"的变化直接顺应了这种市场战略的大转变。广告的诉求对象是消费者,广告效果的最终评判也取决于消费者,因此,消费者心理——包括消费者的需要、购买动机、消费层次和决策形式——就构成了我们广告诉求的心理基础。

一、消费者的需要

需要是指消费者生理和心理上的匮乏状态。需要是人的本性,马克思曾说,

"任何人如果不同时为了自己的某种需要和为了这种需要的器官而做事,他就什么也不能做","他们的需要即他们的本性"。需要是推动人类社会不断前进的基本动力。人类社会发展的全部历史,就是不断地满足人们日益增长的物质需要和精神需要的历史。因此,需要是人类一切活动的中心。市场营销的主要任务,就是把商品输送到消费者手中,以满足消费者的物质和文化(精神)生活的需要。

(一) 需要的特性

需要有五个特性,即对象性、社会性、个体性、多样性和发展性。对象性指人的需要必须有一定的条件才能满足。社会性指需要虽然有生理基础,但社会性是其本质,这是人区别于动物的最主要的特征。吃、喝、性行为等,固然也是真正的人的机能。但是,如果这些机能脱离了人的其他活动,并使它们成为最后的和唯一的终极目的,那么,在这种抽象中,它们就是动物的机能。个体性指作为社会主体的个人,由于社会地位不同,从事的社会活动不同、生存和精神追求的不同,同一件事物对不同的人有不同的意义。多样性是指人的需要是多层次的和多样的,有生理需要和社会需要,还有潜在的需要等。人的需要是无止境的,因此它是推动社会发展的主要动力,从此意义上说,人的需要具有无限的发展性。

(二) 马斯洛的"需要层次理论"

美国人本主义心理学家马斯洛于 1943 年在其《人类激励理论》一文中阐述了人类的基本需要及其层次结构,并提出了需要层次理论。其后,他又在 1954 年出版的《动机与人格》一书中对需要层次理论作了全面阐述。马斯洛认为,人的价值体系中存在着不同层次的需要,依次为生理需要、安全需要、归属和爱的需要、自尊需要、自我实现需要等,从而形成一个基本需要系统。

1. 生理需要

马斯洛指出,"通常被看作是激励理论出发点的需要是所谓的生理驱力",即生理需要。因为如果所有需要都没有得到满足,并且机体因此而受生理需要的主宰,那么,其他需要可能会全然消失,或者退居幕后。马斯洛认为,要制定任何类型的基本生理需要清单都是不可能的和徒劳无益的,因为这类需要的统计数量根本无法限定,它完全取决于我们对人体需要描述的详细程度。不过,为了研究方便,很多管理心理学研究者还是把人类的生理需要限定在人对诸如食物、空气、水、住房、休息等维持人发展的最基本需要方面。

2．安全需要

马斯洛认为,如果生理需要相对充分地得到了满足,接着就会出现一整套新的需要——它包括安全、稳定、依赖;免受恐吓、焦躁和混乱的折磨;对体制、秩序、法律、界限的需要;对于保护者实力的要求;等等。人们之所以喜欢一个安全的、有秩序的、可以预测和有组织的世界,是因为在那里他有所依靠,不会有发生意外的、难以控制的或其他危险的事情。马斯洛还从激励的角度指出:"只有在真正的危机状态中,才能将安全需要看作是调动有机体潜能的活跃和支配因素。"

3．归属和爱的需要

马斯洛认为,假如生理需要和安全需要都很好地得到了满足,爱、感情和归属的需要就会产生,并且成为新的中心。此时,个人将前所未有地、强烈地感受到朋友、情人或妻子和孩子不在身边的寂寞,他将产生与人广泛交往的欲望,换言之,他要在群体中找到一个位置。

4．自尊需要

马斯洛认为,除了少数病态的人以外,社会上所有的人都有一种对他们的稳定的、牢固不变的、通常较高的评价的需要或欲望,有一种对于自尊、自重和来自他人的尊重的需要或欲望。而这种自尊需要分为两类:第一,对于实力、成就、适当优势、胜任、面对世界时的自信、独立和自由等欲望;第二,对于名誉或威信的欲望,即对于地位、声望、荣誉、支配、公认、注意、重要性、高贵或赞赏等的欲望。马斯洛的研究还得出:最稳定和最健康的自尊是建立在当之无愧的来自他人的尊敬之上,而不是建立在外在的名声、声望以及无根据的奉承之上。

5．自我实现需要

用马斯洛的话来说,自我实现需要可以归入人对于自我发挥和完成的欲望,也就是一种使它的潜力得以实现的倾向。比如,一位作曲家必须作曲,一位画家必须作画,一位诗人必须写诗。也就是说,一个人必须忠实于他自己的本性。自我实现需要的明显出现,通常要依赖于前面所说的生理、安全、归属和爱、自尊需要的满足。

二、消费者的动机

动机是激励并维持个体活动以达到一定目的的内在动力。动机的形成取决于两个因素,即需要和刺激。动机是在需要的基础上受到刺激作用而产生的。当一个人由于饥饿而产生了"吃"的需要,但还没有受到某一食物色、香、味、形的刺激或引诱时，还不能形成“吃”的动机，而只能说他有“吃”的愿望。需要是形成动机的内在根据，环境的刺激则是动机形成的外部条件。只有在内在需要的愿望与外在环境的刺激相结合时，才会形成现实活动的动机。

由于人们在社会中所处的地位、环境、生活条件及所受教育的不同，他们的需求也不同，这就决定了人们消费动机的差异性和多样性。消费者的消费动机一般可分为以下几种类型：

（一）自尊型

具有这种动机的消费者，既追求商品的使用价值，又追求精神方面的高雅，购物时不愿讨价还价，更不愿在众人面前失去面子。针对这类消费者，广告宣传不宜出现价廉物美等词句。

（二）求实型

具有这种动机的消费者讲究的是产品的使用价值，要求产品经济实惠，不追求商品的外形美观和款式新颖，他们希望少花钱而买到称心如意的商品。针对这类消费者，广告宣传要偏重于对商品的性能、质量、价格、作用、使用这种产品的好处等内容进行详细宣传，加强消费者的信任程度。

（三）求新型

具有这种动机的消费者喜爱商品的款式新颖、式样大方，他们追求“时髦”，赶“浪头”，对商品的价格要求和使用价值的大小似乎不太注意。这类消费者大多是经济条件好的青年人，属于冲动型的购买对象。针对这类消费者，广告宣传既要强调商品的外形，同时也应如实地介绍商品的性能、质量、用途以及这种商品的不足之处。

（四）求美型

具有这种动机的消费者，比较重视商品的艺术价值，追求艺术化的商品。他们以文化艺术界人士和爱打扮的中青年居多。针对这类消费者，广告宣传要讲究艺术性，对商品的造型、色彩、质地等内容尽可能用艺术的手法来表现，让消费者在艺术享受中产生购买欲望。

（五）求廉型

具有这种动机的消费者，在选择商品时只图价格便宜而不重视商品的质量、色彩、款式,经常喜欢买处理货。针对这类消费者,广告宣传要强调物美价廉,突出价格便宜,激发他们的购买欲望,同时,也应该讲清商品质量等情况。

(六) 求荣型

具有这种动机的消费者虚荣心比较强,如果别人购买了某种受到人们赞许的商品,他们会立即产生“求荣心理”,或者会跟着去买,或者会千方百计搜求更新奇、更名贵的同类商品,力争“比倒”别人。他们不太重视商品的质量、价格,只要能满足虚荣心就行了。针对这类消费者,广告宣传既要讲明商品的好处,也要讲明什么人是使用这种商品的最适合的对象,正确地指导消费。

(七) 求速型

具有这种动机的消费者对商品比较熟悉,特别是对某种商品的质量、性能、商标、厂牌等特点都比较了解。他们购物时心中有数,不多过问,买了就走。针对这类消费者,广告宣传要突出商品的牌子和企业的名称,以加深他们对某种商品的记忆力。

(八) 求名型

具有这种动机的人非常重视产品的质量,追求名牌。针对这类消费者,广告宣传要突出对名牌和优质产品的形象宣传,以提高商品的知名度和企业的声誉。

消费者的消费动机是复杂的,上述几种消费动机类型,只是就一般而言的;事实上,消费者在购物时常常存在两种以上的消费动机,广告宣传应该针对消费者所特有的消费动机进行宣传和引导。

三、消费者消费层次分析

由于消费者社会地位、成长和生活背景、所从事的社会工作的不同,其需要和追求是不同的。我们可以将消费者的消费形式分为三个层次,即初级消费、次级消费和表现自我的消费。这三个层次不是平行的,而是逐次向上递增的。

(一) 初级消费

初级消费是指以满足生理需要和安全需要为目的的消费行为。它的消费形式追求的是基本需求的满足。初级消费的消费品,是日常生活所必需的,缺少了这些消费品,消费者的生活就很难维持下去。在我国,人们常把这种基本需求称为“温饱问题”。

处于初级消费阶段的消费者，挑选商品的准则是物美价廉，其具体标准是商品的质量要好，要能够使用很长时间，可以方便维修或添补配件，价格尽可能便宜。由于消费者个人不可能在购买前对每样商品都有深入的了解，所以就信任多数人的意见，凡是大家都买的，自己就跟着买，有比较明显的买东西随大流的特点。向初级消费阶段的消费者宣传产品应注意以下几点：① 宣传产品的量多质好；② 宣传产品的包装牢靠，易于贮藏；③ 宣传价格的低廉；④ 利用消费者的从众心理，宣传本产品的用户众多，反应良好；⑤ 宣传产品是老牌子、生产厂家是老字号。

（二）次级消费

次级消费是指以满足社会需要和尊重需要为目的的消费行为。这种消费形式追求的是选择需求的商品。这时消费者的购买活动从单项需求的满足发展成三项需求的满足，即不只是购买产品以应付物质生活的需要，还同时追求产品带给自己的心理满足和购买过程中受到良好招待的心理满足；消费者购买产品时的动机，不再仅仅是为了追求物美价廉的产品，而是扩展到能够使自己买到具有独特品格的产品和被人重视的产品；消费者购买产品的方式也不再是随大流，而是以各自的兴趣、爱好、个性等为标准，具有需求个性化的特色。这种消费形式在我国被称为“小康水平”。

面对次级消费阶段的消费者，整体营销工作的做法应该是在产品身上附加精神，使消费者能够通过购买而获得心理满足。企业营销提供给消费者的不仅是产品，而且是改善他们的物质生活和精神生活的方式，而从消费者那里换回的是信任和支持。对这样的消费者所做的广告宣传应注意分析不同层次、类型的消费者对各种产品所抱有的心理期待是什么，要注意把人性化的情调附加在产品上，要让广大消费者了解到，他们所购买的这些产品，不再仅仅是产品的物质本体，同时还有产品本身所附有的、得到社会承认的人性化情调。

（三）表现自我的消费

表现自我的消费满足的是自我成就的需要。这种消费形式建筑在物质生活更加完善的基础上，使购买和消费行为完全个性化，追求一种体现个人理想抱负的独一无二的效果。

四、消费者购买决策形式分析

由于商品的类型不同,消费者显示出来的购买行动的类型也不同。

(一) 不需要过多考虑即可作出的购买决策

这是指消费者购买某种商品时用不着过多地了解某种商品的情况,马上就可决定买什么牌子的商品和买多少数量;整个购买过程无须多加考虑。这类商品一般具有两个共同点:① 价格便宜;② 需要重复购买。这类商品大多为生活日用品。

(二) 临时作出的购买决策

一般来说,消费者都是有思想准备去选购商品的,能够使得消费者临时决策去购买的商品,一般具有两个共同点:一是价格低廉。消费者不可能临时决定花一大笔钱去买一件商品,之所以临时决定购买,就因为随身所带的现金能够支付该商品的要价。二是新奇独特。消费者能够临时作出购买决策,往往是因为该产品具有令人一见就爱不释手的吸引力。这一类商品主要指女性用的装饰品、新潮廉价时装、家庭厨房用品以及题材新颖的书籍等。

(三) 需要经过一定的考虑才能作出的购买决策

这一类购买决策占消费者所有购买决策中的大部分。了解情况,反复挑选比较,听取意见,讨价还价,最后才决定购买。消费者所购买的商品,大部分或绝大部分都是用这种形式购买的。广告除了在消费者决定购买之前向他们充分介绍该类商品的特点、性质之外,还应该起到催促消费者下决心去购买的作用。

(四) 需要经过非常认真的考虑才能作出的购买决策

这主要是指购买那些耐久消费品、贵重物品时的决策方式。这类商品一是价格昂贵,二是消费者不可能多次重复购买,所以作出购买决策时总是十分慎重的。

第二节　广告与消费者心理

不同类型的消费者，其消费心理和购买决策模式是不同的，这些差异包括消费者的气质、性格、能力、年龄、性别等个体心理差异，广告情境、商品、个体以及社会情感差异，消费者所处社会因素（角色、参照群体、家庭、观念指导者、成见和社会风尚）影响的差异。关注这些差异对我们广告创作、投放和解读的微妙影响，是非常有意思的事情，下面我们详细讲解。

一、消费者个体心理特征与广告

消费者的个体心理特征是指消费者在各自的心理活动实践中经常表现出来的、比较稳定的个性心理和特殊性。个性心理特征与消费者的购买活动相结合，给消费者各自的购买行为涂上了一层独特的色彩，彼此呈现出明显的差异。构成消费者消费行为差异的个体心理特征主要表现为消费者的气质、性格、能力三个方面。

（一）消费者的气质差异

气质，指个体经常地、典型地表现于心理过程的速度、强度、稳定性、灵活性及指向性等方面的动态特征，俗称“脾气”。消费者的气质不同会直接影响到广告接受的快慢、强弱和时间的长短。

人的气质反应可以分为以下四种类型。

1. 兴奋型

这种人反应能力较强，但不平衡；兴奋过程强于抑制过程，容易兴奋而难于抑制，一般表现为情绪反应快而强烈，而理性抑制能力则较差；对外界事物的反应速度快，但不够灵活；脾气倔强，精力旺盛，不易消沉，耐受性和外倾性都较为明显。心理学上称兴奋型为胆汁质气质。

2. 沉静型

这种人反应能力较弱，但较为平衡；兴奋速度和对外界刺激的反应均较慢；一般表现为主观体验深刻，遇事敏感多疑，言行谨慎；一旦接受了刺激，既易于激动也易于消沉，感受性和内倾性较为明显。心理学上称沉静型为抑郁质气质。

3. 活泼型

这种人反应能力较强，而且平衡性、灵活性也较强；一般表现为情绪兴奋性高，活泼好动，富于表现力和感染力；对外界事物较为敏感，容易随着环境的变化而转变，精力分散，联系面广，兴趣宽泛，见异思迁，反应性和外倾性都较为明显。心理学上称活泼型为多血质气质。

4. 安静型

这种人反应迟钝，但较平衡，灵活性较低，抑制过程强于兴奋过程；一般表现为情绪比较稳定，沉着安静，善于忍耐；对外界事物反应缓慢，行动迟缓，心理状态极少通过外部表现出来，耐受性和内倾性都较为明显。心理学上称安静型为黏液质气质。

以上四种气质只是最一般的划分。事实上在日常生活和消费活动中，纯属某种气质型的消费者极少，更多的是以某种气质为主，兼有其他气质的混合气质类型。因此，我们在判断某个消费者的气质时，并非一定要把他划归到哪一类，而主要是观察与测定构成他的气质类型的各种心理特征，从而去发现他们的基本气质。根据消费者的气质类型，可以把消费者的消费行为分为以下四种类型：

1. 习惯型

这类消费者购买商品一般不经过复杂的挑选和比较，只是凭着自己的生活体验而决定购买行为，而且是经常重复稳定地购买某种商品。这类消费者以沉静型和安静型的气质为主，他们的广告接受心理特征，表现为比较注意厂牌、商标以及厂商的历史和信誉。

2. 交际型

这类消费者善于交际，购物时观察敏锐，思维敏捷，并容易与售货员进行愉快的接触，博得对方的好感。但有时其兴趣和目标容易转移，对商品一时不能取舍，有时会因缺乏深思熟虑而作出轻率的购买决策。这种类型的消费者一般以活泼型气质为主。他们在接受广告信息时，售货员的态度往往起着决定作用。

3. 冲动型

这类消费者一旦感到有某种需要，购买动机便很快产生并进入决策阶段。在购买过程中，如遇到诱人的广告和良好的接待，便会迅速愉快地成交；反之，如果售货员服务态度欠佳，则容易与人发生冲突。这类消费者以兴奋型气质的人为主，他们对良好的广告信息和售货员的良好态度比较注意。

4. 想象型

这类消费者想象力特别丰富，注意力容易外移，兴趣容易受情绪的影响，购买商品时往往会把商品与自己向往的生活方式的诸种因素联系起来，只要符合其愿望,就乐意购买,不太重视商品的其他方面。这类消费者以兴奋型和活泼型气质为主,他们对广告的文本、图案和商品的外观造型、颜色甚至命名都比较重视。

(二)消费者的性格特征

性格是指一个人通过社会实践活动逐步形成的、对现实的稳定态度以及与之相适应并习惯了的行为方式的心理特点。气质和性格都是以人的高级神经活动类型为生理基础的,但性格更多地受社会生活条件和实践活动的制约。因此,与气质相比较,性格更能突出反映个体的心理特征。个体性格一般具有以下四个方面的特征:

态度特征,即指一个人待人处世以及处理各种社会关系时所持的态度。例如,在对待消费上,有的人节俭,“新三年,旧三年,缝缝补补又三年”;有的人大方,“旧的不去,新的不来”;有的人奢侈,“食不厌精,脍不厌细”;有的人随便,“随便就是风格”;等等。

意志特征,即指个体的自我调节方式和自我控制能力。表现在消费行为上,有的人购买目的明显;有的人随波逐流;有的人节制;有的人却挥霍无度,这就反映着不同的意志特征。

情绪特征,即指个体的情绪变化。在购物现场,消费者情绪体验的变化对购买行动常常产生极大的影响,这种影响在冲动型、非理智型的顾客身上,必然表现得尤为突出。

理智特征,即指个体在感知、记忆、思维和想象等认识方面的性格特征。例如,在感知方面,有的人观察主动,擅长概括,有的人则知觉被动,偏重直观;在记忆方面,有的人长久牢固,有的人则短暂模糊;在思维方面,有的人善于独立思考,富于创新,有的人则好钻牛角尖,死抠字眼;在想象方面,有的人大胆流畅,有的人则拘谨阻抑;等等。

另外,根据心理学的研究成果,以下性格特征的消费者比较容易受广告的影响。

(1)外向友善型。这种性格类型的消费者是商品信息的口碑传播者,他们热情、活泼、善于交际,凡是感兴趣或满意的商品及商品广告,他们总是自觉或不自觉地为之充当义务宣传员。这种消费者的口传,是提高广告效应的有效途径。

(2)勇敢冒险型。这类消费者性格开朗、自由开放,对新事物、新信息反应敏捷,愿意尝试新产品,他们往往是新产品的首批购买者和“活广告”。

(3)时尚领导型。这类消费者有“时髦领袖”欲,他们对某些消费群体往往有无声的影响,从而成为某种消费意向和消费行为的倡导者。

(三) 消费者的能力差异

能力是指人能够顺利完成某种活动,并直接影响活动效率的个性心理特征,俗称“本领”或“本事”。在消费活动中,消费者的能力主要表现在掌握商品的知识、鉴别商品质量和抉择商品类型的技能及其熟练程度上。消费能力分为两种,一是一般消费能力,二是特殊消费能力。一般消费能力是指在有关消费活动中都必须具备的、带共同性的基本能力,主要包括观察能力、记忆能力、比较能力、决策能力。特殊消费能力是指消费者进行专门性消费活动时所必需的知识和技能,主要包括鉴别能力、鉴赏能力、评价能力。由于个人背景不同,消费者之间无论是在能力的结构上还是在能力的水平上都存在着明显的差异。这种差异主要表现在以下两个方面:

(1) 观察力的差异。观察力是个体对事物进行准确而迅速感知的能力。消费者在观察力上的差异,主要表现在对商品的认识能力和评价能力上。

(2) 判断力的差异。判断力是指消费者通过分析、比较,从而对商品优劣进行判断的能力。判断力是以观察力为基础的复杂思维活动。判断力强的消费者,能对商品的优劣作出评价;而判断力差的消费者,则对商品的优劣把握不准,因而也表现为决策犹豫。

(四) 消费者年龄差异

不同的消费者由于年龄、性别的差异,其消费心理有明显的不同。这种差异历来受到中外广告学家的重视。因此,对不同年龄的目标市场应采用不同的诉求方式。

1. 少年儿童的消费特点

14岁以下的孩子统称为少年儿童。据调查,我国少年儿童人数已近4亿。即使是人口老年化严重的西方国家,少年儿童的比例也保持在30%左右。少年儿童的消费商品主要是食品、玩具以及儿童读物,对这些商品的消费,他们往往具有自我选择权。在计划生育国策的作用下,我国的家庭人口结构与过去相比发生了重大的变化,独生子女在家庭中的显著地位,使得他们的好恶往往能左右许多家庭消费品的购买行为,再加上现代大众传播媒体的无孔不入,使孩子们经常接受大量广告信息,他们能够敏锐地分辨出什么是流行的、热门的,什么是过时的、落伍的,他们常常能为父母的消费选择提供理论依据。因为少年儿童具有这种特殊的消费影响力,所以很多厂商就把少年儿童作为广告诉求的主要对象。

少年儿童的心理特征主要表现为以下几点:第一,他们幼稚纯真,对事物往往表现出一种天真好奇的心理。针对这样的心理，厂商常选用一些新奇的、幻想型的广告诉求方式进行宣传。第二，少年儿童在观看广告时不大注意商品的厂牌和商标，而习惯于从图像、人物、音响等直观印象进行比较选择。与大人们相比，少年儿童最容易被那些生动迷人的推销广告所说服，这种直观性的接受心理，要求厂商在广告作品的造型设计和商品外观包装的美化上下功夫。第三，少年儿童天性活泼，又善于模仿，具有易变性、可塑性强的特征。这种模仿、易变、可塑的心理特征要求企业广告作品富有个性、贴近童心，并能够进行长期、反复的宣传。

2．青年人的消费特点

15～35岁年龄段的男女消费者统称为青年消费者。青年人永远是社会上最活跃、最喜爱变革的人。与中老年人相比，他们的个人平均收入并不高，但经济收入中直接用于自身消费的比重却最大。

青年人的心理特征主要表现为以下几点：第一，青年人的心理趋于自主，具有强烈的自我消费意识和较高的欣赏判断能力。他们喜欢把自己与儿童及中老年人区别开来，更有一种逆反心理，总在尝试着冲破长辈们的种种限制；但是，他们之间的相互影响却比较大。因此，在设计青年用品广告时，选用青年人现身说法，效果较好。第二，青年人在生理上趋于成熟，十分注意自我形象，尤其是处于同龄的异性之中时更是如此。因此，青年人总是喜欢能表现自我个性的广告。第三，青年人经济上已经独立，心理上趋向求新、求变和注重自我形象，在消费上往往表现为仰慕名牌。因此，厂商在做青年消费品的广告时应注意把商品的厂牌、商标置于突出的位置。

3．中年人的消费特点

36～55岁年龄段的消费者统称为中年消费者。中年人的收入较高但负担也较重，他们用于自身的消费并不宽裕，更多的是考虑家庭中其他成员的需要。俗话说“上有老，下有小”，指的就是这部分人。中年人消费心理的特点是：第一，由于承担着整个家庭消费的重担，在选择商品时比较注重价格。因此，在对中年人做广告宣传时，要强调商品的经济实惠。第二，中年人既是工作上的骨干，又是一家之主，事务较重，他们的消费诉求偏向于力求减轻家务劳动，购买消费品时注重方便实用。正是从这一方面出发，中年人欣赏广告时，特别注意广告所宣传的商品功能和安全使用措施。因此，在针对中年人设计广告时，应着意运用图像或文字来突出强调商品的上述特性。第三，中年人已有丰富的人生体验，比较尊重传统习惯，他们从情感上容易接受体现民族传统精神和行为习惯的广告作品。

4. 老年人的消费特点

55岁以上的消费者统称为老年消费者。现在我国人口的平均寿命大大延长,离退休的老年人逐年增加,老年人在总人口中所占的比例也在上升。因此,开发"银发"市场,将是一项有效益的事情。老年人的消费心理有以下几个特点:第一,他们一般都有延年益寿、安度晚年的保健心理,在接受广告信息时,首先注意的就是广告所宣传的商品的保健功能。第二,老年人的闲暇时间最为充裕,他们对适宜老年人退休生活的文化娱乐广告较感兴趣。第三,在中国,老年人对下一代的期盼,并不以下一代离家独立而结束,他们比较喜欢欣赏和接受那些合家团圆、其乐融融的广告场景。第四,丰富的人生经历使他们养成了强烈的自尊心理,他们在希望健康长寿的同时,也期待着获得社会的尊重和良好的祝愿。因此,他们特别喜欢欣赏或接受能体现与满足老年人自尊心理需求的广告或商品包装。

(五) 消费者性别差异

在家庭消费中,女性是日常消费品购买行为的主要决策者和操作者,一般情况下,只有大件或高档商品的购买及其决策才由男性承担或双方共同承担。国外的一份调查资料表明,家庭消费品的购买,由女性承担的占55%,由男性承担的占30%,夫妻一起购买的占11%;至于女性专用品,则基本上是妇女自己决定和购买的,可见女性在家庭日用消费品的购买中占有相当重要的位置。这样,商品的广告自然也就倾向于向女性诉求了。广告界所流行的"广告青睐女性"一语,反映的也就是这个道理。那么女性又有什么样的消费心理呢?从感知上说,女性与男性相比,具有突出的敏锐性。所谓敏锐性,是指女性能够通过眼、耳、鼻、舌、身等各种器官快速准确地观察、感知事物,捕捉信息,并且能迅速地从这一事物向另一事物转移。女性感知的敏锐性,决定了女性消费者更善于注意和接受那些色彩鲜艳、图案活泼、旋律优美、音色悦耳的电视广告、电台广告和各种各样的图案广告,她们甚至不抱任何功利目的,仅仅把广告接受视为一种美感享受。从记忆上说,女性记忆有三个特点:一是机械记忆力强,对无意义的数字、人名、地名、历史年代等记忆准确而迅速。因此,她们对广告中的表演者、人名、地名、历史年代等内容的记忆较为准确。二是语文词汇记忆能力和对具体事件的形象记忆能力突出。三是女性联想丰富,她们往往能将广告意境和生活实际中的某种状况联系起来。因此,一些意境型、气氛型的广告作品常常能对女性产生良好的作用。

男性的消费心理也有自己的特点。他们在感知上要比女性迟钝。俗话说:

女人心细，男人心粗。这可以说是对男女感知差异最通俗的表述。然而，男性消费者的逻辑记忆力较强，能够充分运用第二信号系统对事物进行抽象的概括。因此，他们往往能把广告所宣传的商品原理、特点、材料、性能、质量以及它们之间内在的逻辑关系准确、牢固地记住。

由于男女各自所承担的购买角色以及各自的消费心理有所差别，因此广告的策划者就应注意对日常生活用品多选用感性诉求的方式，而对一些大型耐久消费品则宜选用理性诉求的方式。

二、消费者的情感心理特征与广告

情感是指消费者因广告以及广告所宣传的商品是否符合自己需要而产生的情绪、态度和体验。消费者的情感心理是参与并贯穿于广告接受过程的评价阶段和信任阶段的，它对广告的接受活动产生重要的影响。一般而言，消费者情绪高、心情舒畅时，容易接受广告所宣传的商品，并产生购买欲望；反之，则不愿意甚至不关心广告及其内容。同样地，消费者通过接受广告劝说而买到中意的商品，会对广告产生信任感；反之，则讨厌广告。消费者这种对待广告及商品的态度，就是广告接受心理的情感过程。

消费者的情感，大多数是通过神态、表情、语气和行为来表达的。各种情感的表达程度有着明显的差异。消费者在购买活动中的情感表现，大致可以分为三大类：积极的、消极的和中性的。在广告接受过程中，消费者情感的产生和变化主要受四种因素的影响。

（一）广告情境的影响

消费者情感的变化首先来自广告情境的影响。宽敞明亮、色彩柔和、美观典雅、气氛祥和的广告情境，会引起消费者愉快、舒畅的情绪反应，从而刺激消费者的购买欲望；反之，广告情境差，则会使消费者产生厌恶、烦躁的情绪。

（二）商品的影响

商品本身是影响消费者情绪的另一个因素。当商品能使消费者产生符合自己过去经验所形成的购买愿望，或者使消费者感到新鲜、美观、亮丽时，他们就会产生积极的情感，从而导致购买行动；反之，就会形成消极情绪，中断购买行动。

（三）个体情感的影响

这里所说的个体情感是指消费者进入接受广告过程时的情感状态或精神状

态。由于不同的消费者在气质、性格、能力以及生活遭遇、事业成败等心理状态背景方面存在着差异,因此在广告接受过程中就会形成某种消极或积极的情感倾向。

(四)社会情感的影响

社会情感又称情操,是指消费者由于社会需要而引起的情感。消费者的情感变化,在很多情况下是受其社会情感制约的。消费者的社会情感主要包括道德感、理智感和美感。所谓道德感,是指消费者依据社会道德的行为规范去评价事物时所产生的一种情感反应。所谓理智感,是指消费者因其求知欲望能否得到满足而产生的一种情感反应。消费者对一些结构新奇、功能特殊、性能复杂的商品进行认识活动时,所产生的或疑惑、或满足、或好奇、或自信、或犹豫的反应,都属于理智情感反应。所谓美感,是指消费者从审美的角度对商品或广告作出的情感反应,而他们的审美观、审美意识、审美标准,也都属于社会性的情感。

三、影响消费者决策的社会因素

研究、分析消费者,还应该注意社会因素对消费者的消费行为所产生的影响。

(一)角色的要求

每一个人都生活在社会中,为了能够与他人相互协调地生活下去,就必须按照社会对某一地位的普遍期望,扮演一个相应的角色。这个角色所具有的行为方式约束着相应的消费方式。广告理论把社会角色分为原生角色和习生角色。原生角色是个人无法控制的,是与生俱来的;而习生角色则指因个人的获得和社会成员的选定而带来的角色(如一个人的教育水平、工资收入、职业、社会地位和婚姻状况等)。很显然,不同的人群,不同人群中的不同角色,对广告宣传有不同的接受和理解。

(二)参照群体的影响

每一个人在其心目中都有一个参照群体,他按照这个参照群体中的成员的行为方式来要求自己,自觉或不自觉地参照这个群体的其他人进行消费。这个群体可能是同事,也可能是邻居,很多消费行为就是由群体的影响而扩展开来的。感染和模仿是群体影响的表现形式。感染有两种形式,一是情绪感染，二是行为感染。情绪感染是指一群人的情绪互相产生强烈的影响，进而产生了情绪的统一，使个人放弃了平常抑制其行为的社会准则，转而认同于群体情绪。在这种条件下，个体成员对任何种类的情绪暗示都易于接受，从而乐于模仿他人的行动。行为感染是指一个人或某些人的行为方式向另一个人乃至许多人传播和扩散，这是一种无声的影响。在商品购买过程中，行为感染的力度是很大的。

（三）家庭的影响

一个家庭的生命周期要经历不同的阶段，基本上可以分为恋爱期（家庭形成的准备阶段）、初婚期（家庭形成阶段）、育儿期（家庭人口增长阶段）、发展期（家庭人口没有改变下的发展阶段）和定穴期（新一代离家独立生活后阶段）五个阶段。不论是大家庭还是小家庭，家庭成员大致都可以分成四类，即父亲、母亲、未成年儿童、成年而未离家的下一代。因此，广告宣传一定要考虑目标市场中消费者所处的家庭周期阶段和家庭成员的物质、心理需求。家庭在不同的周期有不同的消费需求，如图 3-2 所示。

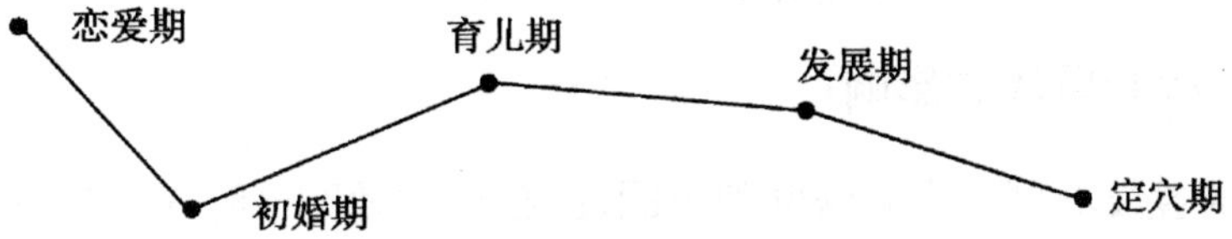

图 3-2　家庭周期消费趋向图

恋爱期是家庭形成的准备阶段，是整个家庭消费周期的最高点。为了形成一个美好的小家庭以及为了下一代的幸福，家庭消费正处于最“放松”的时期。

初婚期指家庭形成阶段，是整个家庭消费周期的间歇期。随着上一个阶段的高消费之后，这时大多数小家庭都处于短期的“超买”状态，消费热情迅速减退。

育儿期指家庭人口增长阶段，是整个家庭消费的又一个高潮。家庭人口的增加促使家庭消费结构发生变化，此时的家庭消费中心是对下一代的哺育和培养。再加上家庭消费稳定了一段时期之后，消费能力有所增强，消费活动又一次开始“放松”。

发展期指家庭人口没有改变的情况下的发展阶段，此时家庭消费的热情虽有所减退，但仍处于相当高的水平，消费的首项开支是培养下一代所需的教育费用。

定穴期是指下一代离家之后的家庭,这时整个家庭消费周期处于最低点,家庭消费的中心转向保健。

(四) 观念指导者的作用

观念指导者是一些特殊的人物,因为他们所特有的背景以及社会大众对他们的熟悉,使得他们在某些方面的言论具有很大的影响力,他们的消费方式会被其信服者部分模仿。观念指导者可分为三类:一类是专家,一类是明星,一类是典型代表。

(五) 成见的作用

成见是影响广告宣传的一种固定化的、具有明显倾向性的社会态度,它有积极的一面,也有消极的一面。成见又分为认知性成见和地位性成见。认知性成见是指由于信息量不够、个人水平所限而对事物产生的一种主观偏见。地位性成见则是由于人们所处的地位而形成的一种偏执态度。地位性成见有的是由实际地位造成的,有的则是由地位期望值所造成的。地位性成见最大的特点就是以自己处(想)的地位为出发点来评价一切事物。

(六) 社会风尚的影响

社会态度发展到一定的程度和范围,就会形成时髦或时尚。时髦或时尚有着新奇和引人遵从的特点,并呈现为一种周期性表现形式。时髦或时尚的魅力在于它既是新的,又是以最快的速度反映社会发展现实的,它是新的社会行为规范和风俗的先驱。时髦或时尚既是一种模仿行为,又是一种追求个性化的行为;时髦或时尚的出现是建立在社会物质水平和文化水平发展提高基础上的,在大趋势下,每个人竭力以不同的手法和途径来跟上时代的步伐,其目的在于在他人心目中形成"自我"。时髦或时尚的这种模仿性和个性化形成了时髦或时尚形态的日益多样化、复杂化,从而带着绝大多数人向前发展,构成社会的进步。

第三节 广告心理策略及其原则

好的广告必须充分考虑广告接受者的心理特征和心理需求。广告学从这一角度进行研究,总结出一系列指导和规范广告制作活动的原则和策略。

一、广告创作的一般心理原则

消费者消费心理的不同决定了消费者广告接受心理和形式的各异,但也存在着一些必须共同遵守的原则,了解这些原则是研究广告制作心理的基础。

(一)适度性原则

"适度"是指广告作品的平衡性。平衡性是广告作品最先诉诸消费者感觉器官的刺激因素,它会对广告给予消费者的第一印象的好坏产生直接影响。在广告作品中,"适度"表现在两个方面,一是指文本的平衡性,二是指广告画面的平衡性。文本的平衡性首先要求广告的褒扬文字应委婉。其次,要求在文字写作上有选择地暴露产品的一些缺点或留有必要的余地。画面的平衡性首先是指每一幅广告作品的画面都要有一个引人注目的中心,以此为主,体现出广告主题,其他部分则处于辅助地位。主次分明就自然会造成广告画面的平衡。

(二)权威性原则

这里说的权威并不单纯指名人,而主要是指那些商品性能、用途和质量的鉴定者和商品的使用者。一般来说,请使用过某种商品的名人扮演广告宣传的主角,当然更能体现权威性原则。但是,由于各人的生活背景不同,他们对不同类型的商品各有不同的体验,因此,对名人也要有所选择。

(三)艺术性原则

广告对消费者的心理刺激首先表现为印象反映。富于想象力的文案和广告画面能给人以更强烈的刺激,从而产生更佳更深的印象,增强广告的魅力。具有艺术性的广告,可以使读者产生想象,从而对促销产生重要的影响。因此,广告制作应注意从不同的角度来表现艺术美,首先让消费者产生愉快的感觉,得到美的享受,然后让消费者通过欣赏广告而认知广告所宣传的商品。

二、认知心理和广告策略

从某种意义上说,消费者对广告的接受来自他们对广告的认知过程。这一过程主要是通过消费者的视觉、听觉、嗅觉、味觉、触觉等感知媒介进行的,其中以视觉、听觉、嗅觉最为重要,如表 3-1 所示。

表3-1 各种感觉器官对外界事物的认知特点表

通 道	比 率(%)	特 点
视觉	87	确切
听觉	7	短暂、不可捉摸、难以重复
嗅觉	3.5	难以细辨
味觉	1	难以精确
触觉	1.5	难以精确
总计	100	

(一)视觉与广告创作

一个正常人从外界接受信息时,视觉是我们认识外部世界的主导通道。视觉对广告制作有重要的影响。

视觉是欣赏广告的前提。消费者在接受报纸、杂志、电视等媒体的广告信息时,对广告作品的欣赏首先是通过视觉来实现的。

视觉的能力决定消费者对广告的认知范围。不论什么广告,消费者对它的认知都受一定范围的局限,而视觉能力则往往是造成这种局限的主要原因。

视觉影响消费者的广告接受力。消费者对广告品质的鉴别,对广告环境的感受,首先是通过视觉得到的,然后才出现情感反应和接受程度的差异。

视觉影响消费者的广告态度。伴随消费者的视觉活动过程,他们会产生对广告的主观评价。这种评价将直接反映消费者对广告的认知水平和体验态度。

(二)听觉与广告创作

听觉器官是声音的分辨器。声音可分为乐音和噪音,用于广告制作的均为乐音。据研究,乐音的三个基本要素为响度、音色和音调,反映在心理学中人的主观体验领域,分别表现为音量的高低、音色的优劣和节奏的快慢三种特征。响度是指发声体振幅的大小;音色是指不同声源所发出的声音的特色;音调是指声源振动的快慢。

听觉对广告制作有着重要的影响:听觉可以使消费者在更大的空间里接受广告信息,与视觉的方向性、范围性特征(也是局限)相比,听觉有更大的自由度和随意性,其表现之一就是消费者可以在做其他事情的同时接受广告的声音信息。

（三）嗅觉与广告创作

嗅觉器官是鼻腔里的化学性分析器。嗅觉的产生一般通过两条途径：一是气味从鼻孔进入鼻腔，然后借气体的弥漫作用，到达嗅觉的感觉器；二是食物进入口腔后，在吞咽时，气味由咽喉部位进入鼻腔而到达嗅觉的感觉器。嗅觉的特色决定了它对商品有较强的针对性要求，如食品、化妆品等气味性商品的广告，即可采用“气味法”的广告制作方式，就是用气味的刺激来引起消费者的某种欲望，达到吸引他们对某种商品的注意和作出购买决策的目的。

三、消费过程心理与广告策略

消费者从接受广告信息到作出购买决策要经过五个阶段的心理活动过程，即心理学上所说的 AIMDA 五环节。第一个字母 A 指 Attention，即注意；第二个字母 I 指 Interest，即兴趣；第三个字母 M 指 Memory，即记忆；第四个字母 D 指 Desire，即欲望；第五个字母 A 指 Action，即行动。也就是说，广告总是通过一定载体将信息诉诸消费者的视觉、听觉等感觉器官，引起人们的注意，激发人们的兴趣，强化人们的记忆，促进人们对产品的占有欲望，从而导致人们作出购买的行动。

（一）注意与广告创作

注意作为心理学的基本范畴，是指人的知觉对某一刺激的指向和集中。人时刻都在接收来自四面八方的刺激，这些刺激有些是可以被人感觉到的，有些则不被人感觉到。人的知觉不可能同时反应所有的刺激，在一段时间内只能集中到某个刺激上，这就形成了人的注意。

根据刺激物在人的注意圈的地位和作用，可以将它们分为注意的背景和注意的目标两大类。注意的背景是指能被主体感觉的一切刺激物；注意的目标是指主体认知正在集中指向的那个刺激物。在一定条件下，注意背景与注意目标可以相互转化。背景中的某一刺激物上升为目标，原先的目标变为背景，注意就转换了一次。心理学的实验结果表明，人的注意不会长时间集中在一个目标上，它会不断地变化。一般的注意只能维持 5 秒钟左右，能保持 20 秒的非常之少。由此可见，注意是可以靠人的意志来调节的。根据意志对人的注意的调节作用的强弱，可以把注意分为有意注意和无意注意两种。

有意注意是在人的自觉意志的支配和调节下，知觉对某一刺激的指向和集中,而无意注意则不是在人的自觉意志支配和调节下作出的,是由刺激的特点引起的。读书是有意注意;门外"砰"的一声响,你马上抬头向门望去,这就是无意注意。有意注意与无意注意在人的心理活动中往往是不能截然分开的,而是相互交织、相互转化的。事实上,许多消费者的购买行为的抉择常常是经过有意注意向无意注意的转化而实现的。因此,引起消费者的无意注意是广告制作在心理学范畴首先应该重视的一条规律。

在广告刚刚进入消费者的感觉范围时,如果不能引起消费者的无意注意,广告可能就会从消费者的知觉中悄悄"溜走",对消费者不发生任何影响。只有引起消费者的无意注意,他们才可能对广告产生视听行为,如果广告的内容和表现形式正好迎合他们的需求,那么,广告影响消费者的过程就有可能进行下去。

什么样的广告能引起消费者的无意注意呢?这种广告必须在大小、色彩、强弱、动静、变化和新奇等方面具有均衡、相称、动作、对比、统一等特征,从而与其他刺激物构成明显的对比和反差。

广告引起消费者的无意注意后,消费者会在几秒钟之内将注意集中在广告文本上,看一眼或听一下。但这种看一眼、听一下的无意注意若激发不起或不符合消费者的兴趣,消费者的注意力就会很快从广告上转移。只有当一幅广告或一个广告节目的内容正好是消费者感兴趣的,消费者才有可能凭借意志去看去听,将知觉集中于某一广告的内容上,由无意注意变成有意注意。当消费者对广告的无意注意变成有意注意后,他们才有可能真正看清楚、听明白广告文本的内容。

消费者在怎样的情况下才会对广告产生有意注意呢?除了广告文本形式和内容应有吸引力外,还必须要求广告文本适应消费者的某些心理需要。因此,广告文本影响消费者的第二个阶段主要是唤起消费者的兴趣。

(二)兴趣与广告创作

消费者的兴趣,是他们对客观事物的一种特殊的心理倾向。消费者对于自己感兴趣的事物,总能自觉或不自觉地心驰神往,表现出认识过程中注意的趋向性。兴趣是消费者购买行为的强有力的动力之一,也是消费者获得称心满意商品的重要心理条件。当一则广告唤起了消费者的兴趣之后,消费者才会十分注意这则广告,以进一步了解广告的内容。

什么样的广告才能使消费者产生兴趣呢?回答这个问题比回答如何引起消费者注意的问题难度更大,因为其中包含着很多的不可控因素。消费者对一则广告是否感兴趣,很大程度上取决于消费者本人的物质需求和精神需求。

由于消费者的出身、年龄、性别、地位、职业、民族、习惯具有差异，广告文本就必须对广告的接受者有所选择和确定。也就是说，广告文本只有集中唤起目标市场中消费者的兴趣，才能起到促进商品销售的作用。

广告唤起了消费者的兴趣后，消费者即会依其兴趣的大小和购买决策的类型，决定是否购买这种产品。一种情况是，广告唤起了消费者的强烈兴趣，消费者马上购买；另一种情况是，消费者看了广告后，虽有一定的兴趣，但或者因身上带的钱不够，或者因产品体积太大不便携带等，不能马上决定购买。此时，广告必须具有加深消费者记忆的功能，才能使消费者在不久的将来仍可在此广告的影响下唤起购买欲望，采取购买行动。

（三）记忆与广告创作

广告是通过消费者对它的感知而实现其促销目的的。因此，如果广告的视听觉元素难以记忆，其促销功能就无法实现，广告效果也就无从谈起。广告设计制作有两个基本要求：首先是看（听）得清；其次是印象深。看（听）得是否清楚是个感知问题，印象深不深是个记忆问题。

记忆是消费者的大脑对过去经验中发生过的事物的反映。用现代科学的观点分析，记忆就是信息的输入和贮存。记忆的过程是信息的输入、归档、保存和回溯的过程。

记忆的范围比较广泛，包括两种形式、三个层次。

记忆的两种表现形式是回忆和再认。在大脑中重现以前感知过的事物，叫回忆；客观事物出现在眼前，确知是以前感知过的叫再认。

记忆的三个层次是瞬时记忆、短时记忆和长时记忆。

瞬时记忆亦称感觉记忆，是指外来刺激作用于感官而造成的一种未经输入记忆系统的印象。当外来刺激消失时，印象随之消失，事过即忘。有人把信息保持在1秒钟之内的记忆称为瞬时记忆或感觉记忆。

所谓短时记忆，是指外来刺激经过感官但未经大脑加工整理便输入记忆系统的一种印象。这种印象，经过一段时间会由于其他信息的干扰而被遗忘。有人把信息保持在1分钟左右的记忆称为短时记忆。

所谓长时记忆，是指把外来刺激经过加工整理、编目归档，然后被存入记忆系统而形成的一种印象。这种印象由于经过整合、消化，因此得以长期保存，随时可供回忆或再认。有人把信息保持1分钟以上直至终身不忘的记忆称为长时记忆。

瞬时记忆、短时记忆、长时记忆三者之间的关系系统，如图3-3所示。

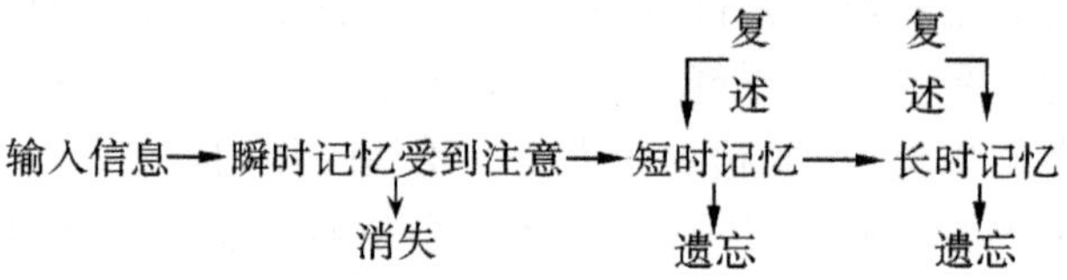

图3-3 三种记忆系统之间的关系图

用信息论的观点来分析,消费者在视听广告的过程中,正是通过这几种记忆系统的共同作用接收、贮存和提取有关信息的。广告制作者必须善于利用记忆特点,促使广告宣传的内容顺利输入消费者的长时记忆,深深地烙在消费者的脑海中,随时引起消费者的回忆,使之历久不忘。

(四) 欲望与广告创作

消费者可能对某一商品很感兴趣,十分喜欢,但并不一定就想购买它。只有消费者明确地意识到自己十分想拥有这一商品,并且这一愿望具备了实现的条件时,他的购买欲望才会出现。也就是说,消费者的购买欲望与其需求及主客观条件具有内在联系。所谓欲望,就是消费者的需要尚未得到满足的一种反映形式。广告要想发挥在第四阶段的影响和作用,就应将消费者潜在的需求激发出来,使之变为一种较明确的购买欲望,进而产生购买动机。

卓越的广告优势就在于激发消费者的需求,满足消费者的欲望。因此,发现和捕捉消费者的需求和欲望是一切广告制作者的首要任务。根据消费者潜在需求的一般内容(即生理需要、安全需要、社会需要、尊重需要和自我成就需要),可以把消费者的欲望大致分为两类:生理性欲望和社会性欲望。

从广告心理学的角度看,研究消费者的欲望,就是把广告目标对准消费者的欲望。瞄准消费者的欲望进行广告诉求,是有效的诉求方法。比如,人们对食品的欲望包括对色、香、味的追求,如果食品广告能够使消费者感受到这种食品体现着自己所喜欢的色、香、味,那么,这个广告作品就满足了消费者的欲望。

(五) 购买行动与广告创作

消费者接受广告的劝说,他的购买欲望发展成购买行动,这在心理学理论体系中被称为态度的变化。消费者的态度具有两重性,即可能喜欢某种广告宣传的商品,也可能厌恶、不关心某种广告宣传的商品。了解消费者对广告的态度,对企业和广告制作者都是十分重要的。

按照广告心理学的理论,态度是每个消费者评价广告的反映或倾向。构成消费者态度的因素主要有以下几个方面。

(1) 消费者的态度是在接受广告信息之后逐步形成的。

(2) 消费者的态度与消费者的消费观念及其需求能力有着密切的关系。

(3) 消费者的态度与消费者的生活环境、职业个性、风俗习惯、爱好兴趣等都有密切的关系。

(4) 消费者的态度还受到其经验的影响。有些消费者购买商品时,完全是凭经验办事。具备成功经验的消费者容易对广告产生肯定态度;而经历了失败教训的消费者容易对广告产生否定态度。

综上所述,消费者是否决定购买某一广告所宣传的商品,经常受到诸多因素的影响。有时消费者本想购买昨晚在电视里看到的一则广告所宣传的商品,但到市场逛了一趟之后,却改变了主意。是什么原因促成他态度的变化呢?第一是环境因素;第二是刺激因素;第三是个人心理因素;第四是反应因素。由此可见,广告如果只对消费者心理产生吸引注意、唤起兴趣、加深记忆、激发欲望等作用,并不一定能够完成劝说消费者去购买商品的任务。这就要求在广告制作中再加入一部分内容,以催促消费者迅速采取购买行动。

能对消费者产生影响的广告才有效果,而有效果的广告必然是迎合消费者心理的。所以说,广告制作的过程就是从心理上说服消费者的过程,或者说是影响甚至改变他们的消费心理的过程。

第四章

4

广告策略

内容提要:

本章简介了制定广告策略时应注意的四项原则,即效益、实用、对等和应变原则;针对三种常见的营销策略提出了无差别化、差别化和集中市场三种广告市场策略;介绍了实体定位和观念定位两大类广告定位策略,以及理性、感性、情理交融的广告表现策略;较翔实地阐述了整合营销传播策略的定义、特点等。

广告是否有效或在多大程度上能取得成效,并不完全取决于企业的主观愿望,这里有广告主和广告制作者的技巧问题,而且还受各种客观因素的制约。所以,在制定广告策略时,企业必须清楚地认识所面临的内外部环境,根据环境的要求选择适宜的广告策略,并随着环境的变化而适时地修正广告活动的操作程序、方法,才能取得良好的效果。

第一节　广告策略原则

广告活动是一种投入,企业必须为之投入一定的资金和劳动。怎样使这些投入最为合理? 企业如何得到最好的回报? 在制定广告策略时应注意以下原则。

一、效益原则

这里所说的“效益”有两层含义:首先是经济效益,即用尽可能少的广告费用,取得尽可能好的广告效果。这就要求在广告活动的各个环节上都精打细算,根据以最小的代价换取最大的效果的原则,使企业的广告活动产生三方面经济效益:一是提高产品的销售量和市场占有率,增强消费者的购买欲望;二是使消费者对广告所宣传的产品产生信任感,树立企业在消费者心目中的良好形象;三是减少流通费用,节约销售成本。其次是社会效益。广告是一种大众经济信息的传播,本身就是一种文化现象。因此,企业在制定广告策略时,要积极、正确地宣传新的消费观念和消费方式,使企业的广告活动符合社会的要求和利益。

二、实用原则

制定广告策略的根本目的是为了提高广告活动的效果,而不是为消费者提供艺术享受。艺术手段的运用是一种方式,绝不是目的。广告策略是否成功的评定,是看广告效果能否达到最佳状态,而不是看艺术手段是否引人注目。因此,制定广告策略必须遵循实用的原则,利用恰当的艺术手法来强化广告宣传的感染力。

三、对等原则

不可否认,广告是一种以影响他人来为自己谋利益的活动,所以,企业的任何广告活动最终都会导致企业与其他组织和消费者在利益上的某些联系。为了取得良好的广告效果，广告活动中的对等原则就至关重要了。对等原则还表现在与消费者的关系上。在广告竞争如此激烈的今天，消费者对广告的宣传越来越感兴趣，也越来越受其影响。因此，成功的广告策略应该站在消费者的立场上多为消费者着想；只有这样，才能取得消费者的欢迎和信任。

四、应变原则

应变原则是指广告策略应该因时、因地、因产品和市场的条件而制宜，并随着诸环境因素的变化而变化；在相对稳定的基础上，应保持相对的灵活性。广告活动本来就是依附于市场的，而市场是瞬息万变的，广告活动如不能随着市场的变化而调整，就会被市场所淘汰。另外，企业的产品一般不只在一个细分市场销售，不同的市场，消费者的需求有一定的差异。即使是在同一个市场中，消费者的消费感觉也不是固定不变的。正因为如此，精明的广告主决不会以为广告制成，投向市场之后就万事大吉，可以不闻不问了；同样，成功的广告策略也绝不是以一时一地的成功作为评价依据的。

第二节 广告市场策略

根据市场学原理，市场本身是一个抽象概念，目标市场是对市场的具体细分。市场细分就是以消费者为对象，根据消费者的欲望和需求的差异性，把市场区分为若干个消费者群体，每一个消费者群体就组成一个细分市场。对整个市场进行细分后，就形成了企业的“目标市场”。任何企业，无论其规模如何，都不可能满足所有消费者的需要，而只能为自己的产品销售选定一个或几个目标市场，满足一部分特定消费者的需要。企业的目标市场不同，营销策略不同，广告策略也不一样。概括地讲，针对企业的目标市场设计的广告策略必须反映目标市场的特点，并以此来规定广告定位、广告表现和广告刊播等。

商品市场按消费者的需求和满足程度来分，有同质市场和异质市场两类。同质市场是指消费者对商品的需求有较多共性，受广告宣传影响不大的商品市场，一些生活必需品，如柴米油盐糖醋茶等，就属于同质市场类型。异质市场则与同质市场相反，它是指消费者对同类产品的品质、特性有不同的要求，强调商品的个性，受广告宣传影响也较大的商品市场，如服装、化妆品、烟酒等，绝大多数商品都属于异质市场。

广告市场策略往往是根据市场细分所规定的营销策略来制定的。常见的营销策略有三种:无差别化策略、差别化策略、集中市场策略。针对以上三种不同的营销策略,广告策略也相应变换为无差别广告策略、差别化广告策略、集中市场广告策略。

一、无差别化广告策略

无差别化广告策略是指企业生产一种产品,采用一种定价,使用相同的营销渠道,在同一时间内,运用各种媒体组合,向同一个大的目标市场即同质市场,做相同主题的广告诉求。无差别化广告策略,容易给消费者留下深刻的印象,迅速提高知名度,同时大大降低广告成本。这种策略仅适用于少数供不应求的产品或产品导入期与成长期,以及没有竞争对手或竞争对手软弱的时期。随着生产力的发展,消费水平的提高,无差别化广告策略已经满足不了消费者的需求。近年来,大多数企业开始放弃这种策略,而转向差别化广告策略。

二、差别化广告策略

差别化广告策略是指广告主在不同的细分市场上,根据目标市场的不同要求,生产不同的产品,采用不同的定价,使用不同的营销渠道,运用各种媒体组合,做不同主题的广告诉求,以满足不同消费者的需求。差别化广告策略能更好地满足不同消费者的不同需求,有利于增加企业的销售量,提高市场占有率,因而有利于在各细分市场中更好地满足其特殊需要,赢得各类用户的信任,并使其重复购买。这种策略适用于进入成长期后期或成熟期后期的产品,这时竞争激烈,各目标市场要求有不同的广告表现及广告发布,缺点是增加了促销成本。要有不同的广告表现进入各个细分的目标市场,必然使促销成本提高。

三、集中市场广告策略

集中市场广告策略是指广告主选择一个或几个小市场,制定相应的营销和广告策略。广告主的目标是在较小的目标市场中占有较大的份额,集中广告策略有利于了解较小的细分市场中消费者的需求并有针对性地开展广告宣传活动,使广告主在该市场赢得较好的利润和口碑。这种策略适用于资源有限的中小型企业,大企业亦可采用。这种策略的缺点是广告主对单一市场依赖性过强,一旦目标市场的消费者改变了需求或有强大的竞争者进入时,就会影响广告效果,甚至导致亏损。

第三节 广告定位策略

广告定位策略,是确定广告的诉求重点,是向目标消费者展示商品的"卖点"。也可以说,广告定位确定广告创意中"说什么"的部分。其主要特点就是突出产品的个性,即同类产品所不具有的优异之处,而这些优点正是为消费者所需求的。因此,广告定位是成功广告活动的基础和前提,为广告作品创作提供了方向和题材;也是与消费者沟通和促成购买行动的关键,有利于消费者识别商品,有利于进一步巩固企业的产品定位。广告定位策略包括实体定位策略和观念定位策略两大类。

一、实体定位策略

实体定位策略是指在广告宣传中突出商品的新价值,强调与同类商品的不同之处以及给消费者可能带来的更大利益或不同利益。实体定位策略进一步可分为功效定位、品质定位和价格定位等。

(一) 功效定位

功效定位是指在广告活动中选择与其他商品有明显区别的特点加以突出,以引起消费者的注意和兴趣。它是以同类产品的定位为基准,选择有别于同类产品的优异性为宣传重点,以增强产品的竞争力。所以,在进行功效定位时,就必须注意研究商品的性能。在产品的导入期,功效定位是优先考虑的定位方法之一。

(二) 品质定位

品质定位是指通过强调产品具体的良好品质而对产品进行定位。也就是通过广大消费者对产品品质的认识来启动自己的需求欲望和购买欲望并在其心目中确定了产品的位置。这种广告的取胜点在于承诺消费者最关心的质量保证,消费者购买产品即是为了使用产品,为了验证产品的品质。有些广告常用"质量可靠、性能优良"等笼统的语言说明商品的品质,这样不会给消费者留下什么印象。

(三)价格定位

价格定位是指因产品的品质、性能、造型等方面与同类产品相近似,没有什么特殊的地方可以吸引消费者,在这种情况下,广告产品便可以运用价格定位策略,使商品的价格具有竞争性,从而击败竞争对手。价格定位主要是说明其产品价格的合理性、适应性以及和同类产品的可比性,并以此来激起消费者的购买欲。从产品价格角度分析,有四种情况:高价高质、低价高质、低质高价、低质低价。如果采用价格定位策略,要根据目标市场消费者的消费水平来确定产品价位的高低,可以分为高价位、低价位两种。价格高于同类产品,这时一般需要用价格和产品的各种性能进行比较,一般的结论是"优质优价"。但是这种产品不可能成为普遍适用的消费品,而只能适合社会中一部分收入高、追求高素质生活的消费者;价格低于同类产品,这本身就具有一定的吸引力,可作为一个重要特点突显出来。这种定位无疑可在市场中确立最理想的位置,其竞争也是强有力的。价格定位往往可以根据消费者的心理特征来确定。消费者有时会追求某些产品的象征性价值,以得到心理上的满足。采用何种价位策略,应认真研究产品和消费者的心理状态。

二、观念定位策略

观念定位策略就是强调商品的新观念,重在改变消费者的习惯心理,树立新的商品观念和消费观念。

(一)是非定位

是非定位是从观念上人为地把商品市场加以区分的定位策略。例如,美国的七喜(7UP)汽水,他们在广告宣传中运用的就是非定位策略,故意把饮料分为可乐型和非可乐型饮料两大类,提出"七喜非可乐",一下子吸引了消费者的注意力,从而突破可口可乐和百事可乐垄断饮料市场的局面,使七喜获得空前成功。

(二)比附定位

比附定位是指借用其他已存在的、已知的产品定位,来说明本产品的位置的方法。运用比附定位,广告策划者应对竞争对手和自身的广告产品都非常了解,把握好比附的角度和尺度,恰当地寻找到自身产品的位置,否则会适得其反。

（三）逆向定位

逆向定位是借助于有名气的竞争对手的声誉来引起消费者对自己的关注、同情和支持，以便在市场竞争中占有一席之地的广告定位策略。它的特点在于：通常，大多数企业的产品定位都是以突出产品的优异性能的正向定位为方向的，而逆向定位则反其道而行之，在广告中突出市场上名气响亮的产品或企业的优越性，并表示自己的产品或企业不如它好，甘居其下，但准备迎头赶上；或者通过承认自己产品的不足之处，来突出产品的优越之处。可见，逆向定位主要是利用人们同情弱者和信任诚实的人的心理，故意说明自己的不足，以换取同情与信任的手法。

第四节 广告表现策略

广告表现策略是指依据产品的特点、消费群体的喜好以及消费市场的文化氛围诸因素，用语言和非语言形式把广告创意反映在广告作品中的广告诉求方式。通常认为广告表现策略有三种：理性广告表现策略、感性广告表现策略、情理交融的广告表现策略。

一、理性广告表现策略

理性广告表现策略是指直接向消费者实事求是地说明产品的功能、特点、好处等，让接受信息的消费者进行理性的思考，作出合乎逻辑的判断、推理、选择。例如，舒肤佳的广告宣扬一种新的皮肤清洁观念，即香皂既要去污，也要杀菌，因而在电视广告中，通过显微镜下的对比，表明使用舒肤佳比使用普通香皂，皮肤上残留的细菌要少得多，非常直白地强调了它强有力的杀菌能力，而“唯一通过中华医学会认可”的说法，则使其听起来更加权威。欧米茄手表广告对手表的性能、结构、部件等进行翔实的介绍，使得消费者对产品有全面的认识，引导消费者从理性角度考量购买其产品。理性诉求广告也称理由广告或说明广告，是向目标市场诉诸一定的理智的广告。人类在行动之前总要问个为什么，理性诉求广告就是根据人们在采取购买行动前思考的顺序，充分说明商品的销售特点，以此来解答消费者心目中的“为什么”，达到促销的目的。理性诉求广告对那些理智型的消费者效果更好。这些消费者在购买商品时头脑冷静,不易受他人或企业营销活动的影响,如果你言之有理,他们就服理求实,并会作出购买的决定。

根据不同的分类标准,可把理性广告表现策略分为不同类别。

(一)根据理性诉求的侧重点不同,可将其分为一面理性诉求和两面理性诉求

一面理性诉求是指只向消费者介绍本企业的产品优点,其他方面只字不提。这是大多数广告宣传时喜欢采用的策略。两面理性诉求是指既指出本产品的优点,同时也指出其微不足道的缺点。例如,一则汽车的广告:"这种汽车的车门扶手太偏右了一点,所以用起来不太顺手,但除此之外,其他方面都很好。"全面的介绍,坦诚的态度,可能更易激发顾客的购买欲望。又如,英国某家刀片公司在一则广告中说:"我公司的刀片十分锋利,经久耐用……缺点是易生锈,用后需擦干保存方能见效。"由于实事求是地说出自己产品的短处,反而让广告更真实可信。两面诉求难度较大,一般应慎重使用。

(二)根据理性诉求的方式,可将其分为鼓励诉求和恐怖诉求

鼓励诉求又称为正向诉求,是指在广告文案中使用肯定的语气告诉消费者选用此商品的正确性,有时此种文字采用奖励形式出现在广告文案中。在理性诉求广告中,鼓励性诉求是使用频率很高的一种。

恐怖诉求是指利用人们害怕生病、衰老、死亡等恐惧心理,提醒消费者购买或使用某类商品可能带来的不利。恐怖诉求的有效性依赖于消费者对广告主的信任程度和对身体的关心程度。

(三)根据理性诉求的表达方式,可分为直接诉求和间接诉求

直接诉求是指直截了当地叙述诉求点,赤裸裸地表示说服意图。可用正向诉求,也可正话反说。

间接诉求是指婉转地表达说服意图。它的作用是促使消费者改变已有的态度,但如果消费者不能充分理解广告主的意图时,就会毫无效果。比较广告和隐蔽的刺激广告都属于间接诉求。这种理性诉求的方式,无非是想提供给消费者更多的参考资讯,而凸显自我优点,以说服消费者购买。NETTLEMAX 关节剂,广告将老人比作摇椅,人老了关节会出问题,但搽了 NETTLEMAX 之后,一切轻松自如,既形象又含蓄。摇椅的配音也有强烈的前后听觉对比,很好地配合了画面。由于采用比较方法,使自己产品的优点和长处马上有所突出。广告中将产

品的功能、品质、个性特点等通过自身的比较或使用效果的比较，可使产品的优点突出，促进受众短时间内提高认知。

（四）根据理性诉求广告文案的结构，可分为先后法诉求和详略法诉求

先后法诉求是指在广告创作时，把主要的诉求信息放在开头部分，结尾时再用不同的语言予以重复，而在中间部分进行要点解说。详略法诉求是按照广告诉求信息的重要性、新颖性具体地予以删减、排序。这两种方法都是根据消费者阅读文章的习惯总结出来的，在文案创作中实用性很强，是文案人员应具备的基本功。

总之，理性诉求适合于广告内容较为复杂的高档耐用消费品的广告诉求，利于理解和记忆的特点使其受到理智型消费者的广泛认可和欢迎。

二、感性广告表现策略

感性广告表现策略是指依靠图像、音乐、文字的技巧，诱导消费者的情绪，使其产生购买欲望的一种广告表现形式。感性诉求广告又称暗示广告或兴趣广告，主要是对广告宣传对象进行感觉和情绪的诉求。在质量得到保证的前提下，人们使用商品还要满足某种感觉和某种情绪，感性诉求广告就是要激发消费者的想象力，唤起他们的潜意识，推动他们去购买。所以，感性诉求广告更看重商品的形象、设计、包装、色彩等因素以及创意过程中的联想手段。

感性广告表现策略主要来源于日常生活中最易激发人们情感的生活细节。具体可分为生活片断型、歌曲型、解决难题型等。

（一）生活片断型

生活片断型是指模拟某一类似真实生活的场面，表现两人谈论或使用商品的情况，以此来证实商品给消费者带来的利益。

（二）歌曲型

歌曲型就是利用广告歌曲的形式传达广告主题。例如，诺基亚3230广告主题曲“放开你的心”，丰田花冠汽车主题曲“全世界的爱”，统一冰红茶广告主题曲“年轻无极限”等，这些广告将名人和其演绎的歌曲进行完美的结合，消费者通过名人效应和歌曲本身的旋律特点加深了对产品的认识和印象，有利于产品的推广。这种方式很容易引起消费者情绪和情感上的共鸣。优秀的广告歌曲不仅能引发消费者的好感，加深消费者对广告的印象，而且还能变成这种品牌的标

志,使人们一听到这种音乐和广告歌曲就联想起这种品牌的商品。在现代广告表现手法中,这是最受人们欢迎的广告形式。

(三) 解决难题型

解决难题型是指广告主把消费者经常碰到的难题,用夸张的手法展现出来,然后出现产品形象或介绍产品的优点,以此帮助消费者解决难题。

三、情理交融的广告表现策略

这种表现策略是指在广告宣传中既同消费者讲道理,又同消费者交流感情,即大家常说的晓之以理、动之以情。在现实生活中纯粹用理性诉求和感性诉求的广告所占比例是相当少的,绝大多数都是情理交融的,所不同的是有的偏重于理,有的偏重于情。归类的时候把偏于理的归为理性诉求,把偏于情的归为感性诉求。具有代表性、典型性的情理交融的广告,一般文案和情景都比较长。

第五节 整合营销传播策略

整合营销传播理论(Integrated Marketing Communication)简称 IMC,兴起于商品经济较发达的美国,是一种实战性极强的操作性理论。美国西北大学教授唐·E.舒尔茨博士于1993年出版了第一部系统论述整合营销传播的专著《整合营销传播——21世纪企业决胜关键》。近年来,整合营销传播理论在国内广泛传播,对企业界、广告界等产生了重大影响。根据全美广告业协会定义:"整合营销传播是一个营销传播计划的概念,即通过对评价广告、直接营销、销售促进和公共关系等传播方式的战略运用,并将不同的信息进行完美的整合,从而最终提供明确的、一致的和最有效的传播影响力。"

整合营销传播具有以下几个特点。

1. 以顾客价值为导向

以顾客价值为导向的整合营销传播,不仅要求把消费者作为整个传播活动的出发点和终结点,更要求把消费者作为整个营销传播过程中每一环节的焦点并继续贯穿于下一次整合营销传播的始终,在此基础上,使顾客、企业、环境构成的价值系统不断增值。

2. 统一的传播风格

整合营销传播是以沟通和满足消费者需求为核心重组企业行为和市场行为,综合协调地使用各种形式的传播方式,它以统一的目标和统一的传播形象,传播一致的产品信息,迅速树立品牌形象,实现与消费者的双向沟通,并建立起长期密切的关系,从而更有效地达到广告传播和产品行销的目的。

3. 循环沟通

整合营销传播真正的价值在于其本身的循环沟通。它从建立消费者资料库开始,进行多方信息传播活动,并对消费者的反应加以搜集和分析,再利用另一种形式的沟通来引发消费者的再次反应,然后再将整个流程循环下去,这就是真正的关系营销,它能够使消费者与厂商达到双赢的境界。

面对 20 世纪 90 年代市场环境的新变化,企业在营销观念上要逐渐淡化 4P (Product, Price, Place, Promotion)、突出 4C。

1. 不要卖你所能制造的产品,而是卖那些顾客想购买的产品,真正重视消费者(Consumer)

在传统营销世界,由于科技水平的局限,企业决定产品项目时,自身的生产能力是首要考虑因素。进入 20 世纪 90 年代后的美国制造业,制造技术已不成问题。因此,转而强调,企业应在了解顾客需要,尤其是不同消费者的个性需求方面下功夫。

2. 暂不考虑定价策略,而去了解消费者要满足其需要与欲求所须付出的成本(Cost)

过去企业定价的常规方法是成本加成法,即使考虑顾客需求差异,也是进行粗线条的操作。20 世纪 90 年代的美国大众,对于价格仍然计较,显示自己是个成熟的、有经济头脑的消费者,但是考虑的因素更加复杂。例如,对消费者而言,汉堡包的成本不是快餐店的制造、销售成本,而是自己心目中认为该店的汉堡包应值多少,还要加上到该店花费的时间,等等。商品的价值,成为一个复杂的方程式。因此,营销工作要深入细致了解不同消费者的成本构成,不能仅根据表面现象去降低或提高价格。

3. 暂不考虑通路策略,而应当思考如何给消费者以购得商品的方便(Convenience)

传统的营销通路比较单纯,尤其在经济不发达的地区,制造商主要通过有形店铺进行分销,顾客则不得不到这些店铺进行采购。20 世纪 90 年代的美国,以电脑网络为主体的新型信息通路广泛普及,信用卡、800 消费者免费电话充斥各个角落,消费者大可不必出门采购。因此,营销工作要了解不同类型消费者的购买方式偏好,调整原有销售通路,为顾客提供实实在在的便利。

4．暂不考虑怎样促销，而应当考虑怎样沟通(Communications)

传统营销中促销是重头戏,广告成为商家喜欢的重型武器。这是一种典型的推销行为,属于从商家向顾客的单信息传递。由于媒体有限、资讯有限,消费者处于一种弱者地位。20 世纪 90 年代后,媒体发生了巨大的变化,种类繁多,消费者的主体地位大大提高。整合营销强调与消费者进行平等的双向沟通,清楚消费者需要什么,把自己的真实资讯如实传达给消费者,并且根据消费者的信息反馈调整自身,如此循环,实现双赢,彻底摒弃那种"教师爷"式的、强加于他人的促销行径。

IMC 从理论上脱离了传统营销理论中占中心地位的4P 理论，而强调4C 理论。4C 理论给人们提供了一种全新的角度,这种角度改变了营销思考的重心,用唐・E. 舒尔茨教授的话来说就是过去营销的座右铭是"消费者请注意",而现在则是"请注意消费者"。

整合营销传播理论重新认识消费者心理图像,重视信息加工过程,实行接触管理,强调在信息传递过程中每一个环节都要与消费者进行沟通,同时准确而适当地整合所有营销信息,一致面向顾客,使信息沟通正好与贮存在消费者头脑中的认知相契合,从而有助于消费者建立或强化对品牌的感觉、态度与行为。这样,整合营销传播便从一般诉求宣传转变为对消费者消费心理进行管理,从企业一般产品宣传转变为对消费者态度与印象进行管理。这种由手段到目标的转变,是营销沟通和管理的一大突破。

如何使一个产品短时间内有效地深入人心,树立鲜明一致的品牌形象,是整合营销传播(IMC)研究的内容。IMC 以利害关系者为核心,重组企业行为和市场行为,综合、协调使用各种传播方式,以统一的目标和统一的传播形象,传递一致的产品信息,实现与利害关系者的双向沟通,迅速树立产品品牌在利害关系者心目中的地位,建立产品品牌与利害关系者长期密切的关系,更有效地达到广告传播和产品营销的目的。

整合营销是从解决人们不看、不信、不记忆广告问题找到的方法。整合营销理论的出现与发展,是现代营销环境发展的必然产物,是营销传播理论在人们对广告不看、不信、不记忆的时期,为适应环境而进行的突破传统营销理论的一场自我革命。

20 世纪 90 年代,我国各种信息媒介高度发展,消费者的选择大大增加了。以电视为例,一个中央电视台,就有几十个频道,特别是遥控技术的发展,消费者可以轻轻一按,就调整了频道,从而使电视广告效果大打折扣。同时,我国各种企业广告发展很快,并且常有很多夸大的地方,导致社会对整体广告信任度很低，使广告效率下降。于是舆论作用远远超过广告的影响力，并且已经构成了对企业行为的监督，企业知名度已经由过去企业广告左右，变成了企业与社会舆论相互影响、相互联系、相互作用的结果，企业的广告，可能因为新闻舆论宣传而获得放大增强，也可能因为舆论影响而抵消。这种环境直接导致企业广告出现了这样的局面，即消费者不看、不信、也不记忆广告，甚至广告宣传还会出现与发布人希望相反的结果。最主要的原因是消费者自身及其消费习惯的改变。20 世纪八九十年代出生的新生代是伴随着电视、电脑等媒体成长起来的"人类"，他们受过良好的教育，接触大量媒介信息，有独立思考问题的能力，有独特的见解想法，喜欢标新立异，自主性强，他们并不容易被简单的广告信息所左右。未来的 20 年是这群"80 后""90 后"的天下，他们想什么、要什么，企业必须比他们早一点思考这个问题，否则别想向他们推销出你的产品。

而整合营销正是在这种环境下，发展起来的解决上述问题的营销沟通方法。它从广告宣传的哲学观点出发，提出了一套完整的解决问题的观点与理论，从而为企业发展带来了新的机会，因此，这些理论观点，也迅速成为企业界关心与欢迎的理论。

整合营销传播，概而言之，有四大"穴位"，意即必须具备的四个关键条件是：一、你是否以消费为中心，是否以"消费者需要什么"，而不是以"消费者在哪里"来定位产品和卖点；二、你是否有"营销就是传播"的理念并将它付诸实践；三、你是否具备针对不同消费群体的"资料库"；四、中心环节：整合。

5

第五章

广告创意

内容提要：

本章简介了广告创意的相关定义和基本特点，以使读者对广告创意有一个最基础的认知；并在此基础上介绍了广告创意产生的四个阶段、广告创意的基本要求以及在广告创意中常用的一些创造技法。

处在信息爆炸时代的消费者,每天要接触数以千计甚至更多的广告,如何让消费者在这么多的广告中首先记住你的广告,这就要求广告必须有独到之处。这种独到之处就是广告创意。广告界有句家喻户晓的名言:“除非你的广告中有了不起的大创意,不然它就会像黑夜中行驶的船只一样,无声无息,不留痕迹。”广告必须追求“新”“奇”“特”,在最短的时间内吸引人们的注意,激发人们的购买欲望,这样才有可能达到广告的目的。而要达到这些目的就必须考虑、依靠广告创意。

第一节　广告创意的特点

一、创意与广告创意

(一) 创意

创意不是一个只属于“广告”的概念,它是一个具有独立内涵的关于创作的概念。从本质上讲,创意是人的一种创造性思维。美国广告专家詹姆斯·韦伯·扬认为,创意是把原来的许多旧要素进行新的组合。进行新的组合的能力,实际上大部分是在于了解、把握旧要素相互关系的本领。这其实体现了一种思维上的归纳、提炼、分析、比较的综合运动过程。我们可以这样说,在生活中,每个人或多或少地都进行过“创意”,关键在于一个相对值的问题:即你的“创意”是否就一定是为人所未有的,能引起大众共鸣的呢?广告制作人心中的“创意”,是一种“引领风尚,独争早春”的新思维,是大创意(Big Idea),而非“躲进小楼成一统”的小创意。这几个基本界定赋予了广告制作中的“创意”新的境界与特征,是我们在重新认识“创意”新定义时所必须体悟的。

一些专家研究认为,“创意”一词在我国流行是改革开放以后的事情,从我国香港、台湾翻译英语“Idea”或“Creative”而来,但香港、台湾和日本把“Concept”一词也理解为创意,如香港著名广告人纪文凤在《广告真不简单》中说:“广告创作……寻求与众不同的创意(Concept)。”国内有些学者对创意是这样定义的:“从字面上理解,创意可以有两层意思:作为一个名词,创意是指具有创新的意识、点子、思想;作为一个动词,创意是指创造性的思维活动过程。”应该说,这一界定是比较符合创意的本意内涵的。至此,我们可以这样认为,创意是来源于人类的思维的本能，优秀的创意其实是一个逐步实施、去芜存精的过程，必须在学习中掌握，并用于创造性的工作。

（二）广告创意

创意与广告相联系，就使得创意有了广告的特征。广告的基本功能是告知、劝服与提示消费者产生购买行为。那么，创意就必须为这个目的服务。关于广告创意，中外学界都有过各种定义，综观之，可以分为以下几种。

1. 目标论

强调广告创意必须为实现广告目标服务，如认为广告创意是根据市场、商品、消费者等多方面的情况，根据广告目标的要求，把广告传播的内容变成消费者易于接受的表达艺术。美国权威广告杂志《广告时代》也说："广告是一种控制工作。广告创意是为别人陪嫁……这是广告创意的真正内涵。"

2. 灵感论

认为广告创意属于灵感思维，思维主体主要依靠知觉、顿悟与想象等非逻辑的功能去直接把握对象，也可以是高度紧张思维后注意力转移的结果。

3. 独创论

关注广告创意的本质特征。如帕特·詹姆斯说："如果有什么东西是因为你才存在的——那就是创意之举。"威廉·阿伦斯说："创造就是将过去毫不相干的两件或更多的物体或观念组合成新的东西，正如伏尔泰所言：'独到性就是明智而审慎的模仿。'"

综上所述，各种定义都不无道理。但似乎都过多牵涉了广告创意的某一方面的特征，有失偏颇。广告创意的定义可以由以下三个"统一"来体现：广告创意是内容与形式的统一；是目标客体与创作主体的统一；是物质广告预算与精神创作灵感的统一。因此，我们可以这样为广告创意定义：广告创意是思维主体运用已有的思维形式组合新的思维方式，以促成购买为目的，从整体营销战略出发的一种可行的、合乎预算的、灵活的思维活动。

二、广告创意的特点

广告创意的最主要特征集中表现在创造力和促销力两大方面。正是这两种力量使广告创意在广告活动中占有举足轻重的地位。广告创意其实就是在创造力的独特性与促销力的功利性指导下的延伸与细化。广告界有一个很重要的论点，叫作 ROI 论。ROI 的英文全称是"Relevance，Originality，Impact"，译为

“关联性、原创性、震撼性”,它是20世纪60年代DDB广告公司推崇的一套很实用的创意指南。ROI的基本观点是:① 一个好的广告创意应具备三个基本特质:关联性(Relevance)、原创性(Originality)和震撼性(Impact)。② 关联性要求广告创意要与商品、消费者和竞争有关,没有关联的广告就失去了广告的意义;原创性要求广告创意要突破常规,出人意料,与众不同,没有原创性,广告就缺乏吸引力和生命力;震撼性要求广告创意能够深入到人性的深处,冲击消费者的心灵,没有震撼力,广告就难以给人留下深刻的印象。

广告创意基本上具有以下五个特点。

(一)原创性

原创性指开发出来的创意应该是未曾用过的或未被引起注意的新元素,在形式与内容表现上异于常类、独特新颖,具体体现在“独”“新”“异”等方面。广告创意必须是一种不同凡响、别出心裁、别具一格、前所未有的新观念、新设想、新理论,是一种“言前人所未言,发前人所未发”的创举。广告创意的过程就是“创异”的过程。缺乏创新的广告,不仅不能使广告本身从广告的汪洋大海中漂浮出来,更无法使广告商品从商品的海洋里漂浮出来。威廉·伯恩巴克认为,广告上最重要的东西就是要有独创性与新奇性。因为只有这样,才有力量来和世界上一切惊天动地的新闻事件以及一切暴乱相抗争。“三九牌”感冒片投放的“中西结合”的电视广告片就具有较强的原创性。广告不再仅仅在功能上进行诉求,而是从中国人传统的家庭关系入手,以婆媳之间的关系作为创意点。在新事物和传统事物之间往往上辈人和下一辈人会有不同的偏好,而作为中间人的丈夫又如何来调解二者之间的矛盾呢?其实方法很简单,中庸一下即可——从而引出广告的利益诉求点。在广告中涉及婆媳关系、中庸价值观。此二者又恰好能够与广告产品对应起来。这则广告在情感与产品的结合上具有一定的原创性。创意的原创性为广告带来了独特的审美视域,这就是广告创意的基本原则,也是广告人终身以求的目标。

(二)相关性

相关性指广告创意所用元素、材料与产品的个性、特征及品牌的主要诉求点相吻合,即创作与卖点的合二为一。詹姆斯·韦伯·扬说:“在每种产品与某些消费者之间都有其各自相关联的特征,这种相关联的特性就可能导致创意。”有许多广告做得非常美,然而广告画面或文案却与广告目标所宣传的产品风马牛不相及,让人一头雾水,从而失去了广告客户。有些广告则能很好地体现这种关联性。运用相关性从人们熟悉的日常事物中提炼创意,可以缩短产品与顾客的心理距离。当然,这种关联不仅应体现在形式的关联上,更应体现在内容的关联上,是一种"神"的关联、战略上的关联,即建立在对产品的品牌内涵深刻认同的基础之上的关联。广西石林所作的旅游宣传广告就很恰当地使用了相关性进行创意:先是在广告中出现一个小青年,他单脚在横穿马路时来回跳,惹得路上行人关注,也让过往汽车无奈。随后让他出现在石林的碎石路上,其动作恰恰与此一样。广告将此二者夸张的动作的相似性作为相关点联系在一起,使得广告具有一定的幽默感。

(三)冲击力

对广告产品的认知是产生认同的前提,怎样达到令顾客受众"认知"产品的目标呢? 一个有效的办法就是加大创意的冲击力,无论是视觉上的,还是情绪上的。冲击力指的是广告在瞬间给受众的心理造成的刺激度与情绪上的震撼力。传播学四大奠基人之一的霍夫兰在论述"恐惧学习"时说,引起的恐惧感如果很强,就会增加改变态度的效果,因为它会产生激励作用。传播学者贾尼斯与费什巴赫的"诉诸恐惧"(Fears appeal)经典实验表明:诉诸恐惧与态度改变之间的关系是曲线状,呈倒"U"形的曲线,即只有中等程度的恐惧将导致最大量的态度改变。因此,冲击力可以是暴风骤雨,也可以是和风细雨,或者草长莺飞。冲击力并不是越强越好,关键在于是否触动受众的心灵或情绪。受众心理刺激度是与受众对产品的记忆息息相关的,当然冲击力不仅仅包括"恐惧诉求"广告,还包括许多其他各种形式的广告。

(四)颠覆性

广告创意是一种思维,这种思维的典型特点就是异于常规的思维。很明显,拾人牙慧是创意的天敌。创意的颠覆性意指思维的与众不同,它是一种自由、大胆、反叛而又天马行空、无拘无束的思维,它貌似"出轨",细细品味却又颇合情理。

我们先来看一个案例:阿迪达斯在2005年度的室外真人足球广告就属于那种能够颠覆传统的广告创意。该广告让真人在巨大的一个垂直的广告牌上踢足球,而球场的中心印有醒目的阿迪达斯的标志。真人在室外倒挂着踢球本身已经是足以吸引眼球的重大的新闻事件,因此,该广告一出来便吸引了广大市民的围观和众多媒体的报道,也为阿迪达斯带来极为可观的广告效应。该广告席卷了2005年度几乎所有的广告评比大奖。

香港著名广告人曾锦程说:“创意在本质上就是颠覆,就是造反。好广告不一定美丽,丑广告不一定差劲。我们创作的广告,十居其九都是丑的,丑有时很有效。”伯恩巴克曾经为德国大众汽车公司的金龟车做广告。但该车因其马力小,简单,低档,形状古怪(像只硬壳虫),既没有劳斯莱斯的豪华气派,也没有马自达的优越性能,更没有尼桑的美观时髦,因此迟迟打不开美国市场。伯恩巴克细心挖掘金龟车独特的优点,一反市场上追求豪华优越的套路,推出了一系列颠覆性的广告。非凡创意的广告使得大众金龟车在美国销量大开,而且长盛不衰。广告大师大卫·奥格威说:“就是我活到100岁,我也写不出像‘福特汽车’(即金龟车)那种策划方案,我非常羡慕它,我认为它给广告开辟了新的途径。”

(五)自由度

这里的自由度指的是思维的空间性和广阔性。魏晋南北朝时期著名的文学理论批评家刘勰在《文心雕龙》中大力提倡“思维的空间性”。他在《夸饰》中写道:“文辞所披,夸饰恒存……是以言峻则嵩高极天,论狭则河不容舠,说多则子孙千亿,称少则民靡孑遗。”在《神思》中写道:“寂然疑虑,思接千载;悄焉动容,视通万里。”失去想象空间的自由度,就无法实现创意的升级,只有拓展思维空间,才能在寻常处挖掘出美来,寻找出不同事物之间内在的本质的联系。具体来说,思维空间性体现为思维能够自由地进行形象与抽象的推演、发散与聚合的运动、垂直与水平的升降、顺向与逆向的作用,真可谓“海阔凭鱼跃,天高任鸟飞”。在当前的华人广告界中,思维自由上表现得最为突出的莫过于意识形态广告公司,他们在为中兴百货创作的众多广告中就充分显示了他们的创造性,如猪篇和鸡篇两则平面广告:在表皮被刮得干干净净的猪和鸡身上贴满各种商标。这种做法是一般广告公司所不能想到的,也是一般广告主所不敢实施的,但意识形态广告公司想到了,中兴百货也实行了,事实证明其效果很好,同时也帮助意识形态广告公司一举夺得2005年度龙玺平面广告奖金奖。当然,主观的想象也不是任意施展的,它必须以服从广告策划整体战略为基础,必须符合客观事物本身发展的逻辑。刘勰在《夸饰》中说:“夸而有节,饰而不诬”,否则就会“饰穷其要,则心声锋起,夸过其理,则名实两乖”,此语所说的就是这个道理。

第二节 广告创意产生的步骤

一、广告创意过程的认识

有关广告创意流程的研究,不同的专家持不同的看法。

发明“头脑风暴法”的美国学者阿历克斯·奥斯本博士把创意过程分成七个阶段:① 定向,强调某个问题。② 准备,收集有关材料。③ 分析,把有关材料分类。④ 观念,用观念来进行各种各样的组合。⑤ 沉思,松弛促使启迪。⑥ 结合,把各部分结合在一起。⑦ 估价,判断所得到的思想成果。

美国广告理论专家詹姆斯·韦伯·扬在《产生创意的技法》一书中,对广告创意做过深入研究,并提出自己的创意流程模式。

(1) 调查阶段——新颖、独特的广告创意是在周密调查、充分掌握信息的基础上产生的。

(2) 分析阶段——找出商品最有特色的地方。先把商品能够打动消费者的主要特点列举出来,通过这些思考,可以清楚地了解商品的特性与消费者需求之间的关系,最后可结合目标消费者的需求具体情况,找出商品的诉求重点。

(3) 酝酿阶段——为提出创意做好心理准备,在对有关资料进行调查分析后,就开始为提出新的创意作准备。

(4) 开发阶段——多提出几个创意,在构思过程中,可能会提出许多创意,这些创意往往具有不同的特点,要注意把每一个新的创意记录下来,不能仅仅满足于一两个创意。

(5) 评价决定阶段——要将前面提出来的多个创意进行研究,最后确定其中的一个。

加拿大内分泌学家、应力学说的创立者 G. 塞利物把创意与生殖过程相类比,提出“七阶段”模式:① 恋爱与情欲。指对真理创意追求的强烈愿望与热情。② 爱情。指发现提出问题,确立问题,资料准备。③ 怀孕。开始孕育新思想,开始他自己可能没注意到。④ 痛苦的产前阵痛。这种独特的“答案临近感”只有创造者才能真正体会到。⑥ 分娩。使人愉快和满足的新思想诞生。⑥ 查看和检验。像检查新生婴儿那样,使新观念受到逻辑和实验的验证。⑦ 生活。新观念受到考验并证明了自己的生命力后,便开始独立生存。

一些国内外学者则认为,创造性思维过程并不像机械运动过程那样可以截然划分为几个阶段,分得越细越难以反映创意过程的一般规律。英国心理学家约瑟夫·毕莱士把创造过程划分为准备、沉思、启迪、求证四个阶段,更能准确地描述广告创意思维的发展过程的一般规律。国内有一些学者对创意过程的认识也很有道理,如中国人民大学的倪宁认为,广告创意的产生包括潜影淡出、焦点扩散、整合解析、去芜存精四个过程,这也符合创意的基本规律。

二、从传统创作技法中提炼出创意步骤

在中国古典艺术中,有过许多专门论述创作步骤的直接或间接的文字。中国古典艺术强调"神韵"和"境界",而创意实际上也是一个思维流程,而且这种思维的运动常带有梦境的光辉。因此,从传统创作技法中提炼出来的创意步骤,更符合中国人的创作心态。在中国古典艺术中,创意被称为"灵感、顿悟与想象",创意产生的过程就是逐步进入"大音希声,大象无形"的境界,实现"天人合一"的完美景象。

(一) 灵感激发阶段

"昨夜西风凋碧树,独上高楼,望尽天涯路。"此属审美与艺术创作的第一次冲动。那种倏忽即来又转瞬即逝的灵感往往是成就作品的关键。大卫·奥格威谈到自己的创作心得时说:"当通往我的下意识的'电话线'接通的时候,创意的灵感就会苏醒过来——坐在凳子上的时候、微醺的时候,或者睡着的时候。"分众传媒的创办人江南春以独特的眼光发现楼宇之中、电梯之间在很大程度上都是闲置着,而上班一族又天天要经过这些"媒介"。于是,他独具慧眼地开发了新的分众媒介。叔本华说,青年人的智力总是带着新鲜的活力,其行动自然常常以其客观性而完美显示。广告的创意主体坚信灵感"其中有物,其中有像",亟欲深入其里层,探寻其究竟。灵感阶段作为创意思维的一个起点,是创意实施阶段不可或缺的一环。当这种"奇异的冲动"莅临,创意主体需要做的就是牢牢抓住灵感的光辉,将它浇铸进自己的创造过程之中。俄罗斯伟大的音乐家柴可夫斯基说过:"灵感——这是一个不喜欢拜访懒汉的客人,只有在准备阶段辛勤耕耘,才有希望结出创意的硕果。"

(二) 酝酿准备阶段

"衣带渐宽终不悔,为伊消得人憔悴。"这时的"酝酿"既包括思想的"沉思",

也包括实践的准备，二者是不能截然分开的，这是对灵感的继承与发展，是创意实施的关键阶段。因此，广告制作人员一方面必须为广告创意建立所需的信息情报、市场、产品、消费者、竞争对手、广告等研究基础，包括收集资料，听取建议，整理分析信息、事实和材料，也包括对消费对象、产品、竞争品牌和竞争广告进行研究，寻找创意切入点；另一方面，在收集信息的过程中开始艰辛的酝酿。创意人对头脑中各种思维材料形象、片言只语、记忆片段、抽象概念、声音节奏等进行不断排列、组合、连接、重构，以一种常人很少意识到的方式进行内在的加工组织。只有经过这样艰苦的“精雕、细镂、巧工”，广告创意人才能挖掘出优秀的创意。

（三）启迪顿悟阶段

“众里寻他千百度，蓦然回首，那人却在灯火阑珊处”。此属“顿悟”的最后一阶段，此处的“蓦然回首”也是一种“灵感”，但它是建立在大量的资料收集、整理、分析的基础之上的，与初始阶段的“灵感”不同。苏东坡曾说：“作诗火急追亡逋，清景一失后难摹。”当长期的思考突然绽出美丽花朵的那一刻，创意人必须迅速把握进而将不成熟的想法推展向前，逐步形成创意的雏形，这是质的飞越，是辛勤劳作的量的积累，是通过实践从必然走向自由的历程，虽貌似“玄”而实有合理成分。很多时候，创意灵感就来自于游山玩水之间，来自于生活中一个不经意的小细节，或是看到一个场景而触景生情，或是梦中得到一种体验，等等，不一而足。当然，灵感不会光顾没有创作意识和创作准备的人，只有具备良好的创意素质、丰富的创意经验和娴熟的创意技巧的人，才能把那瞬间的灵感火花点燃成燎原的创意成果；反之，缺乏以上基本条件的人就常常会对灵感视而不见，与灵感失之交臂，即使抓住了也无法使偶然碰到的稍纵即逝的灵感演变成真正有价值的广告创意。

（四）验证实施阶段

验证实施阶段就是检验、论证发展完善广告创意的阶段。这一阶段的主要工作就是对上述阶段得到的这些初具轮廓的、粗糙的创意的新想法，运用理论知识、思维逻辑检验其合理性和严密性，应用观察、实验等方法检验和证明其实践上的可行性，并在验证基础上加以修改、发展和完善，直至形成较成熟的创意构想。所谓创意构想，就是把创意形象化的构思用文字或其他符号表现出来，使之能与别人交流。

传统技法提炼的创意步骤与 1986 年罗杰 · 冯 · 奥克提出的四步创意模式

有惊人的相似之处。这正是当今许多广告公司所采取的模式。按照他的模式，每个美工和文案人员在创意过程中的不同阶段扮演不同的角色,即探险家、艺术家、法官和战士。

探险家——寻找新的信息,关注异常模式。

艺术家——试验并实施各种方法,寻找独特创意。

法官——评价实验结果,判断哪种方法最实用。

战士——克服一切干扰、困难、险阻和障碍,直至实现创意概念。

所谓"验证实施"就是"战士的作用"。罗杰·冯·奥克指出,战士要使创意得到认可,然后进行制作,最后拿到媒介上去发布。"战士必须勇敢无畏、磨尖矛(技术)、加固盾(提前注意他人的挑剔)、坚持到底(克服困难)、善用精力、百折不挠、品味成功、吸取教训。"在这种情况下,创意人员必须完成自己的信息战略文本,努力推销自己构思的文案艺术,并作出合理的解释。信息战略最好与创意要丝丝入扣,否则"英勇无比的战士就有可能面对一道宽阔而没有桥梁的护城河"。广告在获得客户认可后,创意人员所扮演的战士的角色才完成了一半，然后还要护送着广告经历错综复杂的设计和制作细节,以尽可能好的质量如期完成。

第三节 广告创意的基本要求

广告创意是一种创造性的劳动,在市场竞争日趋激烈的情况下,更加需要通过广告加强与目标顾客的信息交流。据国家工商行政管理总局2012年统计数据显示:我国广告营业额达到了4698.2791亿元,比上一年增长了1572.7262亿元,上涨幅度高达50.32%,创造了自1993年以来的最大增幅。全国广告经营单位达到377 778家,比上一年增长了27.41%。从业人员达到2 177 840人,比上一年增长了30.14%。但与外资广告公司相比,明显存在着"数量多、规模小、水平低、资源散"的不足,并且受到新兴产业的严峻挑战(咨询顾问业)。所以,传统的广告公司应该在整合传播与信息中介中建立新的智力优势,并与咨询顾问业形成互补。以"顾客最具想象力的策略伙伴的角色",再造传播服务的辉煌。因此,广告创意必须以新的要求去面对新的环境与新市场条件塑造下的顾客。广告创意必须遵循以下基本要求。

一、目标明确

以顾客为中心实际上将广告提到了一个"销售"层面的广告。广告大师阿尔伯特·拉斯克尔在谈到一些过分注重艺术而忽视销售的广告时曾说:"我讨厌看到这种巨大的艺术,这种巨大的力量,装饰得就像一棵圣诞树,表达着不相干的事情。"在商品销售与广告创意上存在一个重要的概念:定位。其基本观点是:① 广告的目标是使某一品牌、公司或产品在消费者心目中获得一个认定的区域位置。② 这样的定位一旦建立,无论何时何地,只要消费者产生了相关的需求,就会首先想到广告中的品牌、这家公司或产品,达到"先入为主"的效果。

广告创意的最大目的就是吸引顾客对产品的品牌的认知与培养他们对品牌的忠诚度。为什么你的顾客要选择某一种特定的产品或服务呢?顾客的行为往往遵循了一种被称为AIMDA的模式:注意、兴趣、记忆、渴望、行动。为了吸引顾客的注意,你必须让顾客了解你的产品,这可以通过广告来达到。一旦顾客感到该产品或服务适合于他们,他们就会产生兴趣。所以,广告创意必须以顾客为中心,有的放矢。每一个市场都有自己的顾客,广告创意必须有针对性,有的放矢才能百发百中。西方学者以假日游艇市场为例,把顾客分为几大群体:社交聚会者、休息放松者、狂热者、漫步者、探索者、探险者、走马观花者。在论及各类群体乘坐游艇的特点和动机时,学者们进一步认为:对社交聚会者来说,那些与英国传统的假日宿营气氛相似的游艇可能颇具吸引力,他们是一些天生喜欢交际的人,因此,他们很少担心重大活动和游艇目的地过于集中而带来的拥挤;而对休息放松者而言,他们总是与一定的外出联系在一起,因此,休息放松者在很拥挤的游艇里会感到不太舒服,因为在那里私人空间极其缺乏。

二、信息真实

如果广告所展现给顾客的不是真实的信息,就无法真正达到消除顾客心中不确定性的目的,从而无法产生良好的"受众共鸣"。如果广告失去了真实的信息这一创意基础,那么,整个广告创意就会产生"颠覆性"的反效果:即广告影响越大,受众越不喜欢该产品。广告在使产品的知名度增加的同时,却大大降低了产品的美誉度。所以,信息的真实性,是整个广告创意的立项之本。

三、以情动人

西方学者过去曾有过大量的实验表明,动感情的呼吁较之逻辑的呼吁更能导致态度的改变,然而,在实际中感情和理智是很少分开的。亚里士多德主张把感情的呼吁和逻辑的论据两者兼用。有经验的律师是尽可能作法律的论辩,但他们并不排斥唤起感情的做法。广告创意在诉诸情感的同时,其实是为了给叙述找一个最好的切入点。只有先打动人,才有机会促成购买。"情感的撞击"——是广告创意的诀窍。情感的刺激可以被视为无条件的刺激,诱导出情绪的反应。这种对态度的条件作用可以与广告中的多数技巧联系起来。很多产品的名称都试图与正面的字词或经验联系起来。通过条件作用的学习,可能赋予他们以正面的意义。越来越多的广告朝着软性诉求推进,一则扣人心弦、感人肺腑的广告片,有时令人无法理智地判断它的对与错,人们无形中受到深深的感动,产生"心有戚戚焉"的感觉。的确,这是一个感情消费的时代,不试图从打动人们的感情入手,广告创意是很难为消费者接受的。

四、简单精练

受到投放时间和空间的限制,广告创意必须充分考虑到简洁性。简洁原则又称"KISS 原则"。KISS 是英文"Keep It Simple and Stupid"的缩写,意思是"使之简单笨拙"。广告创意必须简单明了、切中主题,才能使人过目不忘。中国古典诗词向来讲究言外之意的境界,可以为今天的广告创意带来诸多启示。如韦应物写的一首《秋夜寄邱二十二员外》:"怀君属秋夜,散步咏凉天。山空松子落,幽人应未眠。"这是一幅咏景佳作。我们可以把它看成一种推销美景的创意。秋夜怀人,可写之景可谓多矣,而韦应物却撷精取巧,前两句用"秋夜""凉天"推出"咏"字,再以空寂的群山、松子坠落打破宁静为展示对象,言近而旨远地指出了秋夜的寂寞,真是平添幽意,令人情系空山,神驰君畔。结尾由景生情,"幽人应未眠",走进了人们隐秘的情感世界,使人们产生了强烈的情感共鸣,真可谓"空际传神",不着迹象,清幽淡雅,一片空灵,自是五绝妙境。广告创意若是能借得这几分"妙境",便可以浸入肺腑,沁人心脾。这种"妙境"在广告中的运用就是一种"视觉语汇"的运用。传播学者斯科特认为,将广告图像作为可以用来建立论证修辞的语汇。她说,视觉成分可以表达观点、抽象事物、行动、隐语和修饰物,它们可以组合为复杂的论辩方式。为了说明视觉形象的修辞论辩用法,斯科特分析了一则 Clinique 的广告,其中显示,一大支口红和化妆品在一杯苏打水中,饰以一片柠檬。斯科特说,这则广告以视觉修辞的手法告诉人们:"Clinique 新的夏季化妆品就像加了柠檬的高杯苏打水一样清新。"这则广告基本上是视觉的比喻,它是视觉明喻的一个例子。视觉明喻是一种以形象的形式展开的议论，目的是打破观看者的怀疑情绪、烦闷感觉和抵制态度。所以，广告创意要简洁地传达出产品的特质，或称独特的销售主题，可以借鉴引入古典文学艺术的意境创作手法和图像的视觉修辞法，从而在有限的篇幅中开拓出无限的意境来。

海飞丝在2004年度所做的“流星篇”广告以极其简练的手法来完成：画面以一扇窗户面对着夏夜的天空，配以夏虫的鸣声，意境很清淡。然后轻轻地将海飞丝放到窗台上，此时从那如漆般黑的天空中不时划落点点流星。观众一下就明白了广告所要传达到的信息。整个广告没有出现人物，没有嘈杂的声响，显得很精练。

第四节　广告创意的创造技法

广告创意的创造技法可谓“仁者见仁，智者见智”。所谓创造技法，就是创作者根据创意发展规律总结出的创造发明的一些原理、技巧和方法。在创造领域里总结出的这些方法还可以在其他创造过程中加以借鉴和使用，能提高人们的创造力和创造成果的实现率。

在广告创意的思维技法中存在两个层次：团体思维和个体思维。

一、团体创意法

美国广告奇才大卫·奥格威认为，一般而言，团体能产生的创意比单独的个人多。因此，只要可能的话，你应该尽量利用团体来产生创意。他说：“如果你想仿效我，这儿有三条秘诀：第一，博得一个创意天才的名声；第二，让你周围都是比你优秀的伙伴；第三，让他们也这么做。”“三个臭皮匠，顶个诸葛亮”，这里有三种意义，其意分别为“个人经验的集合”“联想指向的多样性”“转变的容易性”，这些都是收集创意时的必备要素，也是推荐团体思考的原因。当大家都对同一题目表达自己的思考结果时，因为“个人经验的聚集”以及“多样化的联想”，可能会想出比个人更多的意见；而且自己的意见又可以刺激他人的再度联想，可转移他人的思维方向，好比层层扩大的波纹一般，这就是开发创意必须使用的团体思维的意义所在。

（一）头脑风暴法

头脑风暴法是一种从心理上激励群体创新活动的最通用的方法，是美国企业家、创造学者A. F. 奥斯本于1938年提出来的。它是精神病理学的一个术语,是指精神病人在失控状态下的胡思乱想。奥斯本借以形容创造性思维的自由奔放、打破常规,创新设想如暴风骤雨般的激烈涌现。为了排除由于批评而产生的心理障碍,奥斯本指出了延迟批评原则。他建议把产生设想与对其评价的过程在时间上分开进行。要由不同的人参加这两种过程。

头脑风暴法的实施有五个步骤。

1. 准备阶段

包括产生问题、组建头脑风暴法小组、培训主持人和组员。

2. 热身活动

可以做一些智力游戏、猜谜、讲幽默故事,或者出一道简单的练习题大家一起回答。

3. 自由畅谈

会议秘书要对与会者提出的每个设想予以记录或是作现场录音。

4. 会后收集设想

5. 如问题仍未阐明,重复上述过程

头脑风暴法会议的几个基本原则是:不管任何事,只要一想到就可以立即指出;批评是以后的事;活用他人的创意;随时记录;欢迎自由想象,奇思妙想。

(二) KJ 法

KJ法是日本东京工业大学副教授、人文学家川喜田二郎提出的。他曾经这样说:“以复数的人员来进行计划中的技术,可以把可能的意思轮流使用,会产生非常好的效果。即先把积极创造思考方法的资料收集,再把此结果用‘KJ法’创立一个构造计划,再用全体参与的方法,依序展开此构造计划。”

KJ法就是通过体系来掌握新思考的线索,并将此线索连接而产生新的意思。

(1) 在团体创造思考方式中收集许多创见,再将每一个创见写于名片大小的一张卡片上,而后将写有创见的卡片如扑克牌般地排列在桌子上。

(2) 寻找卡片的相似之处,把有相似之处的卡片聚在一处。

(3) 面对一堆卡片的小集合,设想以一行文字来浓缩这一堆卡片的意义。于是在每一堆卡片的最上面,放上一张以一行字代表其内容的卡片。

(4) 再按其相似之处编成中集合,再编成大集合。

(5) 编到大集合时,把这些大集合制成的卡片在大张白纸上展开成相关图或构造图,而后根据各自所属的卡片,组成各个体系的体系图。

经这些过程组成的体系图,能使数百条创意一目了然地显示出问题观点的所在,大大方便了广告策划与广告创意。

二、个体思维技法

(一) 组合法

组合创新是很重要的方法。有一部分创造学家认为,所谓创新就是把人们认为不可能组合在一起的东西组合在一起。日本创造学家菊池诚博士说过,发明有两条路:第一条是全新的发现;第二条是把已知其原理的事实进行组合。近年来也有人预言“组合”代表着技术发展的趋势。各种各样的事物要素都可以进行组合。

马致远的小令《天净沙·秋思》向来脍炙人口:枯藤老树昏鸦,小桥流水人家,古道西风瘦马。夕阳西下,断肠人在天涯。这首散曲的特点在于它摆脱了系连词而直接以名词性意象的组合来描绘景物。这种组合把表面上不相同的事物组合在一起,而且每个单字的名词前都有一个形容词作修饰,既造成了浓厚的主观感情色彩,又减低了意象的密度,从而在“形不似”中追求一种“神似”,将曲中的离情别绪表达得带有丰富的联想和意蕴。在这首小令中,显示了作者对看似毫无关联的自然素材进行了主观塑造与组合的艺术创造力。在广告创意中,奇妙的组合可以增加产品的知名度和可信度。名人与产品的组合可以为产品带来“证言”的效果。

(二) 列举法

列举法主要有以下几种。

1. 分类列举法

依其类别特性、机能可分为下列几种:

A:物质(由什么组成)——构造、组成成分、零件等。

B:性质(到底是什么)——形状、大小、颜色、精密度。

C:机能(具有什么作用)——性质、利用方法、操作手段。

2. 缺点列举法

以分类的方法列举物质的类型,然后将缺点加以考虑,这种方法称为“缺点列举法”。“随身听”是日本索尼公司十余年来杰出的创新产品,原先,索尼公司录音机推出一种名叫“Pressman”的迷你轻巧型录音机。然而公司并没有满足,而是不断地寻找产品的缺点。公司认为,Pressman 不能产生立体音响,是它的最大缺点。可是,经过一年的努力,他们改良后的 Pressman 只能放音不能录音,于是索尼公司创办人井深大又在思考该机子的“缺点”,他认为,是否能够抛弃录音部分,生产只具有放音功能的新产品,将录音部分与喇叭拿掉,留下放音部分,与耳机组合。以耳机取代喇叭不但能降低电耗,而且能提高立体音响效果,结果,“随身听”诞生了,不久成为城市人的新宠,这是缺点列举法创意的杰作。

3. 希望列举法

这是将问题分割后而想出的另外一种方法。收集“假如这样就很好”“希望是那个样子”“如此一来可真方便,但愿如此”等此类的愿望,而后将其化为具体的做法。

4. 联想法

联想法是依据人的心理联想而发明的创造方法。普通心理学家认为,联想就是由一事物想到另一事物的心理现象。这种心理现象不仅在人的心理活动中占据重要地位,而且在会议、推理、创造的过程中也起着十分重要的作用。联想可以在特定的对象中进行,也可以在特定的空间中进行,还可以进行无限的自由联想,而上述这些联想都可以产生新的创造性联想,获得创造的成功。我们还可以从联想的不同类型,发现不同的联想方法,去进行发现、发明和创造。联想的方法一般分为对比联想、相似联想、接近联想和强制联想等,如:

对比联想　相似联想　接近联想　强制联想
陆 ——→ 海 ——→ 河 ——→ 桥 ——→ 电

广告创意大师李奥·贝纳制作万宝路香烟的广告,也是联想创作方法的杰作。万宝路是美国菲利普·莫里斯公司旗下的许多香烟品牌之一,它在20世纪20年代初,以“沾唇有如贴脸清风”来形容它清淡的口味,希望借此吸引抽烟的女士们,结果效果不佳。李奥·贝纳广告公司接手了莫里斯公司的广告业务。他经过调查研究,由产品“万宝路”的味道联想到了“雄浑”和“粗犷”的感觉。为了寻找“雄浑”和“粗犷”,李奥·贝纳想起了《生活》封面上的牛仔照片。一个饱经沧桑的穿牛仔服装在原野上骑马奔驰的人,极符合“雄浑”和“粗犷”的要求,于是他决定以牛仔为广告人物。结果受到消费者的极大欢迎,因为消费者在万宝路广告的牛仔形象中体会到了一种“悠闲自在、坚强独立、卓尔不群、冷静自信”的意境。1916年,万宝路成为全美最畅销的香烟。贝纳说:“每一个商品都有它的潜在的戏剧性。”自由的联想就是开启这扇戏剧性之门的钥匙。正如日本创造学家高桥浩所说,联想是打开沉睡在头脑深处记忆的最简便和最适宜的钥匙。通过联想,可以发现无生命物体的象征意义,可以寻到抽象概念的具象体现,从而使信息具有更强的刺激性和冲击性。

台湾远传电信所作的一则广告也是以激发观众的想象力作为诉求方式的:该则广告以沟通和空间两个概念作为基本的创意点,将场景首先放在一书店中,以向读者提供一个很好的阅读空间作为心灵之间沟通的方式,提供字幕说明主旨:沟通化解距离,这距离既有人与人之间的,也有心灵与心灵之间的。以此首先将人们的视野引导入一个较为纯粹的意境当中,然后以企业家对自己经营理念的阐述来表明沟通的重要,这些还都是引子,借助这让观众联想,在思维中先建构一个和谐、纯真的生活空间。最后引入到广告的诉求:远传电信。以远传电信的服务可以让说和听都没有距离作为主题揭示。整个广告清新而又充满意境,让观众很自然地将对前半部的想象延续到远传这个品牌上。

第六章

6

广告语言

内容提要：

本章简介了广告语言的一般特征；并对广告语言的两种形式，即广告语言的口头语体和书面语体进行了描述和举例；详细地论述了广告创作中常用的几种修辞格及其典型案例，如比喻、比拟、双关、夸张、对偶、引用、仿拟等。

语言是属于人类特有的、有情感色彩的一套符号系统。当它作用于人与人的关系时,是表达相互反应的中介;作用于人与客观世界的关系时,是认识事物的工具;作用于文化时,是文化信息的载体。广告语言作为语言中的特殊语体,随着广告的发展呈现出丰富的意义。

无论哪一种体式的广告,其主体都是语言。任何一则广告都要运用语言(书面的或口头的)来表现其主题与创意。如果没有语言,广告就无从发挥其信息的桥梁作用,也就不可能成为商品与消费者之间的媒介和纽带。所以,研究广告语言的特征,对提高广告的制作技艺、发挥广告的效能,有着重要的意义。

第一节 广告语言的特征

一、广告语言的一般特征

广告语言的特征,概括地讲有以下几个方面。

(一)求真性

真实性是广告语言的第一要素。广告语言必须准确真实。广告语言的真实性是指广告所传达的信息必须以事实为依据,真实、客观、确切地反映其实际,要向企业和消费者提供经得起检验的证据,从而真正起到指导消费、促进购买的作用。

广告在宣传产品时,要用一分为二、实事求是的语言来赢得消费者的关注和信任。当年联邦德国金龟汽车公司有一则广告:“1970年型的金龟车一直是丑陋的。”金龟车外形虽一直维持不变,但性能不断改进,因而在市场上仍然受到消费者的喜爱。这则广告如实地介绍了产品的短处,给人以诚实、负责的良好印象,达到了以短扬长的目的。

值得注意的是,广告语言的真实性与广告的艺术性并不矛盾,更不是对立的。广告的真实是用各种表现方式和技巧来展现富有个性的“艺术的真实”。广告语言常常需要“夸张”,即通过对产品某方面的特征或作夸赞,或作艺术放大,让它更加醒目地显现于受众面前,以加深印象,诱发情感,激起消费动机。但是这种“夸张”,要以事实为基础,不能采取无中生有或违背事实的手法,影响广告的真实性。法国一位影视明星为一种钻石戒指作广告,宣称其能给人带来好运,结果被那些买了戒指却并未交上好运的人们投诉,最终进了监狱。这种不负责任、背离事实夸大产品功能的行为实质是一种欺骗行为，不仅损害了消费者的利益，也损害了企业和传媒的利益。由此可见，广告语言一定要把握好“度”，要让消费者明确地知道广告是在有意夸张，而并非产品本身的功能如何。

（二）求活性

在浩瀚的广告海洋中，如果广告创作没有新意，广告语言苍白无力，就很难为消费者所注意。因此，在真实性的基础上，广告语言要灵活、生动，且具有一定的群众性。刘勰在《文心雕龙・情采篇》中说：“虎豹无文，则鞟同犬羊；犀兕有皮，而色资丹漆，质待文也。”强调了文词优美的重要性。广告语言也是如此，灵活生动的广告语言更能吸引消费者的注意力。

广告语言的生动灵活首先来自于对修辞手法的运用。在广告中，比喻、夸张、拟人、象征、双关、仿拟等修辞手法增强了广告的表达效果。例如，某脚气新药的广告：“双脚不再生气了”，就是采用拟人的修辞手法说明脚气新药治疗脚气的效果。又如，长沙幸福公寓的广告：“择良木而栖，拥幸福而居”，广告语采用比喻的手法，前句是喻体，是说鸟儿都选择幽静的环境、优质的树木栖息；后句是本体，是表明人们也选择如“良木”一样的幸福寓所作为自己的居所。

其次，广告语言的生动灵活还体现在语言表达形式的活泼优美上。在汉语中，古典诗词就充分体现了汉语的韵律美。我国古典诗歌早在先秦时期就注意声律的运用。到了齐梁时代，人们开始有意识地讲求声律。到了唐代，正式形成了以讲平仄、对仗为形式的格律诗。律诗句中的字数，分为五字、七字两种。这说明，五字、七字的诗句最适合汉语的表达。由于每个汉字都是一个音节，所以字数太少了，信息量也太少；字数多了，音节又过多，不容易记忆。五字、七字的句子，既有一定的信息量，又简单易记。广告中也有不少七字句。

再次，广告语言的生动灵活要具有一定的群众性。这里所谓的群众性，实质是指广告采用各种手段，使消费者建立起对商品的熟悉感。广告常常利用汉语的语音特点使广告听起来和谐悦耳，念起来朗朗上口，容易记忆。

在语言中，成语、谚语和格言由于其运用的广泛性而为人们所熟悉，在广告语言中利用这些熟语，通过适当的变异，可以把人们对成语、谚语和格言的熟悉感延伸到广告所宣传的产品上。

（三）求益性

商品广告的传播目的是为了通过对商品的宣传来推销商品，刺激广大消费者的购买欲，使商品生产者和经营者获得经济上的利益。因此，广告语言的一个重要特征就是其功利性。如果广告语言不能体现广告的功利性和商业目的,就不称其为广告语言了。任何一个广告制作者,都希望通过广告信息的传播,说服广大受众为之倾囊,从而实现自己的经济利益。要获得巨大的经济效益,就要在广告中巧妙地运用具有鼓动性和煽动性的语言。

广告制作者,正是希望人们接受这种诱导、鼓励性语言,积极参与商品消费活动,使消费者获取某种物质或精神的满足,使企业获得经济效益。求益性的广告语言如果运用得好,能够清楚地向消费者表明产品的特点,就能直接"号召"消费者参与到消费活动中来。

需要指出的是,广告语言的功利性与其他公关交际语言的功利性有着显著的不同。广告语言的功利性突出表现在其明确的经济目的,使商品生产者获得经济上的利益;而其他公关语言的功利性则表现在交际人希望在政治、生活或其他个人事务上得到某些利益。

(四) 求异性

广告语言的求异性是指广告语言要出新出奇,有自己的鲜明个性,并体现出一定的民族特性。

广告语言要新奇,就必须使广告语言具有个性,千佛一面的套话引不起消费者的兴趣,而独具个性的广告语言则是企业的无形财富。法国香水制造公司曾为他们的新产品设计了一则这样的广告:

我们的最新产品最能吸引异性,因此随瓶奉送"自卫教材"一份。

卖香水,送教材,这一诙谐幽默的广告设计得新颖奇特!既出人意料之外,又在情理之中:香水质量好,就必定吸引异性;吸引异性,便可能招来麻烦;招来麻烦,当然要自卫;自卫就需要自卫教材,因此奉送。顺理成章,合情合理。上述香水广告因摒弃了"芳香扑鼻"的陈词滥调而获得了生命。

语言与社会发展有着极为密切的联系,语言作为一种文化代码,是民族文化最主要的表现形式,直接反映着社会生活中的种种人情物态。德国语言学家洪堡有一句话极为精辟:"民族的语言就是民族的精神,民族的精神就是民族的语言。"他还认为:"语言只是民族精神的一个造物,民族精神首先在语言中得到个别的显示,但语言反过来也对精神产生巨大影响。"广告语言作为表现广告风格的第一要素,也无不打上本民族文化的烙印。

我国传统的价值观念、思维方式、理想人格、道德情感、礼仪风俗等对广告制作有着无形的影响。

在全球化发展的今天,广告的创作要和国际接轨,这对广告的表现手法提出了更高的要求,但这并不排斥广告语言的民族性特征。在国内市场上我们的受众主要还是中国消费者,我们就要用适合我们民族特点的语言来吸引消费者的注意力,推销产品。广告语言作为语言应用领域中一个活跃的组成部分,应该肩负起继承发扬中华民族传统文化的重任,同时也肩负起把中华民族文化向外传播的重任。

二、广告语言是一种混合语体

所谓语体,是指适应不同交际功能、不同题旨情境需要而形成的运用语言特点的体系。人类社会多方面的交际需要是语体存在的社会基础。语体之所以能够存在,正是由于社会生活有这样的需要。不同的社会功能决定了各种语体存在的可能性和必要性。

(一) 语体的分类

对于语体的分类,各语言学派意见不一。比较通用的一种分类方法是,将语体分为文艺语体、科技语体、政论语体和公文语体。各种语体适合不同的言语环境,所以功能各异。

文艺语体的功能,是通过文学艺术形象反映客观世界的。它不仅反映文学艺术家个人的思想、感情,也反映了某一时期人民大众的感情、愿望和理想。文学艺术家们通过文艺语体的形式形象地向人民群众指出社会发展的潮流和趋势,激发群众的勇气和信心。文艺语体较之其他语体具有更广泛的社会影响,它通过形象、感人的表现手法吸引着大众的注意力。文艺语体最显著的特征是言语的形象性。这种形象性体现在对文艺作品人物的描写以及同人物有密切联系的周围环境和客观事件的细节描写上。文艺语体内部可以分出三个分体:诗歌体、散文体和对白体。文艺语体在不同的历史时期都发挥了十分重要的作用。

科技语体的功能,是准确而系统地叙述自然、社会和思维的现象,严密论证这些现象的规律性。它服务于科学技术领域和生产领域。科技语体一方面使用语言体系中的基本词汇,遵循全民语言的语法规范;另一方面又大量运用本学科、本专业的名词术语,广泛运用某些特殊句式。在科技语体里存在着一种分体,即通俗科学语体。它的作用是向非专业人员深入浅出地解释各种科学问题,把科学知识普及到人民群众中去。它和严格的科技语体在交际对象和交际目的方面不同,在语言的运用上也就有差别,表现出不同的言语特点。它兼有科技语体和文艺语体的某些特征。

政论语体的功能，是通过论述国家政治生活、社会生活中的各种现实问题，动员广大群众为阶级、民族和国家的利益服务。政论语体是一种宣传鼓动的语体，是适应宣传鼓动的目的、对象、范围的需要而形成的运用全民语言特点的综合。政论语体体式众多，有社论、政治评论、思想评论、国际时事评论、党和国家领导人的重要讲话等。政论语体具有高度的理论性和概括性，主要运用逻辑思维来表达思想感情，通过充足的论据、严谨的逻辑推理，令人信服；同时，又采用生动活泼的艺术手法激发读者的感情，最大限度地吸引和鼓舞群众。由于政论语体跟国家政治生活有着密切的联系，因此，同其他语体相比，政论语体更直接地服务于政治任务。

公文语体的功能，是在国家机关、社会团体、企事业单位和其他一切行政事务工作中起联系、传达和通知的作用。公文语体的运用极其广泛，政府与政府之间的联系，行政机构之间的联系，商业事务往来，乃至个人事务联系都需要运用公文语体。公文语体的基本特征是准确性、简明性和规格性。公文语体的准确性表现在用词精当妥帖，语句结构清晰；简明性表现在语言的简洁洗练；规格性表现为某些程式，包括一些固定的格式和一套专门用语，如“兹”“兹因”“为要”“欣逢”等。公文语体的准确性、简明性和规格性是相互制约和相互促进的。

(二) 广告语言是一种混合语体

《刘子·履信》里说：“将涉大川，非舟何以济之？欲泛方舟，非楫何以行之？”同样，发展商品经济，如果没有广告，将不能疏通产销之间的渠道，促进生产的发展；而要加强广告的创意功能，如果缺乏精彩独特的广告语言，将不能刺激消费者的购买欲。英国著名小说家、文学评论家小赫胥里曾说：“广告是现代文学中最难写但最有趣的一种形式。”确实，社会经济的发展对广告语言也提出了更高的要求。广告语言不仅要求生动、别致、形象，使广告富有趣味性、人情味，使消费者感到亲切和乐于欣赏；而且还要提示商品的优点或优点的证明，说服阅听者接受该优点，从而促成其购买的行动。成功的广告词都是二者的有机结合。

从语体角度来讲，广告语言是一种混合语体，它综合使用文艺语体、科技语体、政论语体和公文语体，经过精心策划和编排，向消费者宣传某种产品、观念或劳务。广告语言要吸收文艺语体的形象性，用真情实感来打动消费者；广告语言要吸收科技语体的科学性，深入浅出地将科学知识传达给消费者；广告语言要吸收政论语体的概括性和逻辑性，将产品的重要利益点呈现给消费者；广告语言要吸收公文语体的简明性和准确性，用简练、精当的语言表达产品广告的诉求点。

来看一下戴恩泽为蓝带啤酒做的一则平面广告，在画面的左上方是一只盛了几乎满杯的水，旁边一段文字："如果你了解，为什么啤酒的广告里只放了一杯水，你一定是个很懂啤酒的人"，广告正文部分如下：

如果你是个懂啤酒的人，
你会知道一杯啤酒中90%都是水。
如果你是个很懂啤酒的人，
你会知道淡色啤酒
应使用含钙镁少，
碳酸盐度低的水，
它的残余碱度最高不能超过3度。
如果你是个像蓝带一样
懂啤酒的人，你就会知道，
水，不仅仅是造酒的原料，
更是啤酒的血液，
是每一种经典啤酒坚守了
上百年的纯正血统。
这就是为什么蓝带只选择在
肇庆鼎湖山——联合国世界
自然保护区建厂生产。
这也是为什么蓝带的广告里只
放了一杯鼎湖山的泉水，
就足以说明一切。
蓝带啤酒，懂得更多，品得更真。

这则广告采用了文艺语体中的诗歌体式，用了多个"如果……（就）会……"句式，生动、形象地说明一个懂啤酒的人应该知道什么。同时，广告中"90%""3度"等精准的数字表述，简单明白地说明了经典的啤酒应该达到怎样一种标准，也是将一种科学知识在不经意中传递给消费者。广告语言凝练简洁，将蓝带啤酒选用高质泉水的诉求点明白无误地展现在消费者的面前。

第二节 广告语言的口头语体

语言是人类最重要的交际工具,它主要是以语音为物质外壳,以词汇为建筑材料,以语法为结构规律而构成的体系。语言的语体是适应不同交际功能、不同题旨情境需要而形成的语言特点的体系,它具体存在于人们传递信息、交流思想、实现社会交际的言语活动之中。

广告语言作为交际性较强的一门语言,它也可以分为两种形式,即广告语言的口头语体和广告语言的书面语体。根据韩礼德的系统功能语法中的语域理论,决定语言特征的情境因素有三个,即"语场"(Field)、"语旨"(Tenor)和"语式"(Mode)。语式指的是语言交际的渠道或媒介。广告语言的语式是指广告信息传播的渠道,即广告媒介。不同的广告媒介,对广告语言有相应的、特定的要求和限制。也可以说,不同的广告语体对应着不同的广告媒介。广告语言的口头语体主要以有声媒介为载体,包括电视广告中的对白、独白、旁白或解说和广播广告中的有声语言以及口头叫卖等。而广告语言的书面语体则多见于平面媒体中,如报纸、杂志、直邮广告和户外广告等,值得一提的是电视广告中的字幕也属广告语言书面语体的一部分。

一、广播广告语言

广播广告有三个要素,即语言、音乐和音响。广播语言的特点是由其所在的场域所决定的,这个场域包括各种制约因素,而与传播媒介相关联的传播方式是其最重要的影响因素。

作为一种有声语言,广播语言是诉之于人的听觉器官,通过声音进行传播的。声音是由物体的振动产生的,并推动周围的空气形成声波,听众在接收到声音之后,启动解码系统对其进行分析,从而获得意义和信息。声音的有关特征是,首先,从时间性上来看,声音稍纵即逝,不可保存。它是一种一维线形的流动方式,它随时间的流逝而流逝,受众不能回听,而只能处于一种被动的跟随状态。有关研究显示,声音被人接收之后,一般只能在大脑中保持6秒钟,如果不集中注意力,导致的结果是信息不易被听众记忆,听众因为始终处于一种游离状态而导致了随意性。其次,从空间性上来看,由于声音带给听众的是一种想象式的接受方式,因此传播者可以充分利用这一特点,创造一个与声音传播内容相关的想象空间。对于一些感觉性的因素,画面和文字无法到位地表现时,声音可以运用象声词、语调、语气加上音效和音乐烘托的方式,运用通感的手法,形象地表现事物。

(一) 广播广告语言的特点

1. 口语化

广播广告语言是一种被用来听的语言,因此口语化是它的一个最基本的要求。广播主要通过声音进行传播,因此它是类似于人际传播的口头交流的传播方式。

具体地讲,首先,广播广告语言的口语化要求广告多用口语词、双音词,少用文言词、单音词。文言词晦涩难懂,有些更需要人们认真考证才能弄懂意思,这对于广播语言稍纵即逝的声音特性来说,效果可想而知。单音词读起来声音短促,不利于听众收听。广播广告是"谈话体","谈话"就要多用一些口语词、语气词,创造亲切交流的氛围。有的书面词,人们说话时很少使用,又不易听明白,就一定要改成明白如话的口语词。

其次,广播广告语言的口语化还要求广告多用短句、简单句,少用长句、倒装句。如新疆台的"黛妹牌"奥斯曼高级生眉笔的广告:

老者讲话,渐出哼唱音乐(老者):维吾尔民间有一种说法,姑娘双眉的距离决定出嫁的远近,母亲不愿女儿远嫁,找到了一种叫奥斯曼的生眉笔,天天用草汁涂连女儿的双眉。女儿长大后浓浓秀眉轻轻相连。(音乐渐出)"黛妹牌"奥斯曼高级生眉笔,饱蘸浓浓母爱,将亲情与美注入眉间!(音乐止)

这则广播广告运用一老者的独白,将一个古朴的、情真意切的维吾尔族故事娓娓道来,有很强的亲和力,易于为听众接受。

再次,要注意语言中同音异义词的使用。广告语言首先要求准确无误地传达商品和品牌信息,歧义和误解不仅无助于信息的传达,还可能造成对于品牌的损害。在广播中,同音异义的字和词的运用,就很容易出现这种情况。例如,致癌和治癌;注明和著名;履行和旅行;卓著和捉住;散步和散布;等等。

因此,在对广播广告的文字稿进行录音时,一定要注意先多读几遍,以免出现不必要的误解和损失。

2. 感染性

广播广告主要是通过声音进行传播的,因此,电视广告可以将产品的形象生动有趣地展示出来，但广播广告却只能产生听觉的形象，不能给人以直观的有冲击力、诱惑力的视觉形象，这是广播广告的一个遗憾或者说是缺点。然而，正因为如此，广播才可以先声夺人，不受画面的限制，充分发挥声音便于调动听众联想、想象的特点，化不利为有利，变劣势为优势。

广播被称为"最形象的传播媒介"，就在于声音自身的丰富性以及声音能够为听众构筑深邃美妙的听觉形象。语言是抽象化的东西，它必须通过人的后天学习才能掌握。因此声音相对于图像来说，有更大的模糊性，能够给人以无限的遐想空间。广播却可以从播报的语言、气息、情感等声音的多种表现手段中，充分开启人的心扉，掀动人的感情，产生一种最为和谐与完美的想象。

广播语言的这种感染性和其传播媒介的特点是有关联的。在广播广告中，没有了绚丽多姿的画面，声音是唯一的主宰，这反而为信息传播创造了一个相对纯洁的传播空间，广播在这里类似于一种人际传播，在这种环境中，广播声音对听众来说成了一个专属性的声音，一种谈话式的交流，因此听众更容易被影响和调动。

此外，广播广告语言的丰富性和可控性能够为听众描绘出一种现场环境，传播者也可以通过对于传播态势的灵活调整来感染听众。广播语言的播放要求演播者要有节奏的起伏、音调的和谐、音色的优美和语调的生活化并富于变化，使听众仿佛能够看到、听到、触摸到和感觉到。要充分通过对语言、声音和语气的调整，富有感情地描绘出一个有艺术感染力的生动的场景画面。注意语言的节奏和音韵的和谐，有时要娓娓道来，有时要气势磅礴，急者若秦王点兵，缓者若行云流水，使广播广告语言也如同音乐般跌宕起伏，变化多端，增加产品、服务和品牌的魅力，使受众自然舒适地接受广告信息。

3. 广泛性

广播广告语言的广泛性主要指的是在广播的内容和形式上。相对电视广告来说，广播广告的费用低廉，因此它完全可以根据企业的需要灵活地进行广告的编排和创新。戏剧、相声、小品、对话、讲座等广告形式都可以自如地在广播中运用，这显示了广播广告语言的丰富性和生命力。由于形式多样，可以满足不同层次的受众需要。

此外，在内容上，可长可短，对于需要详尽说明的广告信息可以进行阐释。在叙述风格上，无论是优美的散文式表达，还是客观的纪实性叙述，都能在广播语言中灵活运用。

4. 易逝性

广播语言呈一维线性的流动方式，它转瞬即逝，不易为听众捕捉和记忆。因此，在广播广告中对于关键性广告信息的有意识重复，是很有必要的。

一般来说，为了克服广播广告语言的这种易逝性特点，可以从深度和广度两个方面进行补偿。所谓深度，是对于广告信息本身而言的，具体要求包括：语言要简洁精短，大量使用短句；多使用一些俚语、俗语，加强语言的可感性和亲和力；使用排比、对偶等句式；使用比喻，增加语言的生动性和具体感。所谓广度，是指从广告信息出现的频次来说的，广告信息要适当重复。一般来说，在广播广告中，一则一分钟左右的广告，对于产品名称或品牌的强调应不少于三次。重复的信息主要是一些关键性的信息，关键性的信息包括：产品或品牌名称、广告口号、企业标志性音乐和音效、本次活动的广告主题、产品的主要卖点，等等。

（二）广播广告语言的表现形式

1. 陈述式广播广告

陈述式广播广告是一种单方视角的叙述方式，即站在传播者的角度对产品或服务进行说明和介绍，达到信息传播的目的。

陈述式广播广告能够充分展现产品或服务的优点，使消费者对产品有一个完整、清晰的了解。但另一方面，由于陈述式广播广告是一种以传播者为中心的单方面的信息传播，难免给人以自卖自夸、咄咄逼人的感觉、因此，在运用这种形式时，要以一种与听众交流的心态，充分运用语气、语调的调节作用和音乐、音效渲染气氛的功用，真正达到信息传播的目的。

2. 对话式广播广告

对话式广播广告即是采用一问一答的形式来传达广告信息。对话的形式多样，可以是两人对话，也可以是多人对话，对话的双方可以是夫妻、朋友、父子等关系，也可以是同事、顾客、邻里等关系，对话形成一个特定的场景，围绕着某种产品或服务进行。

对话式广播广告较之陈述式广播广告生动活泼，它将听众引入到一个场景式的对话中，给听众一个旁观者的视角，因此增加了信息的真实感和说服性。

3. 文艺式广播广告

文艺式广播广告就是将所要传达的广告信息融入到艺术形式中。别林斯基说，艺术与科学的区别就在于“艺术是通过想象的创作活动，用活生生的形象把普遍概念显示出来”（别林斯基《 俄国文学史试论》）。因此，在广播广告中，运用艺术手法表现广告主题，不仅能够给听众以美的感受，同时，也使概念性的信息具体化、形象化了，这显然有助于受众对广告信息的理解。文艺式广播广告包括话剧、相声、小品等形式，也包括广告歌曲这种特殊的形式。

二、电视广告语言

(一) 电视广告语言特点

电视广告是一门视听兼备的艺术,它可以通过逼真的电视画面、悦耳的音乐音效加上形象可亲的有声语言,形成一个立体的三维传播形态,给人以强烈的现场感和真实感。

电视广告中的语言包括有声语言和以字幕出现的文字,按照叙述人称的不同,电视广告的有声语言可以分为独白、对白和旁白(解说)三种形式。电视广告有声语言的特点有以下几点。

首先是它的从属性。由于电视是一个以画面为主要诉求的媒体,这一特点注定了语言处于一个从属和辅助的地位。电视是读图时代的代表,通过制作者推、拉、摇、移、跟、晃等摄像手法的运用,产生一系列的活动画面和静止画面,然后通过对它们的蒙太奇拼接和组合,创作出某种场景和情节,表达着导演的某种主观意图,有声语言在其中则起着强调、补充、衔接和提醒的功能,甚至在某些广告片中,有声语言是缺席的。

电视广告中语言的强调功能是指在通过画面展示了产品的某种特点之后,为了便于消费者记忆和加深印象,往往通过解说的形式来明确和强调信息。电视的叙述也属于一种线形的流动方式,镜头一闪而过,不便于受众对信息进行记忆,也在一定程度上妨害了受众对于信息的理解。因此,通过语言进行直接的叙说和信息的重复,是电视广告常用的手法。

再就是电视广告中有声语言的补充作用。在涉及产品的背景信息和细节时,为了保证画面叙说的流畅性以及节约时间的考虑,有声语言就配合画面进行补充说明。以曾经获得1997戛纳金狮奖的小凯撒比萨饼广告为例。

画面:一个着制服的胖胖的食品店职员捧着一个包装精美的大比萨饼走向柜台,面露无限陶醉状(中景)。

旁白:这是一个杰作,这是一个大比萨饼。用三种香肠做成,这是一个完美的香肠比萨饼,由小凯撒制作。

……

由于处于从属性的地位,电视广告语言是主要配合电视画面来进行一个诉求和故事的完整叙述的。因此,单从语言本身来说,它是不完整的,它的逻辑是跳跃式的。

其次是电视广告有声语言的口语化特点。电视艺术是一门蒙太奇的艺术，它通过镜头的组合，表达出一定的意境和意味。同时，电视作为一种视听媒体，其流线型的播出方式决定了信息不易记忆，因此，电视广告中的有声语言要通俗易懂，体现出口语化的特点。

此外，在电视广告的传播中，还存在着一个二次传播的阶段。二次传播就是消费者对于广告语言的口耳相传，即人际传播。例如，娃哈哈的广告语"喝了娃哈哈，吃饭就是香"、丽珠得的"其实男人更需要关怀"、雀巢咖啡的"味道好极了"、耐克的"想做就做"等广告语都因为其通俗易懂的口语特点，亲切生动，朗朗上口，而且有很强的生活化气息，而被消费者津津乐道，广为传播。

这里的口语化不是一个绝对化的特点，在电视广告中，结合产品的定位和品牌的个性特点，在一些类型的电视广告中，书面语和文学语言也常常被运用。这是因为，书面语和文学语言一般结构严谨简洁，用词规范讲究，语法正确，给人以规范感、科学感和现代感。同时，书面语在营造意境、引起受众联想等方面有其独到的优势。在一些宣传企业形象的广告片中，为了体现企业科学的管理方式、先进的制作工艺、高素质的人才资源和积极向上、开拓创新的企业精神，往往运用文学语言进行诉说。例如，白沙集团的"鹤舞白沙，我心飞扬"。

虽然电视广告中的有声语言处于一种辅助的角色，但它并不是可有可无的。虽然画面能够引人注目，但是电视广告必须用蒙太奇手法对镜头进行拼接，因此有时意义难免模糊，"电视画面也能叙述故事，然而，电视画面存在着负功能，它为我们提供的是一个纷繁复杂的信息场"，因此"从一幅图像推断的信息可以与图像的创作者意图毫不相干"，图像的这种叙事的多义性就会引起受众不同的信息解读，从而消解了广告传播的有效性，而有声语言能够清晰明白地表达意义，它虽然在时间上转瞬即逝，却在空间上具有强大的立体叙述功能。电视广告的时段一般有 5 秒、10 秒、15 秒、30 秒和 60 秒。时间短暂而又秒秒值千金，在这样的条件下，充分发挥语言的明确性的特点，可以节约广告费用。在 10 秒以下特别是在 5 秒的电视广告中，制作者常用前 3 秒来进行信息表述，而后 2 秒就是对信息进行强调，这时朗朗上口、响亮生动的广告语就显得格外重要。

人类对于声音的敏感是无法替代的。因为声音代表着生命和现时的一种存在，在一些影片中，人的一幅画面并不能说明人是活的，它可能只是一具死了的尸体，但人的声音却明确无误地告诉我们"人"是活的，至少是现在。我们日常生活中所说的又聋又哑，哑就是因为个人失去了听觉能力而无法掌握语言，无法与人交流，从而很大程度上失去了其社会参与能力。电视广告中的有声语言主要是"人"发出的，这一点有着特殊的意义。"从传播功能看，人物符号是广告中最具形象性吸引力的传播符号;是最具情趣和人性化的传播语言”,这是因为人物语言是人类最古老的沟通语言,这种与生俱来的亲切性和吸引力来自于人类的族群特征和心理距离的接近性。

因此,好的电视广告语言往往起着画龙点睛的作用,它字字珠玑,一鸣惊人,能够在最短的时间发挥出最大的空间爆发力。

(二)电视广告语言的表现形式

1. 独白

独白作为一种表现手法是从戏剧艺术中移植过来的。独白是人物在特定环境下的内在话语。独白能够直接切入人物的心理,把人物隐秘的内心世界表现出来,从而使受众具体感知人物的内心动态和思想状态。韩国学者李治翰认为,独白是一种依赖语言的意识活动,其主要特征有三个,分别由“内心”“独”和“白”表示出来,“内心”即默默无声,“独”即无人作答,“白”即依赖语言。

独白这种手法在电视广告中得到了最大程度上的运用,它的使用范围扩大,同时也更加具有了表现力,它不仅可以用来揭示人物的内心隐秘,而且可以作为制作者阐述客观评述或者抒情议论的手法。

独白作用在于对故事发生的时间、地点以及社会背景作直接而简要的介绍,使观众迅速进入场景状态;压缩事件和时间,对有大幅度时空跳跃的剧情作出说明;揭示人物的思想世界,更好地表达主题。

人物独白一般是第一人称的自我描述和意见表达,因此显得更为真实,也更有说服力。特别是当广告中的人物是著名人物时,独白式的诉求方式就能够暗合观众对于明星私生活的窥探欲和向往感,起到意想不到的效果。

独白是人物内心信念和情感的表露,因此,它对于人物性格的塑造是很有力量的。而在广告中,这种人物性格就物化为产品的性格,作为一种品牌个性而存在。

2. 对白

电视广告的对白是经过艺术处理的口头语言,一般是围绕有关产品的功能或相关因素进行对话的。电视广告的对白大多是面对面地口头交际,话语中带有省略、重复、更改等,同时伴随着面部表情和手势等非语言形式,具有随便性、灵活性和简约性的特点。说话人要随时注意受话人的反应,为了让交流变得顺畅,重视尽量缩短语句,句式也多用简单句、省略句和独词句,句式多变,直感性和语感都很强。

通常而言,对话是两个或者两个以上的人物共同参与围绕一个话题进行交流，而对话的一个突出的特点就是处在对话中的人的每一个感受，每一个念头，都具有内在的对话性，具有辩论色彩，充满对立的斗争或者准备接受他人的影响，总之，不会只是囿于自身，老是要左顾右盼看别人如何。

对白所营造的是一个具有真实感的场景，因此能够给观众以强烈的现场感和参与感。

3. 旁白

旁白是剧作者或剧中人物对于剧情进行介绍或评述的解释性语言，在多数情况下，以画外音的形式出现。这里的旁白是对电视广告画面所进行的讲解，即解说。解说的基本作用就是提供必要的画面背景介绍，增加观众对于画面和广告的理解；渲染和营造气氛，增加感染力。

电视虽然是画面的艺术，但必要的旁白是不可或缺的。比如，中国认为真正的纪录片要用镜头说话，尽量少用或不用解说词，但结果是中国的纪录片卖不动，尤其是很多没有这种背景的外国人看不懂，从而影响了市场的发展。在中华传媒网上一篇《中国纪录片为什么卖不动?》的文章，对这种现象进行了分析并委婉地提出了善意的批评："就纪录片创作而言，画面语言的确是纪录片创作的'本体'，解说词仅仅是一种补充形式。但这种补充，绝不是可有可无的，这要看所拍纪录片的内容是否需要。"

电视广告片中的解说也是如此，准确、简明、生动的电视广告解说能够恰当地与画面、音响和音乐配合，形成一曲华美的立体乐章，给电视广告增加无穷的魅力。

第三节 广告语言的书面语体

一 、广告语言书面语体的特征

广告中的书面语体是承载广告信息的重要表现形式。它与我们一般所熟悉的文艺语体、新闻语体、科技语体及政论语体，既有紧密的联系，又有与众不同的特征。广告语言书面语体的特征纷繁复杂，这里我们只能从总体上来把握，大致概括为以下五种特征。

（一）功利性

广告是社会经济发展到一定阶段的产物，是商业领域内的一种商品或服务的信息传播,为了达到传播目的,它借助于人们使用的各种交流手段,融物化形式和符号化形式为一体,富含商品或服务的信息。书面语体作为一种主要的符号化传播形式,在广告中具有鲜明的功利性。这一特征是吸引广告受众,使之产生兴趣、勾起欲望、加深记忆、促成购买的归宿。

广告语言书面语体的功利性,是指它总是以直接或间接的方式,罗列商品或服务的优点,陈述种种购买理由,许诺给消费者物质和意识层面的满足,并且附以打折、抽奖、赠送等促销手段。

1. 直接外露型

"我们的目的是销售,否则便不是做广告。"大卫·奥格威的这一观点道出了广告传播的根本目的就是对商品或服务的促销。直接外露型的广告语言类似于推销员,直接进行叫卖兜售。这既是广告诞生之初的主要方式,也成为当代广告返璞归真的一条蹊径。

2. 间接含蓄型

广告的功利性特征既定,体现的方式有直接也有间接。古语有"王顾左右而言他""犹抱琵琶半遮面"等等,采用的就是间接的、含蓄的方式。这种广告的功利性特征蕴涵在它的书面语体之中,所谓"意在言外"。看似并不精心着力,却往往能潜移默化地实现推销功能。

(二) 针对性

书面语体是经过书写这一道程序加工后所形成的言语体式。相对于广告语言口头语体的时间性,经由听觉器官转瞬即逝。广告的书面语体形成文字,具有空间性,经由视觉器官可以较长时间停留记忆。可能被广告受众较为仔细地阅读和理解,广告书面语体的针对性特征显得尤为重要。我们试图从以下四个方面阐释广告语体针对性的特征。

1. 商品与服务

商品或服务是一切广告的基础,广告的语言受制于商品或服务本身。不同类别的商品或服务,各有明显不同的特点;同一类别的商品或服务,由于价格、质量、产地、包装等因素的不同也各有其特点。所以,广告语言书面语体的针对性特征的第一点就是从商品或服务出发。

2. 目标消费者

"人们可以受诱导,但不会接受你的驱赶。无论他们做什么,都是为了让自己高兴。"(克劳德·霍普金斯语)。这与通俗的"顾客就是上帝"和目前在企业形象策划体系(CIS)中的"顾客满意"理论不谋而合,都是针对消费者,以此为基准展开推销的。广告的目标消费者因其年龄、性别、地域、职业、文化程度、经济收入等因素的不同,对广告语言书面语体的接受心理也有所不同。

3. 媒体

广告语言的书面语体具体在报纸杂志、传单海报或是户外媒体上,它的针对性特征体现也是各有侧重的。报纸杂志因其连载性,刊登的广告内容繁简皆可,而且可以随报纸杂志同步连载系列性的广告。

4. 其他

广告语言书面语体的针对性特征,除了以上商品或服务、目标消费者、媒体三个方面外,还体现在广告的时间、地点等其他因素方面。广告语言虽然不像新闻那样强调时效性,但是特定的时间、地点结合形成的广告环境对于广告书面语体的表达也是非常讲究的。如申奥之前与申奥成功之后的广告语言针对的内容就有明显的差别。只有注意到这种方方面面的针对性,才能更好地把握广告语言的书面语体。

(三) 独创性

新的商品或服务层出不穷,对应的广告也日新月异。要想使自己创作的广告在不计其数、重复相似的广告中脱颖而出,必须有独特的广告创意。创意是前提,怎样用富有独创性的广告语言来表达这种创意,成为广告最终获得成功的关键。广告语言中的书面语体较口头语体要求更加严格:一方面,追求广告受众对其一见钟情,所谓"语不惊人死不休";另一方面,要经得起广告受众对其咀嚼回味,创作者必须"为得一个字,捻断数根须"。威廉·伯恩巴克说:"我们所关注的最重要的事就是要新奇,要有独创性——这样才有力量和今日世界上一切惊天动地的新闻以及一切暴乱相竞争。"

(四) 严谨性

广告语言书面语体的严谨性特征是由两个方面决定的:第一,书面语体与口头语体不同,创作者有一定的时间进行思考、捉摸和推敲,然后形成文字形成定格;第二,书面语体的创作与阅读,即广告人与广告受众不是同时同地面对面的交流,而是一种错时异地的交流。这一点必然要求广告书面语体在遣词造句时须注意严谨性。

(五) 感染力

语言文字能够煽动人的情感,这在文学中人们早已了解和认同。其实,广告语言书面语体中同样存在也非常需要富有感染力的语言文字。国外创作广告流行 KISS 理论即 Keep it Simple and Sweet，现在国内也比较推崇这一原则。“Simple”简洁、简单对广告语言来说是显而易见的重要。广告是按时段篇幅计费的，书面语体的广告在同等前提下，篇幅越小效益越高。而受众每天面对各种各样的信息，繁复模糊的广告信息是不具优势的。“Sweet”甜美、美感在当代广告的书面语体中越来越受欢迎。广告受众易于在被感染的情景下接受商品或服务，继而付诸购买行动。

二、广告语言书面语体的具体表现

广告语言书面语体的具体表现各式各样，十分复杂。每一种书面语体的具体表现形式都能够有助于优秀广告的诞生，每一则成功广告一般只适合于一种书面语体的具体表现形式。为了更好地了解和掌握广告语言的书面语体，我们对它的具体表现作了四种大致划分。

(一) 文艺式

文艺式是指采用诗歌、散文、故事、议论等形式的书面语体来创作广告。

1. 诗歌体

诗歌体是指用诗歌形式创作的广告。诗歌语言简练、文字优美、意境深远、节奏和谐，作为一种广告语言书面语体的具体表现，很受广告创作者和广告受众的青睐。常用的诗歌体广告主要分为旧体诗和新体诗两种。

(1) 旧体诗。旧体诗广告的书面语体结构形式要求严格，如音韵平仄、起承转合、对仗排偶等方面都有具体要求。旧体诗广告因其雅致，惹人吟诵。请看下面的例子：

兰陵美酒郁金香，
玉碗盛来琥珀光。
但使主人能醉客，
不知何处是他乡。

李白的《客中作》将兰陵美酒的色香味形象生动地描绘了出来，语言流畅，文字隽永，让人不禁对兰陵美酒产生兴趣，应该称得上是一则优秀的广告作品。

举杯邀明月，共饮广寒宫。

借李白的《月下独酌》，将“广寒宫”啤酒带来的清凉幽静的意境传达得淋漓尽致。

再看下面的例子：

慨以当慷，
忧思难忘。
何以解忧，
唯有杜康。

曹操的《短歌行》巧借传说中酿酒大师“杜康”之名指代酒，成为流传千古的著名诗作。河南杜康酒厂巧上加巧，干脆用“杜康”来命名自己的酒，以曹操《短歌行》中的四句作为“杜康”酒的广告。这一做法不愧高明，至今成为广告语言书面语体中旧体诗广告的经典。

（2）新体诗。新体诗广告没有旧体诗广告那么多形式上的讲究，句子可长可短，篇幅也长短不一。不拘一格的新体诗广告受众范围更广，层次更多，因而更容易为人们所接受。请看下面的例子：

最初的风雨同路
当爱情归于亲情的相守
我们在平淡中感受激情的时刻
我知道
无论相隔多远，无论岁月如何变幻
这一丝牵挂都在
每一个阳光灿烂的日子温暖着彼此
温馨
就像在宝石御景园家中的亲密相拥
生活的滋味值得一辈子细细品尝
最终的幸福相守

指引生活的方向
当苏州在重建中崛起
城市再一次成为重心，指引生活的方向
于是家园，于是生活
成为我们在喧嚣的都市寻找灵魂归宿的渴望之地
鸿意地产，遍采十年丰硕成果
锻造苏州主城区标志生活

宝石御景园这般优雅走来
浪漫的风情,高贵的品质,品位在朝夕间挥洒
有时候会意的一笑,就能感悟很多
宝石御景园,这就是生活

宝石御景园的这一系列广告语言如行云流水,轻柔恬淡,结合新体诗自由潇洒的格局,形成一首首情深意浓的广告诗文,势必取得良好的广告效果。

再有诗意的衣服,也无法适应没有诗意的社会。
再有诗意的衣服,也无法掩饰没有诗意的社会。
没有禁欲的消费者,只有太清教徒的百货公司。
没有不性感的脚踝,只有太冷感的凉鞋。
没有不会放电的眼睛,只有抓不到重点的墨镜。
没有平凡的表情,只有不会聚焦的化妆品。
没有平庸的身体,只有不懂挑逗的服装。
没有不冲动的本能,只有迟到的感官刺激。
没有禁止进入的梦,只有想象力不足的床。
深藏不露的购买欲重新复苏,中兴百货春装全新上市。

这是台湾中兴百货春装上市的广告文案,广告语言集合新诗体自由潇洒的格局,形成一首情深意浓的广告诗文,势必取得良好的广告效果。

2. 散文体

散文体广告同样具有散文"形散而神不散"的个性,虽不及纯文学散文丰富多彩,但或抒情或叙事,结构灵活,节奏舒缓,也是广告语言书面语体的一种具体表现。一篇情景相融、情文并茂的散文体广告,能够巧妙地捕捉到消费者需求心理与商品或服务销售主张的共鸣点。请看下面的例子:

标题:我的伊豆
正文:伊豆是诗的故乡,世上的人这么说。
伊豆是日本历史的缩影,一个历史学家这么说。
伊豆是南国的楷模,我要再加上一句。
伊豆是所有的山色海景的画廊,还可以这么说。
整个伊豆半岛是一座大花园,一所大游乐场。就是说,伊豆半岛到处都具有大自然的馈赠,都富有美丽的变化。
如今,伊豆有三个入口:下田,三岛修善寺,热海。不管从哪里进去,首先欢

迎你的，是堪称伊豆乳汁的温泉。然而，由于选择的入口不同，你定会感到有三个各不相同的伊豆呢。

北面的修善寺和南面的下田这两条通道，在天城山口相会合。山北称外伊豆，属田方郡，山南称内伊豆，属贺茂郡。南北两面不仅植物种类和花期各异，而且山南的天空和海色，都洋溢着南国的气息。天城火山脉东西约四十四公里，南北约二十四公里，占据这半岛的三分之一。海面的黑潮从三面包围着半岛。这山，这海，便是给伊豆增添光彩的两大要素。倘若要把茶花当作海岸边的花，那么石楠花就是天城山上的花。山谷深邃，原生林木森严茂密，使你很难想象这原是个小小的半岛。天城山是闻名的狩鹿的场所，只有翻过这座山峦，才能尝到伊豆旅情的滋味。

开往热海的火车时髦得很，称为“罗曼车”。情死是热海的名产。热海是伊豆的都会，它是在关东温泉之乡中富有现代特征的城市。倘若把修善寺称为历史上的温泉，那么，热海便是地理上的温泉。修善寺附近，清静、幽寂；热海附近，热烈、俏丽。伊豆到伊东一带的海岸线，令人想起南欧来，这里显示着伊豆明朗的容颜。同时南国风韵，伊豆的海岸线多像一曲素朴的牧歌啊。

……

日本小说家川端康成的《我的伊豆》为我们描绘了一幅自然、美丽、独特的风景画。既是一篇优美的散文，又是一则引人入胜的广告。散文笔法细致入微地挖掘出伊豆的旖旎风光，让人忍不住憧憬这身临其境的感觉。

3．故事体

故事体广告是以讲故事的形式传递广告信息，将商品或服务的销售点蕴寓在故事中，让受众通过阅读故事本身来了解特定的商品或服务，加深对其的印象。一般广告中的故事情节简单，人物较少，大多以商品或服务的直接消费者讲述亲身经历的真实感受。请看下面的例子：

当我28岁时，我认为今生今世我很可能不会结婚了。我的个子太高，双手及两条腿的不对头常常妨碍了我。衣服穿在我身上，也从来没有像穿在别的女郎身上那样好看。似乎绝不可能有一位护花使者会骑着他的白马来把我带去。

可是，终于有一个男人陪伴我了。爱维莱特并不是你在16岁时所梦想的那种练达世故的情人，而是一位羞怯并笨拙的人，有时也会手足无措。

他看上了我不自知的优点。我才开始感觉到不虚此生。事实上我俩当时都是如此。很快地，我们互相融洽无间，我们如不在一起就有怅然若失的感觉。所以我们认为这可能就是小说上所写的那类爱情故事，以后我们就结婚了。

那是在四月中的一天,苹果树的花盛开着,大地一片芬芳。那是近三十年前的事了,自从那一天以后,几乎每天都如此不变。

我不能相信已经过了这许多岁月,岁月载着爱维和我安静地度过,就像驾着独木舟行驶在平静的河中,你感觉不到舟之移动。我从来未曾去过欧洲,我们甚至还没去过加州。我认为我们并不需要去,因为家对我们已经是够大了。

我希望我们能生几个孩子,但是我们未能达成愿望。我们很像《圣经》中的撒拉,只是上帝并未赏赐我以奇迹。也许上帝想我有爱维莱特已经够了。唉!爱维在两年前的四月中故去。安静地含着微笑,就和他生前一样,苹果树的花仍在盛开,大地仍然充满了甜蜜的气息。而我则嗒然若丧,欲哭无泪。当我弟弟来帮助我料理爱维的后事时,我发觉他是那么体贴关心我,就和他往常的所作所为一样。在银行中并没有给我存了很多钱,但有一张照顾我余生全部生活费用的保险单。

就一个女人所诚心相爱的男人过世之后而论,我实在是和别位女人一样的心满意足了。

口号:到旅行者公司投保,旅行者保险公司,旅行者理偿保险公司,旅行者火险公司

哈特福特·康乃狄格州

这则为美国旅行者保险公司所作的广告,是美国广告大师乔治·葛里宾自认为他所写的最好的广告。由一位老妇人以第一人称讲述她的亲身经历,故事情节简单,却不经意地感动着读者。整个故事几乎看不出一丝广告的商业气息,最后点出所宣传的企业,只觉得水到渠成、恰到好处。平凡人、平凡事,广告正是利用最朴实的感情寄于最平易的故事这种具体表现方式,才在悄然间打动了广告受众。

画面:公交车上,小偷一边漫不经心地嚼着口香糖,一边顺手拉开一位女士皮包的拉链,这时传来两声咳嗽,小偷一惊。

画外音:有时候咳嗽是一种美德。

画面:小偷伸手刚把皮包中的钱包拎出来一半,这时传来一声大的咳嗽声,小偷吓得钱包失手掉进皮包里。

画外音:克咳,克咳胶囊,止咳祛痰,做足益佰。

这是克咳胶囊的电视广告,广告用一个具有黑色幽默的故事,传递产品信息,让观众在会心一笑的同时也记住了产品。

4. 议论体

议论体广告是以立论或驳论或既立又驳的语言撰写的书面语体广告。它不

像文学范畴内的议论文，论点、论据、论证依次铺陈开来，作为广告书面语体的具体表现之一，它强调短小精悍，同时讲求有理有据，切中要害，摆事实讲道理，让消费者尽快或尽可能地了解并信赖所推销的商品或服务。请看下面的例子：

标题：穿海赛威衬衫的人

美国人最后终于体认到买一套好的西装而被穿一件大量生产的廉价衬衫毁坏了整个效果，实在是一件愚蠢的事。因此，在这个阶层的人群中，海赛威衬衫就日渐流行了。

首先，海赛威衬衫耐穿性极强——这是多年的事。其次，因为海赛威裁剪——低斜度及"为顾客定制的"——衣领，使得你看起来更年轻、更高贵。整件衬衫不惜工本的剪裁，会使你觉得更为舒适。

下摆很长，可以深入你的裤腰，纽扣是用珍珠母做成的——非常大，也非常有男子气。甚至缝纫上也存在着一种南北战争前的高雅。

最重要的是海赛威使用从世界各角落进口的最有名的布匹来缝制他们的衬衫——从英国来的棉毛混纺的斜纹布，从苏格兰奥斯特拉德地方来的毛织波纹绸，从西印度群岛来的海岛棉，从印度来的手织绸，从英格兰曼彻斯特来的宽幅细毛布，从巴黎来的亚麻细布。穿了这么完美风格的衬衫，会使你得到众多的内心满足。

海赛威是缅因州小城渥特威的一个小公司的虔诚的手艺人缝制的，他们老老少少在那里工作了整整114年。

假如你想在离你最近的店家买到海赛威衬衫，请写张明信片到："C. F. 海赛威"，缅因州，渥特威城，即复。

这则由大卫·奥格威为海赛威衬衫所作的广告，被称为广告史上三大杰作之一。广告用语层层递进，却无逼人之势，反倒显得顺理成章，亲切自然。应该说，这关键是因为奥格威从消费者角度出发，以商品的事实进行论述。整篇广告条理清晰、说服力强，很容易让广告受众产生信赖感。

笛子篇

标题：静有所听

正文：在这浮躁的年代，
静，也是一种责任，
在静中聆听最细微的声音，
在静中思想得到最真实的感悟。
南方周末，思想人生，思想新闻。

广告语:南方周末,深入成就深度。

荷花篇
标题:清有所见
正文:在这精彩的世界,
清,也是一种坚持,
清,真实得以沉淀,
清,思想得以纯粹。
南方周末,思想人生,思想新闻。
广告语:南方周末,深入成就深度。

卵石篇
标题:恒有所得
正文:在这多变的未来,
恒,也是一种信心,
曾经,多少次的妥协换回失落,
曾经,多少个梦想被遗忘。
思想守恒,只因希望在路上。
南方周末,思想人生,思想新闻。
广告语:南方周末,深入成就深度。

竹篓篇
标题:惑有所思
正文:在这忙乱的生活,
惑,也是一种自我。
惑,必有所思;
思,必有所惑。
一惑一思,
无言中,思想找到理性的出口。
南方周末,思想人生,思想新闻。
广告语:南方周末,深入成就深度。

从内容上看,《南方周末》这一系列广告文案是典型的论述式,正文从几个方面阐述了《南方周末》的价值追求和理想，很好地塑造了品牌形象。

（二）科技式

科技式主要是指以说明体、表格体等具体表现的书面语体来创作广告。

1. 说明体

说明体广告的语言类似于说明文的语言，主要运用下定义、列数字、作比较、举例子等说明方法来展开对商品或服务的推销。在介绍新兴商品或服务或消费水平较高的商品或服务时，一般可以采用这种书面语体。它能够使广告受众从理性层面认识和熟悉商品或服务，为消费创造前提。请看下面的例子：

金河置业，缔造苏州的骄傲

以细腻的建筑思维，打破传统住宅观念，人本主义建筑理念下，金河每次都能出手不凡。继狮山路上"金河 · 国际大厦"之后，再次以非凡实力，推出豪宅精品"金河 · 国际华庭"——全苏州罕见的11万平方米VIP豪宅花园社区，集纯粹优雅、华丽尊贵的大户风范于一身，惊艳苏州。

金粉世家，彰显豪宅性情

进口高档名牌建材打造显赫星级大堂；近50%的土地规划人景互动式水花园；时尚泛会所网络景观泳池、健身中心等一众酷IN娱乐；先进智能住宅系统固若金汤捍卫私人领地。国际知名专业管家仲量联行提供专业细致的服务；同步世界的至尊生活，一切豪宅只为匹配一流人物。

金领花园，媲美别墅内庭花园，是别人客厅外的景色，却是您家中的雅致点缀。金河 · 国际华庭，让大户人家真正有"家"有"庭"。每户入口均设内庭大花园，且为您精心布置到位。阳光、清风、雨露、鲜花、蝴蝶、美人草……在家中探访自然的感觉，足以媲美别墅宅庭小院，贵族般的私家花园体验，让您的生活成为别人眼中的奢侈。

金钻地带，天生领袖地位

新区步行街、银行金融机构、新区管委会、城市公园、体育中心、国家级休闲景点苏州乐园、水上世界……商贸、娱乐、运动、教育、医疗等丰富配套，以狮山路为轴心，圈定了苏州21世纪国际化商业、文化、生活中心。狮山路、滨河路，金河 · 国际华庭领袖新区正中心，王族版图一价难求！

房地产等高档消费的商品或服务比较适合以具体全面的说明体广告介绍给消费者。消费者在选择消费类似商品或服务时，态度谨慎，考虑周全，详尽客观的说明正合消费者的心理。

2. 表格体

表格体广告在广告的书面语体中并不多见,是指以表格形式,逐行逐列标明商品或服务的具体信息。常见的有数字或文字或数字文字相结合的表格体广告。它的特点是简洁明了,便于人们快速找到自己所需的广告信息。现在一些宣传手册都配以这样的广告方式。请看下面的例子:

中国移动通信动感地带通话费用

收费项目	收费标准
本地基本通话费(未漫游)	网内:0.4元/分钟;网间:0.6元/分钟 每日21:30分至次日7:30分本地主叫基本通话费减半
漫游通话费(国内漫游)	0.8元/分钟
漫游通话费(国际漫游)	同现行全球通资费
长途话费	同现行资费标准
17951 IP话费	

(三)新闻式

新闻式广告是指结合有关商品或服务的最新信息,借助新闻事件本身或仿照新闻报道的体例而创作的广告。它的特点在于引起广告受众的关注,提升商品或服务的知名度。请看下面的例子:

笔比剑更强

美苏两国首脑里根和戈尔巴乔夫用"派克"钢笔签署销毁中程导弹条约。

在当时的国际背景下,"派克"钢笔借助这一新闻式广告身价陡涨,逐渐成为世界品牌。

再看下面的例子:

《苏州日报》2004年11月23日A6版

苏州联通打造精品网络再出大手笔,"千车测评"邀市民共同验证CDMA精品网络活动火热进行之中。敬请关注后续广告。

这里"敬请关注后续广告"即是形式上的新闻体广告表现,目的就是吸引受众继续关注广告,关注广告中推销的商品或服务。

再如：

伊莱克斯真空吸尘器

一辆制作成为世界第一台真空吸尘器形状的汽车近日驶上本市，成为街头一景，吸引市民驻足观看。这台由伊莱克斯制造的最古老的吸尘器，是来参加将在本市举办的伊莱克斯环球家电精品展的。一百年前，真空吸尘器是以汽油为燃料的，并且运输时需要马车；而现在的真空吸尘器仅重一公斤，用电池就可以使之运转，可以自行打扫房间的世界首台全自动吸尘器也在伊莱克斯问世……家电技术的革命，不仅使人类告别了繁重的家务劳动重获自由、生活质量与水平得到空前提高，同时，它所代表的梦想成真的快乐，更引领者人类不断向未知领域推进。

这里对真空吸尘器发展的介绍以及对伊莱克斯真空吸尘器汽车的报道，具有新闻效应，吸引受众关注。

（四）公告式

公告式广告一般适用于招聘、招生等情况，与通常我们所了解的国家向国内外宣布重大事件的公告式是两个不同的概念。请看下面的例子：

第七期李阳疯狂英语集训营

寒假班 2 月 1 日—6 日开营

苏州李阳疯狂英语 2005 年首期封闭式寒假集训营定于 2 月 1 日在市图书馆培训楼隆重开业。学时 6 天，每天 8 小时高强度训练，全英语环境，日过三关考核，挑战潜能，攻克英语。

前 6 期老学员普遍认为，集训营的难忘岁月，是英语学习者征服口语、增强自信、锻造美好未来的一次人生激情之旅。

集训营分：小学生营、中学生营、大学生（成人）营

报名地址：苏州图书馆 1 楼大厅（人民路 858 号）

报名热线：65240570　66116509　网址：www. jssz - future. com

报名截至：2005 年 1 月 28 日（外地学员可代办食宿）

第四节 广告语言的辞格运用

众所周知,我们用语言交流思想、传达信息,不仅要表达得准确无误,清楚明白,还应该力求做到生动形象、妥切鲜明,尽可能给人以深刻的印象和语言艺术的美感。要做到这一点,就不能不考虑,在表达内容、语境确定的前提下,如何积极调动语言因素,配合非语言因素,以最恰切完美的语言加工形式去获得最佳的表达效果,这就需要修辞。

在广告的创作中,为了更好地凸显产品个性,吸引受众的注意,激发消费者的购买欲望,充分利用汉语言文字的修辞技巧,往往可以收到事半功倍、"化腐朽为神奇"的效果。由广告修辞入手是从语言角度切入广告的绝佳途径,对各项语言材料的整合状态有个大致了解之后,才可对于其所综合的语音、词汇、语法等因素进行详述。

修辞有积极修辞与消极修辞之分。消极修辞追求的是语言的平实,而积极修辞追求的是语言的华美,主要是修辞格的巧妙运用。

修辞格是在修饰美化语言的过程中所形成的具有独特表达效果的一种语言结构模式。最能体现中华民族语言智慧和特点的艺术形式和技巧,最能表现语言的综合运用能力,又最能保持语言中的历史的稳定的思维方式的也就是修辞格了。陈望道先生在《修辞学发凡》中指出,修辞格的语言形式是一些超脱寻常文字、寻常文法以至于寻常逻辑的言语方式,而使得语辞呈现出一种动人魅力的词语。

修辞格在中国广告中的运用比比皆是、举不胜举。它非常有效地利用了中国语言文字的个性来达到张扬广告表现力的目的。广告语言中,各种修辞手段,无论是积极修辞还是消极修辞,都有充分的运用。而常见的辞格有以下几种。

一、广告中的比喻

比喻是属于描绘性的辞格,它是通过联想,将两个在本质上根本不同的事物由某一相似特点直接联系在一起,由甲事物来说明乙事物的一种修辞方式。通过比喻,可以对表达对象进行形象性的描述。通过一种可称之为感官诱导的方法,使语言具体形象,可见可感,使艰深的道理简单明了、具体易懂,又可以增加语言的美感,加强语言的表达力和感染力。比喻在古诗及人们的日常口语中可是不少的,如“疑是银河落九天”,“手冻得像个胡萝卜似的”,等等。刘勰在《文心雕龙·比兴》中指出:“诗人比兴,触物圆览。物虽胡越,合则肝胆。拟容取心,断辞必敢。”刘勰所谓的“比兴”,意思近于现在我们所说的比喻,他说:“故金锡以喻明德,珪璋以譬秀民,螟蛉以类教诲,蜩螗以写号呼,浣衣以拟心忧,席卷以方志固,凡斯切象,皆‘比’义也。”作为一种几乎成为国人习惯思维的修辞手段,比喻应用于当代广告创作中也是很贴切的。

比喻的基本类型有明喻、暗喻、借喻三种,而广告中常用的则是明喻和暗喻。

(一) 明喻

典型的明喻由本体(被比喻的事物)、喻词、喻体(比喻事物)构成,其中喻词是很明显的,有“如”“像”“好像”等。例如:

高速舒适,犹如云中漫步。(锦湖轮胎)

强生婴儿香皂,像妈妈的手一样温柔。(强生婴儿香皂)

让女人美丽如水,东洋之花,绵羊奶保湿露。(东洋之花)

柔似儿女情,暖似父母心。(三枪内衣)

婴儿与妈妈相对,其中并举有爱意流露,香皂细腻温和,有如妈妈爱的双手的抚摩,结合于身体心头的美妙感受,因此喻为一体,两者本属截然两类,用“像”字拉近双方,让品者努力思维,获得温馨感受。

(二) 暗喻

暗喻又称隐喻,本体、喻体都出现,用比喻词“是”“就是”“成为”“变成”“等于”“变作”“比作”“写作”等连接。暗喻在广告中的运用屡见不鲜,因为它直接把本体说成喻体,给品者带来一种错觉,以为喻体的特性就是本体固有的,“床前明月光,疑是地上霜”,如果将“是”改为“像”字,岂不是意趣全无?这种特性也恰恰投合广告人的胃口,为其所用。例如:

古有毕昇,今有方正。(四通排字软件)

天上彩虹,人间长虹。(长虹集团)

劳力士——财富权势和地位的象征,名门望族引以为荣的标志,要登大雅之堂,就是劳力士。(劳力士表)

柯达,就是奥林匹克色彩。(柯达彩色胶卷广告)

有一天,三株成为一棵大树,那么,有一双手在呵护……(三株口服液)

广告中的暗喻因为第三者商品的客观存在(无论它是否出现在广告标题口号中),使得某些看似本体喻词全无、貌似借喻的语句,实则还是以暗喻的形式存在着,当然这仅限于以商品或是商品的某一属性做本体的情况,但过于隐晦的借喻在广告中还是非常少见的,从这一点也可看出,广告中传统修辞的别样表现,很难简单处理解释。

有一些好理解,如:

梦里寻它千百度,湖光山色见吾家。——(杭州梦湖山庄)(吾家喻山庄)
时光的信使。——(钻石手表)(信使喻手表)
随身的绿荫。——美加净防晒护肤系列(绿荫喻防晒护肤产品)

而另有一些则很难决断,如:

夏日里幽静的湖面。(天鹅空调)

可看作用夏天幽静湖面的美妙喻空调给人带来的惬意感受,只是这个真正的喻体并未现身,喻体与本体的相似之处可以意会,但喻体的诗意显然要溢出本体许多。

用第三只眼睛看世界。(海鸥照相机)

可理解为以眼睛比喻照相机,但第三只眼同样暗示了人的本赋,判断、欣赏的潜在能力,相机可助这样的人全面深入看待世界,所以这就不是一个非常简单的暗喻。

这些很难决断的广告语往往是更高人一筹的佳作。

二、广告中的比拟

比拟是把物当作人,把人当作物,把甲当作乙物写,把抽象的写成具象的人和物,这种人物交融的写法也是深合国人对于物我不分境界的自然向往,是容易带来投入形象的心动效果的。

比拟由本体和拟体构成。在语言表达中,在形象想象中,用描述拟体的语言来描述本体,把本体当作拟体来描述,就构成了比拟。比拟是寓情于物,抒发情怀的语言表达方式。它可以起到状物写景,引导想象,增加语言的形象性和感染力的作用。在广告中恰如其分、恰到好处地运用比拟,往往可以使广告语言起到化平淡为新奇的效果。

比拟主要可分为以物拟人、以人拟物和以物拟物三大类,它们在广告中均有不俗的表现。

（一）以物拟人

把无生命的看作生命体，把无人的感情动作看作是人的喜怒哀乐，运用拟人，不仅可以使描述对象生动、形象，还可传达出描述者的情绪、感情。想一想古诗中“红杏枝头春意闹”的动人情景，“相看两不厌，唯有敬亭山”的自得情怀，便可悟出其中真趣。那么拟人在广告中该如何表现呢？

把你脸上的暮气一吻而光。（美国化妆品）
只会温暖你的心，不会冲昏你的头。（酒类）
头屑去无踪，秀发更出众。（海飞丝洗发水）
永远不会向你请假的得力助手。（佳能电脑公司广告）
理财好姐妹，主外又主内。（建设银行好姐妹理财服务）

这些广告标语都亲切自然，有亲和力，能很好地调动受众的感情。除了出现在标题、口号中外，更多的出现在文案的整体设计之中，借助媒体特点，创造拟人世界，来推介产品。这是最值得关注的拟人手法在广告上的应用。

（二）以物拟物

相比之以物拟人而言，以物拟物运用得较少，所拟之物大多为人们喜爱之物。

金蛙，金蛙，造福农家！（金蛙牌农用车）
穿上了“伯莎”无疑是穿上了青春。（伯莎牌紧身胸衣）

青蛙本是农家的吉祥之物，用蛙来拟车，相似点结合在对农家有益之上，是目标市场明确，简洁通俗又上口的好的广告语。

类似的还有白猫洗洁精的广告语：白猫喜入寻常百姓家。

洗洁精被拟成活蹦乱跳的小猫，其快捷、可爱、洁净、讨巧的形象，很能激发寻常百姓消费者的喜爱之情，并由此喜欢上这个产品，理所当然地把它看作寻常人家应用的东西。

（三）以抽象之物拟具体之物

以抽象之物拟具体之物也是比拟的一种。把抽象的概念当作具体的事物来描述，设置在可感可触的情景中，造成一种既具体又非常耐人寻味的新感受。这样的写法,在诗歌体中颇常见,许多传为佳句,李清照词云“只恐双溪蚱蜢舟,载不动许多愁”,形象地写出了抽象的“愁”。“春风又绿江南岸”“红杏枝头春意闹”,“绿”、“闹”字活用为动词,一字境界全出。它也同样出现在为人们津津乐道,却为现代汉语界疑为“晦涩”的现代诗、朦胧诗中,如“黑夜给了我黑色的眼睛,我却用它来寻找光明”“悄悄是离别的笙箫”等。这些处于汉语规则特别是现代汉语规则边缘的语句,为何又是广告语自然而然的选择?请看下面的例句:

杯中留下一片温馨的回忆。(某咖啡公司)

我们批发健康。(某水果批发公司)

在这里,孤独可以成为一种享受。(万科青青家园)

酿造出人类的快乐。(某酿酒公司广告)

这些广告语虽大多出自国外,但以汉语形式表达,一样精彩,是汉语涵盖并擅长的,而且应该在语言优势的条件下诞生出更有意境且耐人回味的成果。这应该是可以指望的。

抽象成具体,在广告中被广泛地使用,这是由它的特殊语境(商品客观存在)决定的,因为销售一个产品,并不是仅仅销售产品本身,重要的是销售它的形象、意义、感觉,这就是概念。反之,人们对于产品价值的肯定,总是从与商品相关的形象、感受、意义来判断的。如果能把概念实体化,实际上就是落实到商品本身。例如:“我们卖的不是橘子,而是新鲜的活力。”“我们不卖香水,我们卖的是希望。”(香水广告)“我们不卖服饰,我们卖的是时尚。”(服饰广告)“要想不慌不忙用早餐,请用上海芙蓉方便面。”(我们给您的是时间,而不仅仅是面。这则广告虽然没有直接在口号中运用比拟,但出发点是一样的)“新鲜常在香雪海。”(新鲜的概念被实体化)

中国文化中,从来就是排斥用不见形象的语言来传情达意,禅道之说、诗文小说都以日常山河树木、鸟兽虫鱼来解释世界,创造语境,这与全球性产业广告的要求是不谋而合的。因此,应在此方面多多思考,有所建树。

三、广告中的双关

双关,是在特定的语言环境中,借助语音或语义的联系,使语句同时关涉两种不同事物,表达双重含义,而又言在此、意在彼的修辞手法。双关的字面意义,一般称为表体,是明确的;而表面内含意义的事物叫本体,它的意义是暗蕴的。巧妙的双关使语言幽默、含蓄、生动、意义丰富,是很有技巧的说话写作方式,也是很受欢迎的广告形式,它使短短的篇幅有很大的回味余地,表体和本体双重含义合在一起远远超过简单的并置。一般来说,运用双关的意义即本体的意义,才是说话人的真正目的。这种修辞格可以起到"一石二鸟""一举两得""一箭双雕"或者"话里有话"的作用。汉语是一种缺乏形态(时态语态)变化的语言,一词多性,字、词、短语,在句中表达灵活多变。语义、语法、语音上的双关变化都在国人的接受视野之内,所以能获得出人意料的效果。双关在广告语境中的应用,也给国人一个更独特的视角来看待我们的语言,进而更充分地使用它。

(一) 语义双关

语义双关在广告中有一些特殊表现,那就是将客观存在的商品的品牌用词和词的一般含义合二为一,在自然的语句中既表达了品牌信息,又传达了深层的含义,进而体现出商品广告的诉求方向。例如:

人类失去联想,世界将会怎样?(联想集团)

这是一句广为流传的广告语,巧妙处恰恰在于充分利用了广告语境,"联想"乃高科技电脑集团品牌名,"联想"在现代汉语中又是人类获得进步的思维方式,两者的融合自然合理,既让人们记住了产品,又使人们体会到产品蕴涵的意义,还使人们获得阅读广告时会心一笑的好心情,最后渗透在日常表达中,赋予平常的语句多重含义,很有意思。

上上下下的享受。(上海三菱电梯)

该广告语中"上下"为多义词:"上下"可作为动词,表达"从高处到低处或从低处到高处"之义,"上上下下"则是其重叠用法,表示这种行为的频繁反复发生;"上下"也可作为名词,表示"在职位、辈分上较高或较低的人"之义,"上上下下"也是其重叠用法,表示对象的无一例外。因此,"上上下下的享受"既可以理解为对乘坐这种电梯行为过程的享受,又可以理解为各个层次、各种类型的人均将乘坐三菱电梯当作一种享受。一语双关,充满机趣。

除了以上品牌双关的应用外,一般意义上的语义双关在广告中也有不俗的表现。

20 世纪 80 年代有一则著名的鞋油广告:红鸟牌鞋油,愿为足下增光。"足下"既是国人对对方的尊称,又有"脚下"的意思,给足了消费者面子,又说清了商品的属性功用。简洁明快,含蓄巧妙,一时间国内广告界纷纷效仿。某生发剂的广告,"聪明不必绝顶",也是一则聪明绝顶的极好的广告语。本是一个多少有些自卑的消费群,冠以聪明绝顶,既赋予旧词合理新意,又让消费者感觉良好,抬头做人。小小广告语威力真是巨大。

(二) 谐音双关

利用汉语语音上的相同和相通,构成谐音双关。这也是有中国特色的修辞方式之一。汉字有一字多音和一音多字的特点。在中国,每逢新春佳节,家家户户都有贴春联的习俗。许多家庭都喜欢在大门上贴上一个“福”字,而这个“福”字往往是倒过来贴的,意思是“福到了”。这也是利用谐音双关达到言外之意的语言效果的佳例。为了不影响接受,也借一把现成语言的东风,广告往往选择语言成品进行谐音双关的“手术”。例如:

家有飞鹿,随心所浴。(飞鹿热水器)

这是一则较成功的谐音双关的广告,把成语“随心所欲”改了一个字“浴”,“随心”的意义没有改变,而这是关键,同时又说明了产品的功用,赋予使用产品时方便痛快的感受,也就是广告的诉求目标。

生活中离不开这口子。(口子酒)
煮酒论英雄,才子赢天下。(才子男装)
情系中国结,联通中国心。(中国联通)

谐音双关要使用得巧妙合理,要考虑到能突出产品的特点,更重要的是要保证原有成语、俗语等语言成品的本意不被扭曲,以此为前提,才能确保达到最好的广告效果,同时也不致污染语言环境,影响青少年对正确语言的掌握。

总的来说,中国语言文字的特长通过双关在广告中是很能得到体现的。在这个广告与修辞合谋的领域,还可以有更大的作为。

四、广告中的夸张

“白发三千丈”“飞流直下三千尺”“欲与天公试比高”,这些诗句都运用了夸张的修辞手法。夸张可以鲜明地强调事物的某一方面的某种特性,因此在广告中也是经常被使用的。正如好的诗句中夸张手法的运用,并没有给人带来“睁着眼睛说瞎话”的反感,反而在情感上更能触动人,在表意时更加清楚深刻。广告中运用得好的夸张能够给受众以真实的感染。

今年二十,明年十八。(白丽美容香皂)

这个广告语是很成功的,在20世纪80年代末确实轰动了全国。它运用了夸张,而夸张的度掌握得很好,所以不至于引起人们的反感。该广告语把人的自然年龄与社会年龄、生理年龄与心理年龄巧妙结合,又不违反广告的基本原则,尤其是把使用了白丽美容香皂后的奇妙效果用最简洁明了又最生动贴切的方式加以传达,堪称保健护肤类产品广告中最有表现力的广告语。

往身上洒一点,任何事情都可能发生。(法国香水)

这句广告语非常高明,夸张而不生硬,很符合女性好幻想、不切实际又割舍不了的情感,还很自然地采用了对比的手法,在话没说完的感觉中结束,很巧妙。

除了人之外,我们出租一切。(艾克出租车公司)
它能黏合一切,除了一颗破碎的心。(通用公司液体水泥)

多么巧妙又符合人性的广告语!
夸张作为一种修辞格,在广告中有三种不同的表现形式。

(一) 扩大夸张

所谓扩大夸张,即故意把事物扩大。包括往高、往深、往多、往快、往长等方面的夸张。例如:

太平洋卡,理财通天下。(交通银行太平洋卡)
智慧演绎,无处不在。(MOTO)
一切尽在掌握。(爱立信)
汽车九十九,还是骑永久。("永久牌"自行车)

(二) 缩小夸张

所谓缩小夸张,即故意把事物缩小。包括往矮、往短、往弱、往少、往慢等方面的夸张。这类夸张的特点是缩小事物的形象和特征。例如:

一毛不拔。(梁新记牙刷)
滴滴香浓,意犹未尽。(麦斯威尔咖啡)
非洲到南极,一步之遥。(格力空调)
从某年某月起,大西洋将缩短百分之二十。(荷兰航空公司)

(三) 超前夸张

所谓超前夸张,即将今后可能发生的事情提前进行夸张陈述的修辞格。例如:

海有多广,我们造福四海的心胸就有多广;
天有多大,我们福泽天下的梦想就有多大。(天安保险)
心有多野,未来就有多远。(东风悦达起亚汽车)
心有多大,舞台就有多大。(中央电视台)
有一个消息,连未出生的孩子听了,都会拍手鼓掌。(强生婴儿护理品)

五、广告中的对偶

中国语言讲究形式上的整饬,既包括字面,也包括读音。对偶,也称对仗,是用一对结构相同、字数相等、词性和平仄相对的语句,来表达一个内容相对完整的意思。对偶成句,风雅通俗兼备,说理寓于形象之中,平平仄仄,朗朗上口,是汉语言独特的艺术形式,是对汉语声调、词类、词义、句式的巧妙组合应用,深受国人的喜爱。

刘勰在《文心雕龙·丽辞》中说:"造化赋形,支体必双;神理为用,事不孤立。夫心生文辞,运裁百虑;高下相须,自然成对。"指的就是文学创作遣字造句时可以用字数相等、句法相似的语句来表达相关或相反的意思。同时由于中华民族历来就有追求平衡、对称、和谐、不偏不倚的审美心理,与对偶这种修辞方式在形式上找到了一个最好的契合点和平衡点。中国古代文学中的作品,对偶佳作可以说是举不胜举,如"白日依山尽,黄河入海流""大漠孤烟直,长河落日圆"等。对偶是一种很有效的语言表达手段和修辞技法,在广告中,如果能成功地运用对偶手法,其广告效果就会事半功倍。虽然对偶是历史悠久的修辞方式,形式内涵皆美,但在现代汉语口语中却已不多见。要在瞬间传情达意,对于普通受众是有困难的,同时也受现代媒体的限制,如电视广告稍纵即逝,受众对电视广告维持注意状态的时间是5秒钟,前2秒注意力最强。所以,对偶在电视广告中的使用,应注意更简短,更通俗,更上口。而对偶运用于静态的平面广告,如报纸、杂志、DM广告或商店标语门联,让人可驻足欣赏品评时,确有出奇的好效果。

广告中的对偶修辞格有三种具体的表现形式。

(一)正对

例如:

学海凭鱼跃,书林任鸟翔。(北京图书馆)
鹅黄鸭绿鸡冠紫,鹭白鸦青鹤顶红。(染料店)
善饮者为仙,善酿者为神。(小酒神)

心贴心的服务，手握手的合作。（中国农业银行）

由六个名词性短语构成，借六禽言六色，抽象之色遂作活蹦乱跳之生灵如在眼前，妙极。

（二）反对

例如：

虽然毫末技艺，却是顶上功夫。（理发店）
沸腾的事业，冷静的支持。（奥克斯空调）
她工作，您休息。（凯歌全自动洗衣机）

该理发店广告区区12字，却是含义多多。“顶上功夫”一词双关，“顶上”的原意是指头发长在头的顶上，理发自然是在头顶上干的活，但“顶上”又包含了“顶极”“最高”的意思，全句句子表面意义是自谦，实则自夸之意昭然若揭。从小小一句，可见我国文化根深蒂固的道家遗风，这理发手艺不言而喻，这小店的经营理念非同一般，顾客的心情可多么熨帖。

（三）串对

例如：

借山水胸怀，做惊世美酒。（酒鬼酒）
穿越历史，见证文明。（水坊酒）
一方水土，万代流芳。（双沟酒业）
品味南京，吐纳豪情。（南京牌香烟）
穿金丝猴皮鞋，走金光大道。（金丝猴皮鞋）

自古以来，有许多商家喜欢在店门前写上一副对联以招徕顾客，这些对联虽经历风雨，但在今天仍然让人回味无穷。例如：

举剪裁花花愈发，抽刀断水水还流。（刀剪店）

以上刀剪店的对联，小剪小刀小工具，却因这两句名句透出了精神、生命和美，突现了中国文化对时间流逝、人生如梦的感慨，这个诉求点的选择高明而有人情味，令人回味。

点画成图已有柔情撩客爱，方圆结局从无硬性惹人嫌。（豆腐店）
闻香下马，知味停车。（酒馆）

天有酒星,地有酒泉,饮者就留名,莫使金樽空对月。

一顾倾城,再顾倾国,佳人本难得,休将锦瑟误年华。(酒馆饭店)

从汉语的基本特征看,对偶句的音节结构形式比较整齐,音节的界线比较分明。汉语中元音较多,辅音加在元音间,声调抑扬顿挫,非常适合对偶。

六、广告中的引用

引用是指援引、借用成语典故、诗文名句、格言俗语等以证明作者的观点或表达作者的感情的一种修辞方式。刘勰在《文心雕龙・事类》中曾指出引用的目的:"事类者,盖文章之外,据事以类义,援古以证今者也。"也就是援引事例来证明文义,引用古事来证明今义。一个民族约定俗成的习用语言是该民族悠久历史沉淀下来的人生观、价值观最凝练的总结,是相对最为稳定的思想的外化,这些习语为广告引入,是一条博取民心、销售产品的捷径,也是传统语言文字在广告中的明显的作用表现。前文所析众多广告语中很多也是引用了人们熟知的语言片段,取得了较好的广告效果。引用在广告语言的创作中,有以下作用:增强广告的说服力和可信度;使文章言简意赅,简洁明了;增加广告的哲理性和文化内涵;使广告更显生活情趣。

引用作为一种修辞格,在广告创作中具体运用有三种形式:引用诗句、引用名言和引用成语。以下举几例来加以分析说明。

(一) 引用诗句

一片冰心在美菱。(美菱冰箱)

此语引自唐代诗人王昌龄的名作《芙蓉楼送辛渐》:"寒雨连江夜入吴,平明送客楚山孤。洛阳亲友如相问,一片冰心在玉壶。"据《闻一多说唐诗》记载:"王昌龄的名句'一片冰心在玉壶'说:'冰心在玉壶',本是从鲍明远'清如玉壶冰'的句意化出,而能青出于蓝,连那个'如'字给省掉,所以转胜原作。'冰心'是说心灰意懒,'玉壶'是说处身之洁,这七个字写尽诗人身世感慨。以壶比人,是昌龄新创的意境。"该广告巧妙地运用唐诗中的名句,恰如其分地表达了美菱冰箱冰清玉洁的高贵品质和对消费者的一片赤诚之心,是广告中运用辞格的上佳之作。类似的还有:

借问酒家何处有,牧童遥指杏花村。(山西杏花村汾酒)

（二）引用名言

万事俱备，只欠东风。（东风汽车）

此语出自《三国演义》，稍有历史文学常识的人都明了它的来龙去脉，周瑜定计火攻曹操，一切就绪，就等东风一起，顺风点火烧船，发动进攻。后来人们从中归纳出了这个惯用语，比喻办事情一切都已准备好，就差最后一个必要的条件。这儿，东风集团借自己集团的名称，顺理成章地把它拿来作为广告语，向受众响亮暗示，您就要成功了，东风汽车是您需要做、必须做的最后一个选择。这是充分利用了名句本身含义又结合产品特点做出的优秀广告。

（三）引用成语

这一类引用，是借助商品的存在，不换汤，却换了药，所引成语悄无声息地改变了本来的意思，若使得巧，可以给已固定含义及感情色彩的语句添上更新的意义色彩，丰富了语言的信息量。本意与新意互相对照，有时会产生非常幽默的效果，让消费者会心一笑。例如：

一毛不拔。（梁新记牙刷）
两面三刀。（多功能菜刀）
不打不相识。（四通打字机）
天衣无缝。（密封材料）
出口成章。（口述记录器）

“出口成章”一句虽是美国的商品广告，但用中文译来的广告语，可是远远胜过英语原语，原语无非表明了商品的功能特点，而汉语应已有这个固定成语“出口成章”的存在，那是用来赞赏才子才女的口才过人，说出来的话流畅华美，就像文章那样规整严谨，用在此广告中来说明记录器能出言立刻在纸上显现的性能，起到拟人化的效果，把它反应敏捷、功能出众的特点表现得淋漓尽致。

七、广告中的仿拟

说到引用，就自然说到仿拟，仿拟是在引用习语的语言形式的基础上，加以字、词、句、调等的改造，造成一种意义相反或相似、相近的新的语言概念或内容。广告中巧妙地运用仿拟修辞手法，可以更好地突出广告对商品的诉求点，这也是根据广告实际而做出的选择。它既能保证原有语言文字的精华，引起受众注意，投合人心,又可在细微改变处,带来惊喜,突出产品个性。

仿拟分为仿词、仿语、仿句、仿调。严格区别何为仿词、仿语、仿句并无意义,下文仿拟粗分,可以分为词语的仿造、替换和半句的仿造;仿调实则谐声的替换。

(一) 词语的仿造、替换

例如:

路遥知马力,日久见"跃进"。(跃进汽车)

谚语"路遥知马力,日久见人心",这里用"跃进"来取代原句中关键词语"人心",令人印象深刻。而且整句的选用也符合产品的特性。

心有灵犀一"显"通。(江苏电信来电显示业务)

唐李商隐名句"心有灵犀一点通",该广告改"点"为"显",几乎是不留痕迹、不伤诗意,又兼顾广告诉求的改动,是成功地运用仿拟的代表。

静,没有音,只有乐。(SK润滑油)

音乐本是一个词汇,常合在一起使用。但该广告有意识地把"音"和"乐"拆开使用,用两个单独的字来表示两种截然不同的状态。对于润滑油这类产品来说,"乐"是大家所追求的,而"音"是要排除的,而要达到这种状态,当然应该选择SK润滑油。

以上可以说是词语的微调改动,有一些仿拟是直接引用习语的半句,另外的半句则根据广告语境和已有半句的引导意义来进行仿造。

(二) 半句的仿造

例如:

车到山前必有路,有路必有丰田车。(丰田汽车广告)

此句既可说是运用了"引用",又可看作是仿拟的应用。"车到山前必有路,船到桥头自然直"是人们惯用的俗语,当人们在看到前句时,心里早已有了下句,但下句却成了"有路必有丰田车",不仅出人意表,而且巧妙地借用了俗语的原意,并在此基础上自然引申出新意,能指引人们注意到产品的存在与普及化。

(三) 谐声替换

谐音的应用在前文中有所涉及,在谈到谐音双关时,提到利用汉语同音字多的特点，又利用习用语言便于理解、深入人心之利。广告对习用语进行谐声的替换，原义不曾消失，或正或反映衬新意，带来意外新鲜的效果。但使用得成功的可看作谐音双关，不成功者则显得面目全非，画蛇添足。

湖南振升铝材有限公司有一则广告："握振升品质，写'铝'氏春秋。"气魄固然很大，但明显牵强附会，令人反感。又如"无鞋可击"，虽然一看就知是对"无懈可击"的仿拟，但改后的字面不知所云，这种生拉硬扯的"创新"实在可笑。还有华素片广告语"'快治'人口"，取自"脍炙人口"，虽然字面和原意都是正面的意义，但两者的语境相差太大，硬说在一起，给人吃力不讨好的感觉，真是何苦。所以说，在使用谐音替换时，一定要注意自然和谐、简单合理，若给人以为了谐音而谐音的感觉，那结果可想而知。

（四）拆分仿拟

广告独特的语境使固定习语的拆分成为可能，从而达到一种别致有趣、相反相成的表达效果。

聪明不必绝顶。（某生发剂）
我只动口，不动手。（爱立信 T18 有耳机的手机）
你安居，我乐业。（台湾中信房产）
人靠衣装，美靠亮妆。（亮妆化妆品）

从以上广告中对于习语的"引用"与"仿拟"，可以作一个总结：广告利用习语创造广告词是很自然的选择，习语广泛流传，有悠久历史，充分体现本民族的思维习惯和价值观念，同时习语是异常精练的语言，可以说是民族语言最精粹的表现，字面简洁，含义丰富，深合广告的根本要求。我们发现，在广告中直接引用并不占多数，广告效果也不是最好；反而是进行仿拟变化的居多，效果也更理想。从这些现象，我们认为广告语能对最为凝固的语言形式带来如此大的改变，从意义、格式、语法各个方面几乎都是很自如地进行，这预示着当代广告语开始发挥魔术般的作用，成为对当代中国语言实行引领、改造、甚至颠覆的最前端的语言，语言文字通过在其中的表现获得与社会存在联系的可能，由此获得新鲜生命。语言文字该如何适应这个势不可当的趋势，需要实践和理性的思考。

八、广告中的顶真和回文

顶真，即用上文结尾的字、词、句、段作为下文的开头，使字、词、句、段头尾相连，前后连接的修辞手法。在广告中运用顶真的修辞格，可以使广告语言表现出结构严整、语气连贯、音律优美的特点。

广告中运用顶真修辞格的佳作如:

平安中国,中国平安。(平安保险)
中国电视报,报中国电视。(《中国电视报》)
海尔冰箱,冰箱新形象。(海尔冰箱)

回文指的是把前后语句组织成穿梭一样地循环往复的形式,以表达不同事物之间的有机联系的一种辞格。

回文这种修辞格,在广告语言的创作中,也大有用武之地。它既能造文字与声音的回环反复之美,又能将广告中的诉求信息进行有变化的宣传,加深印象。例如:

客上天然居,居然天上客。(天然居饭庄)

这也是只有中国的文字才能促成的效果,在十字间,保证形式上极度的对称,语音上的美妙回旋,语义间巧妙的承接,形象上的历历再现,又完全符合目的的诉求,是为天作佳品。

静静地吸,吸得静静。(飞利浦吸尘器)

这则广告看似简单,效果却很有些微妙之处。从字面上看,是最简单的回文,但品读时却觉得很能进入一种气氛,前半句中,“静静地”作状语,修饰“吸”的动作,强调的是动作本身,后半句中,“静静”作补语,用于句末,强调的是一种状态。通过此回文,人们能自然通过产品动作进入状态,那是比一切大呼小叫的宣传都有效的。这是一则完美使用现代汉语回文修辞的广告语,值得揣摩。

回文修辞在广告中是可遇不可求的,能够保证顺畅达意已属不易。因为对于现代汉语来讲,它并不非常适合回文的表达,现代汉语多双音节词,字与字之间的牵扯妨碍了字的灵活性,这一点远不如古汉语来得便利。所以要作出好回文很难,容易弄巧成拙,出现形式掩盖内涵的广告语。但这并不是说回文不能用现代汉语,如何找到易懂、精巧、不落俗套又适用于广告的回文句,需要广告人对汉语言有极高的敏感和把握能力。

九、广告中的反复

反复就是有意重复使用同一个字、词、句、段,以达到强调某个意思,突出某种思想感情,加强读者印象为目的的修辞手法。反复是能够达到强调的目的的最直接方法，但反复的内容一定要简单上口，这样才能引起人们注意，并进入人们意识深处，不知不觉中使人形成条件反射。广告创作中，反复的语词一般是产品的商标和主要特点。

反复可分为有连续反复和间隔反复。

（一）连续反复

例如：

一比一比一，一比一比一，一比一比一，一比一比一。（金龙鱼新配方调和油）

黄金搭档，乖乖，礼品真棒！黄金搭档，乖乖，礼品真棒！（巨人集团营养品）

正义的来福灵，正义的来福灵，一定要把害虫杀死，杀死，杀死。（来福灵杀虫剂广告）

切入，切入，切入，借此切入乔丹的世界。（乔丹古龙水）

路路令我，健健健健。（上海协和医院）

容声，容声，质量的保证。（容声冰箱）

白猫洗洁精，灵！灵！灵！（白猫洗洁精）

三洋，三洋，冬暖，夏凉。（三洋空调）

（二）间隔反复

例如：

感康，是新一代感冒新药；感康，作用强，见效快。感康……（感康感冒药）

丽珠得乐，是目前国际推崇的最新胃药。丽珠得乐，给我快乐。（丽珠得乐胃药）

有治蛔虫的药吗？——两片儿！

有治蛲虫的药吗？——两片儿！

有治钩虫的药吗？——两片儿！（中美史克肠虫清）

真实的口感，真实的健康。（鲜的每日C）

家事，国事，天下事，点击央视。（央视网站）

共创美的前程，共度美的人生。（美的电器）

其中，中美史克制药有限公司几年前的这则广告可谓深入人心，一个数词加一个量词，就这么简单，两个字。“两片儿！两片儿！两片儿！”三次的反复，早已使善于模仿的孩子牢记在心，脱口而出，几乎忘了可怕的吃药时光，可见简单的反复在广告中可不简单。但要使这类广告取得好的效果，既要考虑到语言本身的规律,还要考虑到消费者、使用者和受众的结构组成。缺了哪一方,都会使广告语流于一般,或是哗众取宠、不得民心。

十、广告中的拈连

陈望道先生在《修辞学发凡》中指出:“甲乙两项说话连说时,趁便就用甲项说话所可适用的词来表现乙项观念的修辞手法。”此就是所谓“拈连”。说得通俗点,就是利用上下文的联系,借助于同音或同形的汉字条件,在两个无关事物放在一起叙述时,把用于甲事物的词语就势巧妙地拈来运用在乙事物上的修辞手法。甲事物往往是具体可感的事物,乙事物则是抽象事物,把运用在甲事物身上的具体动作“拈”来用于乙事物身上,则赋予原本抽象的事物形象生动、简洁明快、风趣幽默、新鲜别致的效果。在广告中,拈连也是一种常见的修辞格。例如:

输入千言万语,打出一片深情。(四通打字机)
从头上洗刷掉岁月的痕迹。(台湾某洗发精)
家有富达,万事通达。(富达牌吸尘器)
号码百事通,知百事通天下。(中国电信)
联想手机,自由联想。(联想手机)
锁住水分,锁住爱情。(丁家宜美白保湿霜)

富达吸尘器的广告语采用的也是拈连的手法,只是拈过来的不是动词,而是名词。看起来,后面的句子对前面的商品起了解释渲染的作用。这种拈连虽然可行,也加深了人们对产品的认识,但从美感上而言,缺乏形象,实在非常单调乏味。

十一、广告中的排比

排比是一种很有表现力的辞格。把三个或三个以上结构相同或相似、语气一致、意思相关的句子或章节排列起来,使语势得到增强,感情得到加深,这种辞格就是排比。古人云:“文有数句用一类字,所以壮气势,广文义也。”说的就是排比。

排比修辞格在广告语言的创作中,可谓比比皆是。例如:

诺基亚3210,够酷,够炫,够聪明!(诺基亚手机)
实力农行,活力农行,魅力农行。(中国农业银行)
干一杯啤酒,增一份友谊,添一份力量,多一份成功。(西厦啤酒)

汇百家之精，集自然之灵，采众家之长。（杭州保灵营养液）

多么清澄的海底，多么绚丽的色彩，多么自如的生命！自然的色调！请看彩色电视：索尼！（索尼彩电）

哪些书开阔了我们的视野，哪些书引领了我们的观念，哪些书激发了我们的热情，哪些书让我们如获至宝，哪些书让我们念念不忘。（第十一届中国广告节——广告专业书籍成就展）

有一种力量，让我们前行；有一种力量，让我们起飞；有一种力量，让我们辉煌；有一种力量，让我们成就梦想。（中央电视台广告部）

成家、当家、想家、回家、舒服家。（舒肤佳香皂）

山，因势而动；水，因形而动；人，因您而动。（江西电视台形象宣传）

春季给您带来沉醉，夏季给您带来欣慰，秋季给您带来甜美，冬季给您带来回味。（新飞冰箱）

十二、广告中的拈嵌

拈嵌是利用拈连和镶嵌等修辞手法，把人名、地名、书名、影片名等嵌入语句，连缀起来，构成话语，使语言生动风趣，语意丰实新颖。通过拈嵌这种修辞手法创作的广告，大多是在广告中将产品的名称或企业的名称有机地嵌入到广告语言中，尤其是广告语中，使广告语包含了无穷的意蕴和内涵。例如：

天之骄子，笑看风云淡。（成都骄子集团）

男人心里有太太，我爱太太。（太太口服液）

您的健康，是天大的事。（天大药业）

女人都要赛天仙。（赛天仙口服液）

女人缘来就美丽。（女人缘口服液）

粗看起来，这些广告语只是一句句感情丰富、句型简单的陈述句，实不知，这每一句话中，都暗嵌着这些企业或品牌的名称。“骄子”“太太”“天大”“赛天仙”“女人缘”分别就是五个企业或品牌的名称。这些广告语的创作者深谙拈嵌这种修辞手法的巧妙之处，在一遍又一遍的诵读和传播的过程中，这些品牌就自然而然地进入了千家万户。同时，这些广告语又都可以看作是在双关的修辞手段指导下创作出的广告佳句。如“骄子”，既可指成都骄子集团生产的产品的名称，也可理解为在事业上有所追求、有所建树的成功人士。他们不畏艰险，永远做时代前进的弄潮儿，是人们学习的榜样。健康是人类的第一财富，一个人即使有鸿鹄之志，如果没有健康的身体，也无济于事。所以，湖南天大药业公司就顺应了消费者的心理,发出了出自肺腑的由衷之言:"您的健康,是天大的事。"通过一语双关的形式,道出了天大药业对广大消费者的承诺和对社会承担的责任。

除此之外,在广告文案中常见的修辞格还有设问、反语、呼告、衬托、对比等手法。这里不能完全列举、解释所有的修辞,而且修辞也非界限分明、分类严整的固定格式,条分缕析更是没有尽头。修辞是所有语言材料的综合运用,能体现语言的整体特点,就语言三要素(语音,词汇,语法)而言,修辞是对它们的综合的艺术加工,是它们的高级体现。举出许多修辞手法,一方面是借修辞这个最贴近广告语言写作的视角可以较好地切入,呈现出汉语的各项因素,特别是词汇、语法在进入广告时的整体面貌表情;另一方面更是要说明如何在广告中使用修辞,使修辞更好地为广告服务。

7

第七章

广告画面

内容提要:

本章在简介不同艺术领域中的画面的基础上对广告画面作了界定,并提出了广告画面的一些特性;广告画面的意义体现在与文化传递、受众思维、受众想象、广告对象、信息传递的类系中;广告画面的表现应注意恰当使用色彩、形象符号等,同时应遵循好两个原则,即商业原则和艺术原则;不同媒介中的广告画面有着不同的表现形式,广告主可根据需要进行选择。

各类广告,除广播广告外,都会涉及画面表现。画面在广告中起着越来越重要的作用。影视广告的出现使得广告画面的表现更为突出。在艺术表现、商业利润最大化、社会道德约束等多重要求下,广告画面的创意、设计和表现有着自身的多重规定性。不同广告媒介的广告画面表现上有着共同的策略,同时也有各自的诉求重点。广告画面以自己的形式与广告中其他元素建立关联,相辅相成,共同服务于广告主题的表达、广告信息的传递。

第一节 广告画面的界定

一、不同艺术领域中的画面

“画面”一词源于绘画艺术,在影视艺术中也得到了广泛的应用。因所用媒介的不同,画面一词的意义、内涵也稍有差异。广告画面很大程度上是对绘画艺术和影视艺术的借鉴,并结合了自身活动的性质。明晰画面在绘画领域和影视领域中的意义,有利于更加清楚地认识广告中的画面。

(一) 绘画艺术中的画面

画面在绘画艺术中,指呈现在观者面前的艺术整体,它是由艺术符号按艺术规则在一定空间内的适当布置而形成的一个协调完整的艺术完成体。画面呈现出来的是已经完成的艺术作品,其中蕴含了对形象符号的选择、构图的经营、意义的赋予等艺术活动。绘画艺术是在二维空间上进行表现,点、线、面、明暗、色彩以及肌理等形式构成了画面的主体。绘画艺术可能会因使用的工具不同而有不同的画种,坚持的理念不同,有不同的流派,但所采纳的形式符号还是一样的,基本的艺术原则还是大同小异的。

艺术作品画面的价值主要体现在非功利性方面,也就是唯艺术性。艺术作品的画面不是向它的受众诉求什么,要求什么,只是在向人们展示艺术家自身的内在心理活动,表达自己的情感。这是艺术作品的画面与广告画面的最大区别。艺术作品的画面不是对现实世界图景的直接反映,它更注重以美的规律重新对现实世界进行展现,以更好地表现艺术家的即时情感。在西方,绘画艺术的画面表现从具象发展到抽象,从一个极端走到另一个极端,给我们欣赏的核心仍主要是画面的艺术美。

（二）影视艺术中的画面

影视艺术中画面有了新的意义。在影视艺术中，画面是最小的构成单位，映现于银幕上的活动视像，一幅幅摄影的构图。早期，人们常把电影称为“活动的绘画”或“活动的照相”，由此延续下来，人们习惯把一个电影镜头叫作电影画面。

电影画面与绘画艺术一样，以一定空间范围内的二维平面表现现实生活，诉诸人的视觉，使人接受画面中所表达的内容，感受其艺术魅力。电影电视的画面与绘画、照相意义上的画面，又有着本质的差异。绘画、照相的画面是静止的、固定的，它们是将现实生活中典型的瞬间记录下来，而影视画面是将连续的动作分解下来的暂停。画面语言用这种暂停的画格作为表现的第一步。在每秒每一步 25 个单帧上成像。然后，这一帧帧空间上展开的画格以线性方式向前推移，画面构成了连续的运动，让时间上的帧随着空间的出现得到延长，从而形成了电视画面。这样影视的每一个画面既有时间的连续性，又具有空间的扩散性。

电影画面既可指一幅单帧，也可指多帧组成的整个电影给人的总体感觉。在理解上和实际使用时，电影画面与电影镜头时常被当作一个概念，但二者之间还是有一定的区别。当把画面当成镜头来理解时，是指在一定时间内呈现在屏幕上的影像，由摄影机不间断地拍摄下来的。二者的细微区别在于镜头只要持续一定的时间，往往是由多幅画面组成的。另外，也有个使用的习惯问题。如人们会习惯说镜头的运动，镜头的长度、景别等。

影视画面的特性多体现在镜头运用上。单个镜头应要求构图的安排，多个镜头之间组合要适当。由于影视画面具有运动性、连续性，镜头之间的组接、转换很重要。蒙太奇是主要的表现手法。蒙太奇，法语音译词，原意为建筑学上的构成、装配之意，借用到影视领域则是形式与内容组合、构成的总称。在影视画面的创作中，根据主题的需要、情节的表现、观众的心理，将全片中所要表现的内容分解为不同的段落、场面、镜头，分别进行处理、拍摄。再由原摄制构思，通过各种技巧，将镜头、场面和段落以合乎逻辑地富于节奏地重新组合，使之通过形象间相辅相成和相反相成的关系，产生对比、呼应、联想等效果，构成一个连续的有机整体。这种构成一个完整影视片的独特的表现手法就是蒙太奇。画面的不同蒙太奇组合能够产生不同的意义和效果。

二、广告画面

(一)广告画面的定义

广告画面指在广告中运用各种形象(包括绘画作品、设计作品、照片、摄像等,以及字体创意、形式间的编排等)构成的作品,以吸引受众注意力,服务广告主题,达到传递广告信息目的的广告表现形式。广告画面因其载体不同,而有不同的呈现状态。平面印刷媒体,影视媒体,户外、网络媒介,这些不同载体上的广告画面有共同之处,也有各自的特点。同时,以广告画面而论,与艺术中的画面、影视中的画面既有相通之处,又有本质上的差别。

视觉要素在广告中的表现十分重要。广告画面从最初的平面印刷表现,到后来的影视表现,它借助于强大的媒介,自身也得到完善和发展。网络成为新的主流媒体之一,给予广告主以发布广告一个新的平台。

广告画面,从狭义上看,可以指仅由图形构成,如广告作品中拍摄的图片图像,绘画作品,设计作品等。这种理解多关注画面的形象意义。从广义上看,广告画面可以指广告作品给受众感受到的整体。作品中使用的各种图形同文案一起构成一个整体而成为画面,作用于受众的视觉。这里的文案指的是文案整体的外在形状,如字体、色彩、字的大小、长短排列、字的间距等。而不涉及文案内容,因为文案呈现出的外在形状参与了画面的构图,成为画面整体表现的一部分。图形的使用与文案不仅要求在内容上相互配合,同时,还应在形式搭配上相互协调,组构成美的画面。

对广告画面进行构思、创意和表现,应有明确的目的,即进行广告信息的传递。任何偏离这个目的的画面表现,都有悖于广告的初衷。广告有产品广告、观念广告和告示广告的分别。要么推销一个新产品,要么宣传一个新理念,要么告知受众一个消息。寓含形式表现之中的信息才是广告的核心,这信息为受众接收才是广告的目的。广告画面在这个过程中起到辅助信息传播的作用。于其中使用画面,或者以画面作为信息的直接诉求载体,或者以画面作为信息诉求的引导。广告画面本身不是广告表现的目的。

广告画面中用来进行表现的形式多样。凡是能与广告主题、广告对象建立相关的都可成为画面表现的形式。这些形式共同构成广告画面的整体,传达其中的信息。使用形象的本体意义与广告对象之间存在着各种关联。在进行画面设计时,既有美学上的考虑,也有文化上、消费心理上的考虑。

（二）广告画面在广告表现中的作用

人主要是通过视、听、味、触等感官来接收信息的，其中以视觉为最重要的渠道。广告的基本目的之一是要最大众化地传播，以视觉为主要诉诸对象。画面便成为达成这一目的的有效工具。文字上的描述难以一下子抓住忙碌的受众。人们在看报刊、电视，被迫接收广告时，大脑思维一般处于无知觉状态。如果广告缺乏适当刺激，尤其是形式上的刺激，则广告极易转瞬即逝，不会在受众大脑中留下什么痕迹。因此，广告画面的表现就显得尤为重要。广告画面在广告表现中的作用大致体现在以下几个方面。

1. 吸引注意力

进入信息时代，注意力成为稀缺资源。人们生活中已充斥着各类信息，这些信息相互侵扰，各自在表现自己，最终大多成为信息污染。信息内容在信息洪流中变成次要的。如果一则信息没有人关注，或没有得到人们足够的关注，那么它是发挥不了任何效力的。只有形式表现上最突出的广告才能赢得受众足够的注意，从而使信息得到充分的传播。广告画面成为这一争夺受众眼球的竞争中的主角。画面创意就是要用各种手段使广告从纷繁的同类中突出自己。

人们在思维方式上已比较倾向于形象性事物。相对于文字表达，形象的画面不需要受众更多的思维努力，只需随着画面的呈现或变动就能获取信息，适合当今人们的生活方式。人们日常工作繁忙，接触广告多在工作后的休息时间内。这时是放松大脑的时间，人们也就不愿做出思考的努力。不论广告画面是用来导向文案，还是已将广告信息寓于画面之中，其在广告表现中首要的作用，便是利用自身的特性，抓住受众的注意力，使受众知晓该广告的存在。这也是广告画面创意的前提。但这种创意努力，不能为了标新立异而标新立异，从而弄一些莫名其妙的形象堆砌在画面上，让受众琢磨不清它们与广告对象之间的具体联系。

2. 导引视线

广告信息寓含于广告表现中。一般而言，可以将广告作品（除广播广告）分解成两个中心：视觉中心和意义中心。广告视觉中心的主要作用在于捕捉受众的注意力，并引导视线的运动。广告的意义中心是广告信息所在，也就是广告主希望通过该则广告让受众知晓什么，对广告对象应获得什么样的认识。广告的视觉中心和意义中心有的用同一形式来表现，有的则分开来表现。一般视觉中心在表，意义中心在里，意义的认知和接受往往是由视觉中心来引导的。

广告的视觉元素主要以画面的形式呈现。在吸引受众注意力之后，由视觉中心到意义中心必须要有一个引导过渡的过程。通过画面形象的举手投足，眉眼指向,向受众暗示视线下一个要注意的位置,逐渐提示进入到意义中心,揭示广告信息。这一过程应是一个自然的,暗合受众心理的过程,它不需要受众的主观努力。否则,受众宁可选择放弃从广告的视觉中心转向意义中心,广告信息也将得不到受众的接收。同时,也应避免因广告的视觉中心刺激度过强,而让受众对广告信息失去兴趣,有限的注意仅停留在画面表现上。

3. 增强真实感

广告表现所做的最基本的就是要让受众相信广告所言说的是真实的。为此,广告针对受众心理运用了各种手法来表现。相对于文字说明,运用画面能更好地体现这一点。广告画面中使用最多的是通过摄影、摄像而获得的图形。真人实物的图形是画面的主体,受众所看到的广告形象与实际形象相一致。俗话说,百闻不如一见,人们倾向于更加容易相信实际的事物。画面中通过展现广告对象的形象、外在的包装等,让受众获得对产品的直观体验;通过将广告对象纳入一定的生活情节当中,让受众感到广告对象正在真实生活中被使用;通过真人,如明星的示范、讲解、劝说等,让受众相信他们也在使用该广告对象。广告画面能佐证文案部分,让受众由画面和文案受到双重说服。

广告因其特殊性,可以进行适当的夸张表现,时常为达到广告目的,还需要让受众产生"虚假"的真实感,而且这是广告进行品牌价值建构所经常采用的手法。如房地产广告将房产的环境用幽静的自然风光来表现;广告画面中表现某男士穿上某一服饰吸引无数美女来显示该服装的魅力。当然,其中有个度的把握。只能在有限的范围之内,超出这个范围之外便容易成为虚假广告,遭人唾弃。这种对"虚假"真实的营造,应限制在受众的情感感受范围内,而不能是受众对广告对象的功能的认知上。

4. 美化广告

爱美是人的天性,作为商业功利的广告,为求得更好的诉求效果,表现上须力求符合受众对美的要求。作为广告主要视觉元素的画面,多是广告对美表现的出发点。优秀的广告画面因其巧妙的构思,精良的印刷,美丽的图像,而能成为人们审美的对象。广告中通过各种摄影技巧捕捉到的美丽瞬间,以美学原则组构起来的广告作品,从艺术角度来看,同样是艺术作品。如果广告都没有画面表现,只有文字,容易让受众感到单调、乏味。广告画面对广告的美化还表现在美的广告情节上。重庆奥尼做的百年润发广告,以其凄美的情节而成为广告中的经典之作。

美的画面可以让广告增色不少,从而博得受众的视觉愉悦,迁移这种感受到广告对象上,增强广告的诉求力。同时,以美的视角做广告,有助于改善广告在公众心目中的形象,提高广告的品位。各种设计精美的广告画面或是报刊版面,或是电视节目,或是城市建设中,能在一定程度上美化关联的环境。

(三) 广告画面的特性

画面的概念从绘画、影视中运用到广告中,有了新的界定。在广告表现中,画面因广告的性质而有了不同于绘画、影视中画面的特性。

1. 商业性与艺术性并存

广告作品中运用的画面需要进行艺术加工,但直接目的不是进行艺术表现,而是为了达成广告目的,是商业性的。虽然广告画面也可以有很高的艺术品位,但这种表现的目的并不是艺术的,只能是商业功利的。广告大师奥格威认为,只有能促进销售的广告才是好广告。也就是说,广告中所有的因素都应该归于对广告信息的传递。广告的画面表现也需要直接服务这一目的。而绘画艺术和影视艺术中的画面则不一样。尤其是绘画艺术中的画面就是为了展现其艺术性,除此之外,没有其他的目的。功利性因素只会损害艺术品的格调。

相对来讲,艺术性因素在广告画面中是广泛存在的。恰当地赋予广告以艺术品位,有益于提高广告的诉求力。在当代社会,广告目标受众的文化水平、欣赏水平都有很大提高。对广告的表现,人们常会以一定的审美眼光来看,客观上要求广告要做得更具有欣赏性、艺术性,更有文化品味。艺术的运用是为了使广告成为受众欣赏的对象。广告画面借艺术性对受众产生感召力,获得受众的好感,从而传递广告信息。

但是,艺术性因素的参与,必须把握它的度。有两种倾向应该避免:一种是将广告画面做得艺术性很强,致使受众的注意力仅停留在广告画面本身的艺术表现上,而没有顺延到广告信息的有效传达上;另一种倾向是广告人在广告画面表现时,只知进行艺术表现,表达自我的情感,而没有去考虑受众能否接受,能否理解,或能否按照他所期望的方向去理解,最后导致画面要么让受众不知所云,要么不同的受众各自理解不一,造成许多歧义。

2. 工具性

不同于绘画艺术、影视艺术的画面自身即成为受众欣赏的对象,广告画面则只是广告达成某种目的的工具。它是工具性的,依附于他者。

广告画面的工具性体现在两个方面:所处的位置和所表现的功能。从所处的位置来看,广告画面既是单个广告作品表现的工具,又是整个广告活动中的一个工具。以单个广告作品表现而言,画面扮演着中介的角色,是从受众眼球到信息之间的桥梁。它自身应从这个表现当中隐退,不能喧宾夺主。以整个广告活动而言,一个品牌都是由一系列广告构成的,广告画面处于整个活动当中。它所使用的形象、所采用的风格应有前后相承，从总体上符合品牌的形象定位。

从表现的功能来看，广告画面的工具性体现在视觉吸引和价值赋予两个方面。画面以自身所具有的吸引注意力的特性，自然地充当位置的表现，表达自我的情感，而没有去考虑受众能否接受、能否理解视觉吸引的工具。同时画面形象又不同程度地参与到广告对象价值的建构之中。利用物的形象与广告形象，或广告形象所期待的价值，进行异物同构，从中激发受众联想，赋予广告对象及其品牌的价值。广告画面的价值体现在为广告的整体服务。

3. 大众性

广告是大众文化的积极开拓者和体现者。大众文化所具有的特性，如通俗化、大量复制和机械性，在广告当中都表现得十分显著。

艺术作品只需极少具有欣赏能力的人看，而广告画面则需要借助大众传媒送达各个层次的受众。画面要通俗化，接近一般人的理解水平，需要使画面尽量通俗化。但当媚俗过度而成为低俗时，广告的表现就会受到公众的批评。这样也难以建立起品牌的独特价值，提高自身品位。最大众化的社会心理是画面创意的参照点，画面的表现在目标受众群中要获得最广泛的认同。广告画面的传播是以不断重复、大量复制的方式进行的，不同于绘画艺术中画面的唯一性。广告画面也正是由广泛的传播才获得自身的意义的。

第二节　广告画面的意义

广告画面以外在形象存在，在形象之后又有形象的各种象征意义。对画面的认识，要有形式分析，也要能够认识到形式表现的深层含义。

广告画面的创意处于一定的文化环境内，必然受到该文化环境的熏陶，染上其文化的痕迹。文化的因素往往是画面表现的内在影响因素，一定程度上左右着广告画面以某种风格呈现。制约广告画面创意的因素还有广告目标受众的思维方式、广告对象的属性等。这些在广告画面的背后对画面表现以牵制，或是广告人有意识的，或是他们无意识所为，一起构成广告画面的内部深层结构，共同服务于广告信息的有效传递。

一、广告画面与文化传递

广告画面既是信息，同样又是媒介。把广告画面视为信息，是因为人们通过一定媒介接触了广告画面，可以从中获得未知的东西。广告画面又是媒介，因广告画面又承载着其他信息，如其文化与广告信息。

文化，狭义上一般指精英文化；广义上可以指凡是成系统的人类文明，包括精英文化、大众文化，以及其他各种派生的。广告画面所表现的和暗合的文化，均属于大众文化层次。即使有从精英文化中的借鉴，也会将其大众化、通俗化。

（一）文化承载与适应

广告画面承载着一定文化，这是广告的必要内涵，是使画面具有深度的必要支撑。在广告画面中，文化以显在或潜在的方式得以不同程度的体现。文化的渗入有主观上的刻意融合，也有因文化心理而在客观上无意识中体现。

文化在广告画面中的显在呈现，是广告人在进行画面创意时的主观设定。从对广告对象的目标受众群、广告发布地区的人文环境等因素出发，结合自身的品牌内涵，以一定文化视野来选择画面，进行画面创作。画面要是能将广告人的文化观念很好地传达，以自为的方式进行文化的赋予，常能使广告画面获得特殊的表现力。

主观上对广告画面赋予的文化，主要来于品牌的价值内涵。然后受众通过对画面的认识，连带其中的文化纳入到意识当中，形成对该品牌的稳定印象。在总体固定的文化引导下，广告的画面可以在不同时期运用不同的形象，如更换形象代言人，拍摄新的外景，构思新的故事情节，但要能让目标受众接触广告后仍保持一致的印象。从另一方面来讲，即通过不同的广告画面不断诉求于受众，反复地刺激，让受众最终能从感知到接收广告画面所欲传递的文化观念，以此获得品牌价值。

同时，广告人进行画面创意设计时，会将自身的文化观念、价值取向等以潜在的形式表现在广告画面中。这些文化因子处于广告人的意识深层，是他们在画面创意时的一种无意识行为。在跨国广告活动中，广告画面对文化的承载表现得尤为明显。文化通过画面中所使用的各种符号间接呈现，当在一文化环境中的广告对象要到另一文化中做广告时，广告就会遇到文化适应的问题，也即国际化和本土化的问题。

一般而言，在不同的文化环境中存在着一些不相一致的价值观念，它们之间甚至互相冲突。文化间也存在一些观念是大家普遍能接受的，但这只有很少一些。同时，在表达同一观念时，画面表现的形式语言也可能会有各自的文化意义，甚至截然相对。立邦漆曾经刊登在《中国广告》2004 年 9 月刊上的一则平面广告引起了广大争议。广告上是一个中国古典样式的亭子，两根立柱上分别盘旋着一条金龙,两根柱子的颜色存在差别,一根颜色比较暗淡,而另一根却色泽光亮,盘在前一根柱子上的金龙抓得很稳,而后一根柱子的金龙却滑了下来,究其原因,是因为色泽光亮的柱子上涂了立邦漆,所以金龙滑了下来。

客观来说,这则广告运用对比的方法,形式和内容都较为新颖,但是广告创作者忽略了其利用对比的对象是对于中国人具有特殊意义的民族图腾——龙。这则由李奥贝纳公司制作的平面广告并没有了解到广告元素的运用是否与目标受众的文化相适应,从而伤害了受众的感情,起到适得其反的效果。

在中国文化环境内,广告内容的设定应当充分考虑到中国受众的文化情感和文化特殊性,从而使国人能够顺向积极地解读广告内容,巧妙地将广告观点传达给受众。

(二)大众文化的建构与批判

广告画面所呈现的文化以大众传播的方式在社会上广泛传播,成为影响大众的强大力量,逐渐重新建构了大众的文化思维。周杰伦为中国移动的动感地带做的广告中的造型成为一时的时尚。大众文化是即时性消费,大众从广告画面的表现中把握流行,认知时尚,从中模仿画面中明星的形象。广告是大众文化的积极创造者,广告画面又以自身的表现从不同角度对大众文化进行诠释,将各种理念形象化为具体的形象,并用自身广泛的传播呈现在大众面前,构成大众对文化的新的认知。这种文化的建构,不以书面的系统形式,不需要大众去专门学习,它以自己的呈现吸引受众去参与,在实际接触当中,形成对该文化的认知。以形象的模仿,到意义的生成,最终成为一种文化,大众文化就在这种以广告画面为媒介中得以在大众中建构。但广告画面对大众文化的建构多在无序的状态下进行。不同画面使用各自从大众文化中提取的符号象征,相互争鸣。文化性的东西不是重要的。广告中对一些神圣性价值的表现,也只有较少数。一些在广告中借用的崇高理念,在画面表现上也多以通俗的形式进行诠释。广告画面因有文化承载与建构的作用,在表现时更应多以文化自律,提升画面的文化品位,以广告为媒介进行文化的传播和建构。

二、广告画面与受众思维

广告画面的表现与受众思维之间关系密切。在印刷时代,大众思维倾向于抽象,文字是接触的主要媒介,通过思维的想象完成信息的传播。到了电子媒介时代,尤其是发明了电视,画面形象更是不断在感官上刺激着受众的思维。受众的思维方式也逐渐从倾向于抽象转换到倾向于具象，更偏向于接触具体可视的形象。广告画面的表现既在建构着受众的思维方式，同时受众的思维方式又规约着广告画面的表现。广告画面的表现最直接的目的是获取受众的注意力。各种实验反复证明，运用图片，增加形象性的因素，将抽象的语言叙述转换为直观的具体图形，其捕获视觉注意力的效果会得到大幅提高。这是人的潜在心理，是在大众媒体的传播当中自然形成的，表现不是特别明显。在大众传播时代，广告的传播从一开始就从研究受众思维方式入手，抓住受众对图形符号偏爱的心理，大量运用画面的形式进行广告传播。并且，在画面中更加强调具象因素。初始时大量运用绘画方式，如 20 世纪二三十年代的月份牌广告等，现在则很少使用，绝大部分都是直接使用图片、图像。这有技术上的原因，更是因为广告画面中运用图片、图像的传播效果要好于绘画形式。广告画面以自己的方式，强化受众的具象思维方式；反过来，受众的这种思维方式又进一步要求广告画面的表现要以更为具象的形式呈现。

广告画面中对某些观念的形象表现，经长期广泛地传播，就会对受众产生一定影响。广告画面中女性形象，近些年颇受一些女权主义者的批评。她们认为，在广告画面中，女性是被用来作为观看的对象，她们的话语被男性代言了。这种形象的广泛传播，进而更加强化男性的地位，以及社会中的男权思维。广告画面中对许多观念的解读，如个性、时尚、品味、高贵、孝顺、浪漫等，都会深刻影响到受众，使本来能有多种解释的观念变得趋向广告画面表现出的解释。它们在大众媒体中被广泛提及，成为单个人行为的外在客观。个人在潜意识中会随着画面形象而思维，从中学习、模仿。画面中对物质消费行为的着力表现，很大程度上刺激了消费者的消费欲望。画面以各种消费的实景，营造出相应的情境，通过视觉的表现，在受众大脑中激发起消费欲望。

三、广告画面与受众想象

广告画面以实体形式置于受众面前，受众通过观看，在意识中会留下印迹，并由此引发一定的想象。这种情形多存于以含蓄方式表现的广告画面中。如张家港市农村商业银行的平面广告砚台篇和剪纸篇。画面中主要形象从原始形状的石头和红纸经雕琢、剪裁，变成极具艺术品位的高雅之物——砚台和剪纸。画面简洁，又富有深层意蕴，很好地暗合了脱胎换骨的主题，即从农村信用社改制为农村商业银行。又如某喉痛药的广告，在空白的背景中，一个布满尖刺的铁环为主要形象，在右下方形成个箭头指向广告产品。带尖刺的铁环会引起受众咽喉的不适,并随着画面所示,自然求助于广告产品。这种想象源自画面形象的刺激;同时,又有未尽之言,需要受众以自己的思维参与其中,来完成整个信息的补缺。这一参与的意义很大。一般而言,受众对广告的参与度越高,对信息的获知就越全面,记忆度也会更好。

受众对画面形象的想象应是个自然的过程,不应要求受众付出思维上的努力。受众是懒惰的,接触广告时的大脑更多是处于无意识状态。对于不能理解的广告,受众会选择放弃。当画面表现不是十分充分,需要受众以自己的思维参与时,受众只会以下意识的本能反应去理解。这些与生理的或文化的因素有着密切关联。受众容易从画面想象到与之有关或无关的意义。这种意义应是广告人创意画面时所希望让受众体会到的。但是现实中,因各种条件的影响,受众对画面的想象可能会与广告人的设定产生偏差。广告人在创意画面时,切不可用自己的主观思维习惯代替目标受众的思维习惯,想当然地认为受众就会按照自己所认为的那样去思维。

受众在进行画面想象时,常会生成一种错觉,将自己置身于广告中,想象为广告中的主角。比如画面中男主角因身穿某品牌服饰而潇洒,吸引无数女性的眼光。受众在想象中会认为自己要是穿上该服饰,也会有同样的魅力,从而获得一种心理上的满足。这种主观上的投入,有助于广告的说服。在广播广告和全文案广告中,会尽量使语言形象化,能使受众在听完或看完广告后,能在大脑中形成一定的画面形象。

四、广告画面与广告对象

广告对象是整个广告活动的中心,所有的广告形式均服务于广告对象。广告画面在表面形象和内在价值两方面与广告对象密切相关。

(一) 广告画面形象与广告对象形象之间的关联

广告对象的形象常会直接出现在画面中,充当画面表现的主体。一些广告对象的自身即具有十分好的形象,容易入画面,通过摄影技巧突出表现出来。这类广告对象多表现在汽车、服饰、饮料等类广告中。别克汽车的系列广告,别克汽车的形象以各种形态在广告中呈现,以本身优美的造型吸引受众。用广告对象形象强烈刺激受众,这样有三个方面的效果。其一,简化广告画面表现与受众之间的过渡环节,受众接触到画面即能直接体验到广告对象。两者的同一,能更便捷、更迅速地达到信息的传递。广告对象的形象所蕴含的信息量,往往要大于利用其他手段间接地表现，受众能从画面中获得更多的相关信息。其二，广告对象形象直接与受众见面，能给受众以真实感，让受众体验到产品的真实存在；并从画面的展现当中，以自己的观察，认为更能客观地进行判断。尽管画面中所展现的，在很大程度上是已进行过艺术加工，但受众更易倾向于相信它们的存在是真实的。其三，受众经画面已对产品的外形、包装有了较熟悉的感性认识，产生一种熟人效应。在琳琅满目的商场中，各种同类产品之间会相互干扰，彼此间消耗着受众的注意力。此时，受众所熟悉的包装会更容易吸引他们的注意。

广告对象的形象在画面中还常会以异物同构的方式出现。异物同构，即选择另外一物，利用二者间所具有的某些相似之处来表达意义。如佳通轮胎的圆珠笔篇、相机篇。这两则广告均利用人们身边熟知的形象来象征广告对象，让受众感到此产品就在人们的日常生活中。同时，对这些不经意的细节的提及，会获得一定的戏剧效果，并能赋予广告对象以人情味。选择用来做画面形象的异物与广告对象的形象之间，应有令人拍案叫绝的相似性，才能唤起受众的视觉兴趣，让受众留下较深的印象。牵强附会的表现，只会增加受众认知广告的难度，阻碍广告传播。

当一些广告对象的外在形象并不是广告诉求点时，如一些药品广告等，其形象在广告画面中进行表现的意义不大，而且过于张扬地进行外在形状的表现会影响人们对其功能的感知。因此，这类广告对象的形象在画面中一般不会成为表现的主体，只要让受众熟悉其外形即可。电影、电视剧、文艺节目中的一些隐性广告（也称为软广告）的表现，则需要更高的艺术技巧。如果隐性广告不能很好地融入到剧情当中，观众看时却会感觉到广告的意图，这样受众容易产生反感。广告对象在隐性广告中，要保证受众识别到其形象，但思维不会在欣赏情节时跳出来，认为这是广告商在做广告。广告对象现形，需隐在情节中，让受众在欣赏情节时顺带把广告对象融入意识。

（二）广告画面与广告对象之间的价值关联

广告画面与广告对象之间不仅在形象上建立联系，而且在意义层面上以价值建立联系。做广告存在两个层次的目的：第一，利用广泛传播，让广告接触到尽量多的受众，从而为人们所认识，获得知名度。第二，利用广告与目标受众的接触，引导受众对品牌产生一定的联想，赋予品牌一定的价值。前者从广度上做广告，后者主要着力点在广告对象的深度上。广告画面的形象不仅体现为一定形状，为受众所关注；同时，它自身还含有一定的意义。这种意义来自于特定文化环境，也会受到画面编排的暗示。这时，画面的形象更多是在以自身的价值暗喻广告对象及其品牌的价值。

画面中对价值的借用还表现在其他方面,如明星广告。在广告中运用明星的形象,即利用明星已具备的价值——人气和名声,将广告对象与之相连,共享这一价值。利用明星价值做广告,有的能使广告对象与明星双方获得价值增益;有的是产品在分取明星的价值,明星自身的价值随着广告对象的分享而贬值;而有的产品因借用的明星不当,会使借取的价值不是自己所愿,甚至是相反的价值。因此,选择明星做广告时,要考虑到明星的风格与广告对象属性、市场定位、目标受众等之间是否一致。有的广告借用人间真情的价值,在画面中展现出人与人之间相互关爱,或子女孝敬父母,或父母疼爱子女,或是朋友、恋人之间的浓浓深情,将广告对象置于其中,充当传情的媒介,让这种情感性形象为受众感知。

画面形象和其所具有的或所表现的价值常是受众所熟知的,而这种价值与广告对象本来没有必然的联系。广告的不断提示,把两者放在一起提及,使广告对象获得这价值,成为品牌价值的组成部分。这是将抽象的价值以具体形象表达出来,为受众所感知、所接受。

五、广告画面与信息传递

广告画面的表现从本质上讲在于传递信息,而表现的好坏反映在指定信息向目标受众群传递的效果。广告向目标受众传递信息的这一过程中,信息体现出三种:欲表信息、本体信息和解读信息。

欲表信息,即广告主题和广告创意。这些信息先于广告活动就已设定,指导着广告人进行广告活动,构成广告传递信息的主体。欲表信息是可以为广告人在进行广告活动、画面表现时控制的,它体现了传者(即广告主和广告人)的主观意图。广告画面及文案是作为媒介及说服工具参与到这个传播过程。传者利用一些讨好受众的形式及信息去吸引受众,同时伴随着把自己的意图、价值传到受众。判断一则广告是否有效果,主要看广告对欲表信息的传递程度。广告画面以形象的方式在形式和意义两个层面负载着广告的欲表信息。

本体信息。广告作品一经媒体发布,便不再由广告人控制,成为自由的个体,自身的本体意义凸显出来,传递着自身带有的信息。广告的本体指广告作品与受众相接触的形式,如画面、文案、音乐、音响等。画面通过运用的形象、色彩、编排形式等与受众接触,让受众感受,以此传递一定的信息。因此,广告人在进行画面表现时,应努力将画面符号的本体意义与他们的欲表信息协调一致,即使不能协调一致,也应方向趋同;否则会损害欲表信息的有效传递。

解读信息。受众解读信息,一些是顺着广告中的提示而得来的,另一些则是受众对广告的迁移联想。受众的解读指向的是广告作品的表现形式——画面、文字等,而欲表信息潜藏在表面之后。受众从形式上以自己的视角来诠释广告,得出的信息与广告的欲表信息大致有以下几种关系。

重合:解读信息和欲表信息相一致,二者共同诉求于广告主题。这时受众的思维是顺延着广告人的诉求而运动的。这种情况有利于广告发挥效应。

相辅:此时的受众不仅接受了广告诉求,而且产生了积极的回应,使广告的欲表信息获得更为牢固的地位。这种情况有可能会直接导致受众将广告诉求付之于行动。

偏离:受众解读信息同广告人欲表信息失去关联。如广告希望通过对牙痛的恐惧诉求,来推销自己的牙膏,而受众却把牙痛同该牙膏建立相关,或认为自己应去医院检查一下牙齿。这种情况的出现将会导致广告信息传递受阻。

相拒:受众对于广告作品所传的信息产生逆反心理,故意以相反的态度来理解广告本意,这时受众以自己的思维重构广告信息。这种情况对于广告人和广告主将会是致命的。

第三节　广告画面的表现

广告自身具有本体意义,在进行画面表现,诠释广告主题时,应关注到画面自身。

一、广告画面表现的原则

广告进行画面表现时,必然要遵循一定的原则。这些原则源于对广告活动的认识,服务于广告目的。因广告是商业活动,画面在广告中的表现不同于一般艺术创作。但又因人的视觉对美的感知在不同环境中大体一致,广告画面表现又要遵循着一定审美的原则。应该明确,广告首先是商业活动,然后才具有艺术性。画面的表现由广告活动的整体策略决定,还要参照目标受众的心理机制、广告对象属性、媒介发布、广告成本等商业性因素。只有这些商业性因素得到充分合理地考虑之后,方可进入到对广告画面的艺术美的设计。

反对把广告画面做成阳春白雪,曲高和寡;同时也反对广告的媚俗煽情、唯利是图和粗制滥造。作为广告人,应在画面表现中平衡广告的商业性和艺术性两个方面,使得画面能艺术地完成既定的商业目标。以此来看广告画面表现的原则,体现在两个方面:商业原则和艺术原则。

(一) 商业原则

广告画面表现所体现的商业原则主要体现在以下几个方面:真实感、适应外在环境和信息表达清晰等。

1. 真实感

"真实感"不同于"真实",广告画面表现要有真实感,但不一定苛求真实。真实感是受众的主观体验,真实是客观存在。广告是商业功利的。广告画面要做的是说服消费者,因此适当的夸张是可以允许的。在一群有心经营广告画面的人面前,无心欣赏广告的受众容易受到画面的影响,以此当真。

广告受众是凭直觉消费的,他们相信自己的感觉,认为这即是真实的。实际上,这只是一种真实感。真实感的造就是广告所必需的。不否认这在情感上有欺骗受众的嫌疑,不过是广告所容许的,也是消费者所能接受的。画面表现不一定要真实,但必须让受众相信这是真实的,以让消费者从中获得消费信心。

2. 适应外在环境

广告画面的表现处于广告商业活动的整体中,其运作必然受到相关商业因素的制约。在这些制约因素下,画面的表现只能以适应的方式进行调和。广告投资是制约广告画面表现的一个因素。平面广告要摄影照片,影视广告还要选模特,拍摄外景,这些运作只能在广告预算之内进行,也就决定了广告画面的表现不能随心所欲。在进行画面创意时,必须事先进行合理预算,使创意能在现实执行的范围内。对市场各类因素进行具体分析也是画面表现时必须遵循的商业原则。广告画面表现应该与同类竞争产品的广告中所用的画面形象有清晰的区分,或是与之相近,以利用其;或是与之相对,以形成鲜明对比。画面表现还应分析自身品牌的历史广告,以及品牌未来的广告发展设想。对于现有品牌的广告而言,都是承上启下的。广告画面形象必须对之前的广告有所承续,或是形式、形象上,或是意境上,但又必须要有所新意,以给予受众新鲜感,体现出产品、企业、品牌等的不断发展创新。

产品目标受众的属性,也是画面表现需要考虑的因素,如目标受众的文化层次、年龄阶段、地区差异等。目标受众可能会因文化层次较高,更倾向于接受较含蓄的画面表现,追求自己消费的产品一样具有品位。而文化层次较低的受众,可能对平铺直叙的广告较容易接收。年轻的受众可能更喜欢有活力的画面表现，而老龄的受众可能更倾向于较舒缓的画面。不同地域的受众也会有自己不同的形象偏好，如形式禁忌之类。此外，由公众形成的道德规范也构成了对广告画面表现的监督。许多广告因色情、暴力等画面而受到公众的批评。道德的这种价值性评判可以毁掉任何创意。

当然，广告画面的表现也不是对外在环境的一味逆来顺受。只是需要在表现时，必须承认它们的客观存在，然后不断进行创新。

3．信息表达清晰

广告画面的表现对信息的表达必须清晰明了，让受众在接触时能很快把握。在不同类型的广告中，信息的侧重点会有不同，如产品介绍类广告侧重于功能信息，形象类广告侧重于品牌价值信息，告知类广告侧重于内容信息。若以画面形式表达，产品的功能、企业的形象、告示的内容等应都可以由画面让受众轻易导出。画面也可以运用含蓄的手法，但只是在不障碍受众信息接收的情况下的相对含蓄。

广告画面的表现不论是如何唯美超逸，其最终还是需要设法把受众从形式认同中拉出来，进入到对商业信息的接收上。画面的编排便是要以最恰当的手法来巧妙地达到这一目的。编排较好的广告，要么让受众的第一目光落到主题信息上，要么让受众的视线在离开广告的最后一眼时落到主题信息上，或者一旦看到该广告，视线便在无意识中延着广告形式的铺展而运动。

（二）艺术原则

广告画面所依循的艺术原则，会因不同形式的广告而有所差异，但对一些基本的艺术原则大多一致。广告人在进行画面创意设计表现时，自觉运用到画面中，让画面更具有感染力、审美趣味。从某种意义上讲，优秀的广告设计作品同样是艺术品。广告画面对美的规律的体现，能显得更有品味，可以提升广告的注目率，对广告对象的形象塑造也很有助益。艺术规律一定程度上需要广告人在做广告画面时淡化商业功利，仅以美学上的要求从事画面的设计。这往往会与广告主的一些意图相背。对二者之间矛盾的协调，同样是一种艺术。

随着社会文明程度越来越高，商业活动更加理性化，广告活动也就要脱离原始竞争的粗制阶段。将广告做得更有文化性、艺术性是必然的要求。画面的艺术性体现在画面的各个组成部分。图形的选择、设计，图与图、图与文之间的编排，文字的字体设计，色彩间的搭配，画面形象的面积大小，位置次序，辅助形式的运用，等等，从这些艺术性表现中，可抽象出一些基本的艺术法则：和谐、对比、节奏韵律、特异。

二、广告画面色彩

色彩是广告形式表现的很重要的元素。据调查,彩色的广告对受众的影响力要大于黑白的广告,彩色的报纸、杂志也较黑白的卖得好。广告中色彩的运用,既要关注色彩学的常识,同时更为重要的是对广告所处的商业环境的关注。

(一) 色彩的基本常识

1. 色彩三要素

色彩是由色相、明度和纯度三者构成的。色相指单色的种类,如红、橙、黄、绿、青、蓝、紫等的相貌;明度指色彩的明暗度;纯度指单色色相的鲜艳度或强弱度。这三者之间的相互变化,就构成色彩的对比。

2. 色彩的对比与调和

不同色彩放在一起即构成对比,但在强弱程度上有所差异。色彩间的调和是相对的。深红、柠檬黄、草绿放在一起时,柠檬黄与草绿形成调和,二者与深红构成对比。色彩间的对比同时表现在多个层面,有明度、纯度、色相的对比,有色性对比,还有面积对比,以及心理上的对比。色彩间的调和则需要各颜色间至少在某一方面有统一性,存在共同因素。

3. 色彩的联想与象征意义

人们在看色彩时,会因自己的情感的投入,而将自己的感情赋予该色彩,用自己的感情来诠释色彩。人们在对自然界各类色彩的体验中,逐渐形成并固定下来对特定色彩的特定情感。这种情感一些是在对自然物颜色的异物同构中形成,一些是因自身文化的规定性而形成。因此,有普遍的色彩情感,也有因文化不同而对同一色彩产生不同的情感。

色彩是依据人们的经验而使用,常会因使用技巧、环境不同而有各自的情景含义,同一色彩可能会有完全相反的情感联想。

(二) 广告色彩

广告画面运用的色彩与绘画色彩不同,二者虽在美学形式的把握上有共同之处,但在使用的目的上却相去甚远。绘画色彩在于表现,或状情摹物,或以类万象,天马行空,无所拘束。广告色彩则重在诉求,刺激受众视觉,协助广告信息的传递。同时,广告色彩的运用还要受到产品、市场、成本、广告主、消费者、印刷、纸张等各种因素的制约。

1. 广告色彩与广告作品

广告中色彩运用是为广告对象服务的。对色彩的色相、明度、纯度的选择，以及对比调和的安排，要充分考虑到广告对象的属性，这其中包括品牌定位、产品类别、产品固有色等。

品牌定位。对于那些定位较高，目标受众为较高层次的广告，使用的色彩一般较为纯净，尽量使用简洁的色彩表达主题，忌讳广告画面的花哨；而对于大众化的产品，使用的色彩可以活泼、鲜艳些。

产品类别。不同类别的产品在选用广告色时往往会有所差异。例如，纯净水的广告，多以蓝、绿类色为主色调，因为这些颜色容易让人们同自然、纯净、大海、雪山、天空等有“净”意义的意象相联系。在食品类广告中，红、黄、橙等颜色使用较多。目前对绿色食品的强调，绿色的使用也较多。另外，化妆品的广告适用中间色；滋补品宜用暖色、或热色；药品适于白色、冷色、中间色；百货宜用流行色。

产品固有色。一些广告产品其本身的固有色便具有很强的视觉冲击力，因而在广告中也常会以这种固有色为主色调。

2. 广告色彩与目标受众

广告的最终评价者是受众。广告色彩的使用必须要考虑到自己的目标受众，了解目标受众的色彩偏好、色彩禁忌以及目标受众群中的流行色等。

受众的差别是多方面的，在性别、年龄、职业、爱好、文化教育、地域、信仰、风俗等方面都会形成差异。这些差异又会作用于受众的色彩感觉，形成一种约定俗成的色彩使用或禁用的惯性。这在不同文化环境中表现得尤为明显。

广告人在实践中应对色彩有深入的把握，了解目标受众的色彩习惯，抑弊扬善。在广告案例中，对色彩的使用既有恰当的，也有使用不当的。

广告色彩往往是流行色的始作俑者。同时，广告色彩又常是流行色的表现。在一些时尚类产品的广告中，流行色的跟进或创造是极为重要的一环。流行色本身便具有一种情绪渲染力，广告中使用流行色，便能在表现上达到事半功倍的效果。

三、广告画面中典型形象符号

在广告画面的表现中，一些形象反复被使用，如广告中常出现美女、婴幼儿、动物以及明星等。这些典型的形象符号，在广告中的使用渐成模式，其中也蕴含了丰富的操作经验。

(一)美女、婴幼儿、动物

美女、婴幼儿、动物在广告画面中运用极为广泛,渐渐成为广告中普遍的表现形象。在创意是广告生命的时代,此类形象还能一而再、再而三地被用到广告画面中,而且会起到不错的传播效果,其间是因为这类形象的强大生命力。

对美的事物的视觉偏好是人之常情。漂亮的女性自身的形象就是受众观赏的对象。欣赏这种美是一般大众的心理。更重要的是,很多受众易接受美女的劝说,容易去模仿美女的表现——穿着、使用的物件、言谈举止等。受众在观看美女为主要形象的广告时,或是把自己想象成美女,或是认为自己是美女欣赏的对象,在这个过程中得到心理的满足。这种体验给予受众以美好的感觉,心情舒畅;接着会将这种体验顺延到广告对象上,以此来认识广告对象。广告信息能在一定情节中传播,记忆度会更好。

但美女策略也并非万能的。其一,运用美女形象为诉求的广告过多,进行新的广告创意已是比较难了。受众对这一类广告的长期接触,会产生一定的视觉疲劳,对"美女"的美,要求也越来越高。这使得许多广告偏移了广告表现的重点,画面对信息的有效传递退居其次,美女的美貌却成了最被关心的。本末倒置使很多广告的画面并未能将美女的表现与信息传递之间建立密切的联系,仅仅成了给受众看的图片。其二,广告画面中过多地使用美女形象已遭到社会公众的批评。以舆论的形式出现的批评,常会深刻影响受众对广告的认知。其三,美女形象与一些广告对象属性并不相容。如有些广告,画面的总体意境是传统的,在中间却又插入身着现代装束的美女。这样的形象间如果没有很好的前后衔接,会使受众感到广告是拼凑起来的。同时,美女更多的时候会让人联想到时尚、青春之类,而与一些稳重、成熟为价值的品牌并无多大的关联。甚至有让人认为该产品质量低的嫌疑。诸如此类的形象联想,则是在画面中运用美女形象时应避免的。

婴幼儿因其纯真、可爱而动人。人们都有对婴幼儿的天生关爱之心。他们让受众暂时忘记这是在做广告,只感受到对婴幼儿的出于天性的亲近之情。动物的一些情感表现因其与人相类似,又具有幽默色彩,也易让受众忘记广告的功利诉求。婴幼儿和动物的形象在广告中的适当表现,作用于受众薄弱的情感心理,引起受众对人性的深层关爱,在受众意识中产生广告对象有人性化的倾向。

但将婴幼儿、动物的形象过多地使用在各类广告画面中,也会产生许多负面的影响。如在画面中,婴幼儿有时会让受众感觉到他们是在被当作工具使用。有时他们在诉说或做些完全不符合他们年龄阶段的事。如此表现,都难以让受众接受,甚至会反感。另外,对动物的情感,在中国文化中的认识与西方及受西方影响的人们的认识是有很大差异的。动物的过于人的情感化表现,有时不但不能让受众感到亲热,反而会生出厌恶之情。

(二)明星

使用明星的形象作为广告画面表现的主体,也很普遍。其中有以下几个方面的原因。第一,明星本身具有的知名度、美誉度,可以在广告中影响到其目标受众。受众常在广告中难以将自己所喜欢的明星同明星所推荐的产品分开来。第二,广告中所使用的明星的级别常又成为受众对产品进行价值判断的一个标准。第三,明星做广告,对二者来说,可以是双赢,即广告主利用明星的效应,可以迅速打开市场,获得相应的知名度和美誉度;而明星同时可以利用广告对自己进行广泛的宣传,进一步扩大知名度。

明星有多种,如娱乐明星、体育明星、文化明星等。凡是在社会公众中赢得一定声誉的都可以入画面。但不同类别的明星,甚至同一类别的明星也会因个人定位的不同而有着千差万别。明星的各自定位与广告对象的属性之间应有一定的联系。毫无关联地拼贴在一起,既不利于在广告画面中表现,也不利于受众信服。关联可以建立在明星所从事的职业与广告对象所属行业之间的联系上,如娱乐明星与化妆品、服装等类广告就有天然的联系。也可以建立在明星所反映的精神与广告的品牌价值之间的暗合上。但有的运用明星的广告,明星与广告对象之间就没有什么很大的联系,显得十分牵强附会。在广告画面中,运用明星形象时,应将明星与广告对象巧妙地连接在一起,利用二者之间的相关点,融入其中。

同一明星做的广告过多,会相互损益,在受众中彼此间缺乏很好的认知,尤其是同一品类商品当中使用同一明星。明星的价值是一定的,使用明星的价值做广告,其实就是分享其既有的价值。单个品牌分享与多个品牌同时分享,其间的差距显而易见。确定明星时,还要注意该明星的价值是否与同类竞争品牌使用的明星相当或更高。如果竞争对手请周润发做广告,那就必须找刘德华或相当的明星做广告,否则会让受众留下这一品牌的档次较低或企业无财力等负面印象。

广告中用明星,是看到明星的社会号召力。同时也应看到他们可能形成的负面形象,如明星间的绯闻、官司等。这些会累及做广告的企业、产品。二者之间是一荣俱荣,一损俱损。

第四节　不同媒介中的广告画面

一、平面广告画面

平面广告,本文中主要是指报纸广告、杂志广告等。此类广告的优势在于进行大信息量的传递,但广告表现日益脱离不了画面的支持。报纸、杂志以文字为主体,广告的表现如果也以文字为主,则易被淹没其中,而为受众所忽略。这不同于有些广告故意做成如同新闻报道,以混淆广告与新闻的界限,误导受众。

(一) 平面广告画面的特征

1. 画面是静止的

平面广告的画面是静止的,是以空间展开的方式存在的。画面因静止存在,可以将最精彩的形象呈现出来,能将画面表现得较为含蓄,让画面附带有更多的形式意义。因为受众可以反复地阅读广告,从中体会。也应考虑到阅读报刊的受众群,以适应受众群而定位广告画面的表现。一般而言,报刊的阅读者文化水平层次较高,他们具有一定鉴赏力,因此对广告画面进行适度地艺术化处理,表现更精致些,更能为受众接受。也利于发挥媒介自身优势,与其他媒介做的广告形成一定差异。

2. 空间上的延展

空间上的延展使得平面印刷的画面在构图上更需要推敲。在平面媒体上,受众有较大的选择性。画面的表现,目的之一是要在受众接触新闻时,争夺他们的注意力;目的之二是将注意力引导到广告信息上。在影视广告中,受众一旦接触广告,就被迫地顺着广告的表现接触和接受广告信息,除非换台。平面媒体则不一样,在没有很好导向的广告中,受众可能会以多种路线注意到广告,或只看到极少部分信息,或片面认识信息等。平面编排既要显出对美、对视觉规律的遵从,又要表现出广告的商业诉求,突出商标、企业名等。

3. 明确的画面中心

画面空间上,画面中心应十分明确。受众的视线在平面媒体上始终处于游离状态。画面如果有多个视点,会相互干扰,分散受众的注意力。画面应将视觉中心凸显出来,让受众看到广告时,目光都能落到这个中心,形成对广告的关注,这是达成广告效果的前提。因此,平面广告的画面宜简洁,使用的形象不应过多。

(二) 平面广告画面的表现形式

广告画面形象的表现,依不同创作手法,有不同形式。一般而言,有摄影照片、绘画作品(包括艺术品、卡通、漫画等)、设计作品(包括纯形式设计、电脑设计等)。这几种不同形式不仅在平面广告中,在其他媒介广告中同样得到广泛使用。

在几种表现方式中,无疑摄影照片的使用最广。摄影照片的真实、形象的特点较符合现代受众的视觉习惯。影视画面在很大程度上具有类似特性。以单幅摄影照片或多幅组合的方式作为画面形象,通过逼真、典型化再现真实场景,让受众体验到广告对象的真实存在。选择摄影照片时,应考虑到照片与广告表现之间的联系。

绘画方式在广告画面中使用较早。因视觉冲击力不如照片,现在广告中运用较少。卡通片的深入影响,漫画、卡通在画面中的表现有增多的趋势。漫画、卡通具有的亲和力和幽默色彩,常能制造出特殊的戏剧效果,形象表现上的极力突出、夸张特征,便于受众记忆。从严格意义上讲,广告作品都是设计作品。从狭义上看,一些广告画面运用的是纯粹的形式符号,如点、线、面、色彩、肌理等,以抽象的表现构建美的形式吸引受众。另外,电脑美术的发展,运用相关图形处理软件进行图像处理、设计,能获得更多更奇异的画面,在广告画面中运用得也较为广泛。

对不同表现方式的选择,取决于广告创意。哪种方式最能贴切反映广告诉求,就使用哪种方式,而且往往会相互之间配合使用。摄影照片一般不直接使用,会通过一定的艺术加工,和其他视觉元素之间的设计,有时也会与绘画的形式相互配合。

(三) 平面广告画面的编排

编排是指将广告画面的各个组成部分按照一定的秩序,遵循一定的视觉流程,科学地、艺术地放置在一起。在这里,将广告作品的整体作为画面来讲,画面的编排既有对图形及相互之间的安排,又有图形与文字等的相互关系的处理。对平面印刷广告画面进行编排,应考虑到受众的视觉规律和一般艺术原理及商业原理。其中受众的视觉运动在平面广告中不同于其他媒介。艺术原理及商业原理大致相同,前文已有论述。

1. 平面广告画面编排原理——视觉原理

(1) 最佳视域。最佳视域指在一定平面内,人们会因自己的视觉习惯,在观看画面时,最先会从某一特定区域入眼。而且主要注意力也常会留于该区域。对最佳视域的界定有不同的方法,因此所指也常会有所不同。这种不同因媒介的不同及平面的内容而生成。

如果把一平面广告分成上下或左右两部分,据研究,其中上部分和右部分相对会受到人们更多的视觉关注。如果将一平面广告以田字形来看,一般认为最佳视域在左上角。如果将一平面广告以九宫格来分析,其中最佳视域便在居中的方形内。

因此,广告的某些主要信息,如商标、商品名、标题等通常会放在画面中的最佳视域内,当然,也有许多广告在突破这些限制,将商标、商品名等放在广告平面的右下角。前者的编排重在要求受众以商业信息来观其余,这样能很快让受众知道谁在做广告,但不一定能让受众很快知道这个广告讲了些什么。后者重在让受众以具体形式的信息感受来看待广告对象,这样或许能让受众很快知道广告说了些什么,但不一定十分明晰是谁在说。

(2) 视觉流程。视觉流程即视觉的运行,除受到广告形式上的名导暗示外,视觉自身也具有一定的习惯性运动路线。一般而言,人们的视觉流程习惯是从左到右,从上到下,从左上到右下的弧线运动。这是一个无意识的运动习惯。对它的合理利用,有助于提高广告的诉求力。

(3) 视觉特性。人们的注意力在众多外在物体的吸引下,常是漂移不定的,很容易受到外界物体的吸引或干扰。相对于静止的物体而言,视觉对运动的物体更为敏感,这不论是实际运动着的还是具有动感的物体,人的视觉也较容易受到广告画面中形象的动作的指引,或编排中使用的符号的导向。

一般而言,奇异的形象容易捕捉受众注意力,如自然界中的雄奇瑰丽,人物的独特神态、行为。而另有些情况,受众往往会从广告中首先发现自己熟悉的形象,如在广告中大量使用的知名度很高的明星形象。

视线在运行时,会很快自动捕捉到形式的节奏。一旦这节奏被突然打断,如同音乐中的休止符,此时此处的形象就会赢得人们视觉上更多时间的停留。

此外,人的视觉还会在色彩有无、形象面积大小、对比强弱、图地关系等众多方面表现出自身的特性。

2. 平面广告编排的类型

平面广告的编排有多种类型,这些因长期反复使用而成为一定的程式,已为学者们所归纳。但这些编排类型只是经验的总结,不应成为广告实践的操作的规约。在实践中,广告人应根据自己的广告主题、广告创意,以意驭形,在切合编排的商业原理、视觉原理和艺术原理的前提下,进行别出心裁的表现。

对于编排的类型,不同的学者的归纳均有所差异。如在王伟明和赵丁丁先生所著的《广告设计理论与实务》一书中,作者归纳为中心式、直立式、交叉式、水平式、线体式(斜线式、曲线式)、散点式、发射式七种。从广告平面中主导形式上看,有图片型(即以图片作为形式表现的主体)、文稿型、色彩型等。从广告平面空间的分割形状来看,有方形(上下分割、左右分割、斜向分割、形中套形)、圆形(正圆形、椭圆形)、S 形等。从广告主题表达方式上看,有信息型编排、视觉吸引型编排等。按广告信息型编排的广告重在告知受众某些信息,或是这信息很重要,或是很具有吸引力;视觉吸引型编排的广告则多在吸引受众注意力上安排形式。

(四) 平面广告画面表现的类型

平面广告的画面表现主要有以下几种类型。

1. 写实型

这类广告的画面特征是要如实地表现商品的外观或者使用情况。它的优点是给人以真实的感觉,在表现产品的细节方面,也有独到之处。写实型手法在服装、家具、食品等广告中较为常见。

“写实”是为了满足读者要了解商品本身的心理需求,画面要能够再现商品的表面质感、形态以及功能、特点,所以对画面的色彩、角度、光线等造型因素都应该做全面的考虑。

2. 对比型

这种平面广告画面的特征是通过事物的对比,突出产品的某些优点,迅速吸引观众得出合乎逻辑的结论,从而促使消费者产生购买欲望。画面能产生强烈的反差,暗示人们应该怎么去做。

3. 夸张型

这种平面广告的画面特征是,在情理之中,使用艺术手法使产品的特点更加突出,使画面产生独特的艺术效果。合理的夸张能使画面醒目,给人以新鲜的感觉。

4. 寓意型

这是用借喻或象征的手法来介绍产品或宣传某一事物的特色,给读者留下意味深长的印象,具有独特的艺术效果。

5. 比喻型

这是拿一种常见事物来形象地比喻另一种事物,浅显而明白。

比喻的事物与广告主题可能没有直接关系,但在某一点上却与广告主题相吻合,因而可以获得婉转曲折的艺术效果。新加坡航空公司的一则广告,画面上除了一个“新航”标志外,并未出现飞机的形象,而是抓住飞机与蝴蝶都善于飞行这一共同点,拍摄了一个美丽的新加坡姑娘在霞光中追逐蝴蝶的场景,姑娘体态轻盈飘逸,整个画面具有轻柔的动感,以此隐喻搭乘“新航”班机旅行,一定会轻松愉快,舒适宜人。

6. 联想型

这是巧妙地借助画面形象引发读者的联想,使之通过对画面形象的观赏联想到自己得到或使用这种商品后会有一种什么样的感觉。比如,一幅羽绒被的广告画面,在星光闪烁的夜空中,一块白羽似的神毯漂浮在天空,一个身盖粉红色羽绒被的小孩仰睡其上,似仙童般悠悠然、乐融融。

7. 幽默型

通过对风趣的情节巧妙安排,使某种肯定性的事物经过艺术加工而产生既能引人发笑又耐人寻味的幽默感,这是此类广告画面表现的特征。它能达到出乎意料,又在情理之中的艺术效果,使观众发出会心一笑。

(五) 平面广告画面表现的实例分析

大红鹰集团所做的系列平面广告,在视觉冲击、意义表达、受众感知等方面都比较典型。如大红鹰的大坝篇、大海篇、南极篇系列广告。

这一系列广告的画面多采用自然界中实物形状来合“V”形的企业标志,如大海中的岛屿,大坝下流的水,飞机在天空中喷出的气等。自然界中不经意产生的形状常不为人们所察觉,将其与象征标志等联系起来,打破受众既有的思维惯性,产生出乎意料的效果,能加深受众的感知。大红鹰广告中选择的几组自然形状,以其雄奇瑰丽更具形式上的冲击力。画面中着意表现一个形象,主体十分突出,画面又十分简洁。单一形象又因其是现实具体的而不显单薄的。一系列广告虽然从编排到主体形状相差无几,但主体的构成场景的变化,又赋予广告画面以新意。

画面的色彩搭配也较为一贯,在对比中协调。画面主体多以蓝色为基调,在其中求得局部的对比。如蓝与白、蓝与绿、红与白的对比等。蓝与白的对比,既很醒目,又使画面显得十分洁净、素雅。在整个平面中,以十分鲜艳的红色突出“大红鹰”三个字,使受众在接触到主体形象时会同时看到集团标志,这样能很好地将受众的视线,由画面的视觉中心导向对广告信息的传递。

做企业的形象广告,主要是借助于画面形式的象征意义,以此引发受众的联想,形成对企业、品牌的认识。“V”形在手势语中表示胜利的意思。由自然界相似的形状来表现，更能显示出企业的宏大气魄和积极进取的精神。这在大海、大坝等景象中能让受众很自然地感受到。这些与“胜利之鹰”的标语很好地衔接。画面中多以蓝色为基调，具有深沉、稳重、宽广的象征意义。

二、影视广告中的广告画面

（一）影视广告画面的特点

影视广告画面的特点主要表现在以下几个方面：画面形象的运动性、声音与画面相结合、传播的一次性等。

1．画面形象的运动性

相对于静止形象而言，运动的形象更易得到受众的注意。影视广告画面多是对现实场景的再现。画面人物的动作、神情以连续运动的方式呈现。在影视广告中可以看到江河奔流，兽走鸟飞，也可以从画面看到人物的举手投足。广告可以具体演示广告产品。这些都是平面广告所无法展现的。在短暂的几秒或几十秒的广告中，画面的不断切换即构成动感。

画面的运动从广义上看，有四种形式：一是画面内被摄物体本身的运动，可以称为内部运动；二是摄像机的运动，因机位变化、焦距变化而构成的运动等，可以称为外部运动；三是利用后期编辑设备和电子特技设备获得的画面运动，如快进、慢动作、旋转、空格等，可以称为特技运动；四是利用蒙太奇手法，变换场景、事件情节的逻辑来构建画面，可以称为心理运动。

2．声音与画面相结合

影视广告画面在传播时，不只画面单独呈现在受众面前，一般都会有声音辅助，如音乐、音响、解说词等。据有关资料表明：人们在同时接收视觉符号和听觉符号，与只接收听觉或视觉符号时，在传播功能和产生效果上有所不同。只接收视觉符号，3 小时和 3 天后能记忆的传播内容分别是 70% 和 40%；只接收听觉符号，3 小时和 3 天后能记忆的传播内容是 60% 和 50%；同时接收视听符号，3 小时后能记忆传播内容的 90%，3 天后能记忆传播内容的 75%。从中可看到声音对影视广告画面的传播效果的促进作用。

音乐、音响、解说词等辅助于画面。若向观众展示一个场景，单靠画面无法规定受众的情绪走向，音乐却可以引导人们。声音的表现还可用来对画面进行诠释，以替代画面中一些表现不便、不雅的内容，并构成象外之意。如用刺耳的急刹车声，来暗示车祸的发生。此外，画面间的连接也常用音乐来辅助。但影视广告主要还是以诉诸人的视觉为主要传达方式。在有限的广告时间内,语言的叙述所传达的信息量较之于画面要少很多。影视广告在表现时,应以画面表现为中心。

3. 传播的一次性

影视广告的传播是依时间发展的线性方式,一经播出,就不会再停留。不论观众是否看清、听懂,都不会停下来,倒回去再来。它不像平面广告那样能让受众反复阅读。因此,影视广告多数要用重播的方式来引导受众注意。广告的传播不能冀望于受众下次继续观看,而应力求在一次传播当中突出某个形象,给受众留下一定的印象。影视广告传播的一次性,要求广告画面不能过于含蓄、抽象、繁复,应将信息尽量形象化。但是不应导向另一极端,即让广告画面庸俗化、简单化。

(二)影视广告画面表现的常见类型

1. 名人推荐式

即邀请知名人士或权威人士对产品进行评估。这种宣传方式非常引人注目,广告效果一般也较好。

2. 感情式

即在广告片中利用怀念、关心及令人遐思的情境,来表现广告主题。从观众的要求看,以情感人的广告片最受欢迎。温情型广告是电视广告中最为普遍的感情诉求广告形式,一般在广告中表现家庭的温暖、和睦,及长辈与晚辈之间的亲情,朋友之间的友情,恋人之间的爱情,人与人之间的情感,在这些人们所熟知的情感中,融入产品,使人们对产品有所了解。它撷取生活片断,缩短了广告与消费者之间的心理距离,使广告贴近生活。

3. 对比式

即通过正反、优劣的对比,说明使用该产品的好处。这种方式常常采用悬念的手段来展开。

4. 示范式

即用示范的方法来表现产品的特点、用途、超俗的优点和好处。示范式以说明为主,容易枯燥无味,所以广告制作者常常在细节的趣味上下功夫。

5. 幽默式

即在广告中使用情趣盎然、幽默含蓄的语言,运用情绪变化或诙谐的动作来表达广告的主题。

6. 游戏式

即用一些趣味性的场景和动作,吸引观众的注意力,让观众在不知不觉中接受广告的信息。

7. 解题式

广告人把消费者经常碰到的难题,先用夸张的手法展示在银屏上,然后再出现产品的形象,介绍产品有哪些好处,以此来解决消费者的难题。

(三)影视广告画面表现的实例分析

近些年别克汽车所做的影视广告,画面都以其创意精妙而受到业界好评,在市场上也取得很好的传播效果。如别克世纪"水滴"篇、GL8"小鹿"篇,君威"荷花"篇。

水滴篇:深山远林的道上,悠悠驶来一辆别克车。枝叶上的水珠滴滴落下,从水滴中犹可辨出别克的标志。然而不论水滴从何方落下,始终不着别克车身。同时旁白"不容许有任何水分"。此时,别克车已渐行渐远。该则广告的画面处理得十分精致、干净。使用浓浓的绿色,取悠远寂静的山野,营造出一种成功人士在喧嚣的城市生活之余所向往的宁静雅致,很好地烘托出别克的品位。景别上,远景、近景、中景画面相互交替,错落有致,富于节奏。

小鹿篇:优美静谧的湖边,一只小鹿似乎在聆听什么,引得数只小鹿围拢过来。这时,一辆别克车缓缓驶来。车子停下来,车门打开了,鹿儿们伴着节奏窜入车子。画面拍摄的景色十分有画味,色彩处理上,以统一色调为主,但不显单调。同时,运用形象的拟人手法,向受众展示了 GL8 的宽大空间。在富于诗意的画面中进行了纯商业性的功能诉求,手法十分高明。

荷花篇:苍山、绿水、白云构成一幅水墨画境。国画山水讲究可游、可行、可居。君威率意随行,也成为当然。渐渐行深。荷花的吐苞,水珠的滑行,蜻蜓的轻拂,虽动犹静,而且更反衬这一静的境界。与这种静态相合,却是真正的动,是君威。虽静,其标志让蜻蜓误为荷花,却让人能体会到暗蕴的无限动感。这些形象很好地导向君威的品牌形象:心致、行随、动静合一。这一则广告的画面取绘画方式与实际情景的摄像相结合的方式。虽是画,却又有实际之物,亦真亦幻。这则广告将画的意境赋予车,将车驶入画境之中;将传统价值与现代产品进行结合,衔接自然。

别克的这三则广告都是将自然形象同汽车形象巧妙地进行结合,使别克融入自然。别克的品质,别克的品牌形象,同自然共生息,更能体现其恒久的生命。然而,美中不足的地方也有。如"水滴篇"中,将广告主题定为"不容许有任何水分",就有画蛇添足之嫌。广告画面本身营造的是一种清新雅致的意境,此话一出,使得广告顿时俗态毕现。

三、户外广告中的广告画面

户外广告的画面突出了以平面方式来表现。在户外广告画面中,画面所依附的媒介,不是单一的。画面的呈现形态千变万化。其中丰富性远远超过平面广告和影视广告。它既可用平面印刷的方式,又可运用影视方式,还有诸多的建立在新兴媒介创意基础上的表现方式。户外广告的画面丰富性体现在形式和内容两个方面,即画面以何种状态呈现和画面形象。

(一) 户外广告画面的特点

1. 视觉冲击力强

户外广告多处于开放的空间内,受众会同时受到各种感觉刺激的吸引或干扰。受众一般不会主动去看广告,即使会主动去看,也会因受到其他因素的干扰而难以集中注意力。况且,广告所处的地位较尴尬。人们对广告有种潜在的排斥心理,也就较少会抱有兴趣去看广告。因而,广告只能以自身的表现来向人们推销自己所要传播的信息。

广告画面所处环境远比平面印刷广告、影视广告复杂,所受的干扰因素也更多。因此,在视觉冲击上有更高的要求。广告画面的视觉冲击力是相对于周边环境而言的。当周边有十分抢眼的形象、广告时,广告画面的表现则需要提高自身的刺激强度,以独特的表现,从众多视觉刺激中凸显出来,让受众能一眼就看到它;否则,广告易淹没在茫茫的视觉刺激之中。

在户外广告中,提高画面的刺激强度的方式有很多。增加广告画面的面积是比较常用的一种。相对于周围物体,面积大的为受众注意到的概率自然大。如果是大几倍,甚至十几倍的话,无疑会鹤立鸡群。

突出主体形象,提高画面中明暗、色彩的对比度等都可以达到增大画面刺激度的目的。另有一些户外广告运用特殊手法来表现。如画面中主体形象使用特殊材质,使画面外形不规则,或将广告画面中的形象仿照实际物体的形状大小等。

2. 画面表现更为直白

户外广告因其所处环境,不像报纸、广播、电视等属于个人性的,其画面要刺激度更高。同时,表现更为直白。人们在户外处于流动的状态,对广告的注意也只是瞬间,还会因其他干扰而不能集中注意力。在这些不利因素的影响下,户外广告的画面表现一般不会太含蓄,而是直截了当切入广告主题,向受众传递相关信息。

3. 画面表现丰富

户外广告因所使用的媒介不同而千差万别。画面表现方式也因媒介的性质而各异。一般的广告牌,它的画面表现略同于平面印刷广告,灯箱类广告画面则还应有在灯光上的处理。霓虹灯广告的画面表现则富于画面动感,以不同技术手法,造成各种动态效果。另有一些广告巧借载体的形状来表现画面。

(二)户外广告画面表现的情境

1. 画面与周围环境的关联

户外广告存在于公共活动空间内,它自身的形象及其画面的形象与周围环境有着密切的关系。户外广告一般依附于一定外在物,如楼宇的墙面、交通工具等。它的物理形象同其画面一起进入到受众的视觉领域。优秀的户外广告,其画面表现既突出自身,又能与周围环境相协调。在传达广告信息的同时,又能辅助形成良好的环境。

但在现实中,却往往会发现广告画面只顾突出自身和以自己的一套方式来表现。如在名胜古迹中,树立的许多以现代形象作为表现的广告,则与总体环境十分不协调,破坏了原有的整体气氛。同样地,许多广告画面的表现同其依附的建筑风格产生冲突,在表现广告时,却损害了建筑的美观。另有一些广告的画面制作工艺粗糙。有的缺乏创意,彼此间为突出自己,盲目增加面积、运用色彩等,从而破坏所处环境的视觉形象,成为视觉污染。

户外广告画面的表现应视不同的环境而区别对待。在突出自身传递广告信息的同时,尽量做到与周围环境相一致,利用环境氛围与受众形成的默契,将自己的诉求通过相关媒介传递出去。画面形象应因地制宜。在商业区,可尽量使画面具有商业性、现代感;在文化区,则需要有品位;在自然旅游区,则应使自己隐藏在旅游景点之内,以各种伪装来淡化自己的商业诉求,能成为游人欣赏的则更佳。画面形象不宜使用过于现代的图片,如明星之类。画面也不应过大,以免喧宾夺主。

环境对户外广告画面的限制并非使画面表现千篇一律。在一定风格要求下,画面同样可以从其他各个角度出新意。这样既能美化环境,也不至于受到公众的批评。

2. 户外广告画面与载体

户外广告的画面随着它的载体一起表现,并处于一定的时空环境内,充分利用载体和外在环境,能给画面表现带来出人意料的效果。

户外广告画面的表现是与载体共同完成的。在画面创意时,应突破将户外广告做成平面的思维。要用立体的思维方式来思考。载体以自然的形状融入广告画面的表现,常会构成一定的戏剧效果,出乎意料。

(三)户外广告画面表现的实例分析

1."阿迪达斯"户外广告

画面的形式简洁。在深蓝色的背景上突出阿迪达斯的标志和一块绿色。广告出彩的地方就是将绿色区域表现为足球场,有两个真人在上面踢球。没有真人的画面,在形式上也很有冲击力。但有了真人的出场,广告画面即获得生命。此广告具有极高的原创性,对受众的视觉震撼力很大,同时又能很好地突出自身的品牌,反映出品牌价值。

2."立邦漆"户外广告

八个来自不同国家、不同种族、不同肤色的小孩并排于一面墙前,他们形态各异,高矮不同,神情有别,使得画面中富有节奏感。不同的肤色,又增添了色彩的变化。更妙在将油漆的鲜丽色彩涂在孩子的屁股上,显得活泼而可爱;不同肤色,意味品牌的国际化,很好地诠释了产品"处处放光彩"的主题。这则广告,既让人觉得意趣横生,又有很强的品牌联想。

第八章

8

广告媒体

内容提要：

广告媒体就是在广告主与目标受众之间起传递作用的工具，根据广告媒体的目标受众、历史沿革和功能可将广告媒体划分为各种类型；本章梳理了报纸、电视、广播、杂志和网络五大广告媒体的主要特征和各自的优缺点；广告媒体的选择有其自身的原则、依据和方法，广告主可以通过对广告媒体的优化组合以更好地传达有效的广告信息。

广告是沟通企业、产品和市场、消费者之间的桥梁,广告媒体是传递广告信息的物质载体。广告的发展过程就是广告媒体的发展过程。而每一次新的广告媒体的革命或新的广告媒体的出现又会对广告的发展产生巨大的推动作用。我们现在生活的时代和以往任何时代都不相同,无处不在的各式各样的信息让我们应接不暇;我们更加依赖电影、电视、报纸、杂志、广播、网络等媒体来传递或接受信息。大众传媒业的壮大为广告业的发展提供了更为广阔的空间,广告业的发展又给了大众传媒(广告媒体)更多的支持。二者相互依存,相得益彰。

第一节 广告媒体的概念及分类

在这里,首先要区分 Media 和 Medium 的含义。Medium,意为媒介,指用来与目标受众进行沟通的传播载具的总称,包括物体和符号。Media 是 Medium 的复数形式,意为居于中间之物,媒体的意思。传播学里的"媒体"一词,广义地包括了环境、声音、语言、文字、图画、手势、姿态等人类传播和获取信息的工具、手段或传播方式,是指具有一系列相似特性的传播工具。"媒体"和"媒介"两词内涵有所重合,但媒介涵盖的范围要大于媒体。

从这个意义上讲,广告媒体实际上是指用来承载广告信息的特定活动、出版物、促销品等。换言之,广告媒体就是在广告主与目标受众之间起传递作用的工具,如报纸、杂志、电视、电台、网络等。

现代广告媒体早已不仅仅局限于传统意义上的广告媒体,而是在日益拓展自己的范畴和功能。我们可以按广告媒体的目标受众、历史沿革和功能将其分为多种类型。

一、按目标受众划分

按照广告媒体的目标受众可划分为两种类型:大众传播媒体和小众传播媒体。

(一) 大众传播媒体

大众传播媒体是指能将一个信息同时传给许多个人的非人员传播信道。诸如报纸、杂志、广播、电视这些大众媒体非常适合将广告信息传递给广大受众。

（二）小众传播媒体

拥有自己特殊兴趣点的这类媒体被称为小众传播媒体。小众传播媒体又可分为承载编辑内容和不承载编辑内容两类。专业的消费者杂志能吸引特定读者的兴趣，属于承载编辑内容。对此类杂志而言，特定读者不仅为了看所编辑的内容，同样也关心杂志内的各类广告信息。而非专业媒体则仅以传递广告信息为目的而存在，它们不承载编辑内容，包括传单、直邮信件、户外广告标牌、公共汽车或卡车的车身和报纸的夹报等。

二、按历史沿革划分

按照广告媒体的历史沿革可划分为两种类型：传统媒体和非传统媒体。

（一）传统媒体

传统媒体通常是指大众传播媒体，诸如报纸、杂志、广播、电视和户外广告等媒体，其普及率是很高的。

（二）非传统媒体

几乎所有的向消费者传递广告信息的新方式均被认为是非传统媒体。互动媒体即属此类。进而言之，非传统媒体是通过不经常被称为媒体的方式来传播广告信息的，如促销广告、电影电视中的“软性”广告等。

三、按功能划分

按照广告媒体的功能划分为三种类型：视听媒体、视觉媒体、听觉媒体，如表 8-1 所示。

表 8-1　广告媒体分类表

视听媒体	视觉媒体	听觉媒体
电视（无线、有线、卫星）	报纸（夹报）	广播（无线、有线广播网）
影院广告	杂志	录音
网络	户内外广告	电话
现场表演	焦点广告	
投影	产品及产品展卖 POP 广告	
	邮递广告 DM	

媒体由于各自的技术和传播方式不同,在功能上有许多差异。由于功能的差异所形成的各类媒体的独特性,不同媒体对受众的影响程度就不一样。受众的心理和接受习惯在很大程度上取决于各媒体的特殊吸引力,并受其影响,形成偏好,养成了收视、收听、阅读的习惯。将现代媒体进行如此分类是基于:适应现代科技对媒体的发展;适应现代人接受媒体的习惯;符合媒体自身对人们的影响;等等。

(一) 视听媒体

视听媒体主要是通过对人的视觉和听觉器官实现双重信息刺激,影响人的心理感觉,从而使广告受众留下深刻的产品信息印象。视听媒体主要包括:电视、电影、网络、幻灯、录像、现场表演、投影等。现场表演的特点是,不仅做到了视听混合,而且信息载体(表演者)与信息符号合而为一。以这种方式传播的信息在传播学中称为"直接信息"。

(二) 视觉媒体

视觉媒体主要是对人的视觉器官实现信息传递,影响人的心理感觉,从而使广告受众留下产品信息的印象。视觉媒体主要包括:报纸(夹报)、杂志、书籍、邮件、海报、传单、招贴画、年历、橱窗、宣传手册、黄页号码簿、工商企业名录、明信片、名片、票证、标签、商品包装袋等。

(三) 听觉媒体

听觉媒体主要是对人的听觉器官实现信息传递,影响人的心理感觉,从而使受众留下产品信息的印象。听觉媒体主要有广播、录音、电话等。新近出现的拨打移动电话广告赠送电话费方式,将移动电话也列入听觉媒体中。

以上分别从目标受众、历史沿革、媒体功能角度对现代广告媒体进行分类,这三种分类方式各有合理之处。但因广告活动在很大程度上要涉及人的接受心理和感知过程,所以从媒体功能角度的分类更能涵盖现代广告媒体,并适合现代广告的发展趋势。

媒体由于各自的技术和传播方式不同,因此,在功能上有许多差异。功能的差异所形成的各类媒体的独特性,导致它们在广告活动中的地位和角色各不相同。一般而言,在广告媒体中,电视、电台、网络、报纸、杂志是主体,号称"五大媒体"。而随着媒体选择的增多,媒体环境已不是以前那种稳定、轻松的状况了,媒体分割的时代已经到来。了解并组合广告媒体,让其充分发挥各自的传播功能,显得日益重要。以下将分别论述五大媒体、其他各种广告媒体的特征及其综合利用。

第二节　五大广告媒体的主要特征

尽管媒体选择日益增多，但报纸、电视、广播、杂志和网络五大媒体仍居主体地位，占据了广告投资的大半壁江山。这是因为这五大媒体具有很丰富的传播手段和各自的传播优势。对广告主而言，有很强的吸引力，能最大限度地达到传播目的，达到信息的高接触率、高到达率和影响效果的最大化。但是，这五大媒体也存在着一些难以弥补的缺陷与不足。具体如表 8-2 所示。

表 8-2　五大广告媒体功能优势对比表

媒体类别	优　势	劣　势
电　视	1. 生动、直接 2. 收视率高，渗透力强 3. 娱乐性强，影响效果显著 4. 相对费用低，适合开拓发展	1. 播放时间短，容易错过和遗忘，需反复播放 2. 费用昂贵
报　纸	1. 读者多，且较稳定 2. 传播快捷、准确，阅读、留存方便 3. 地域性强	1. 丢失率高 2. 表现力较差 3. 内容多，注意力易分散 4. 水平参差不齐
广　播	1. 收听便利，不易受环境影响 2. 介绍较全面，时间受限小 3. 可直接参与，费用低	1. 不太生动和直接 2. 影响力不强 3. 注意力容易分散
杂　志	1. 读者群固定 2. 留存时间较长，阅读率高 3. 印刷好，影响力较强	1. 信息传播不迅速 2. 传播范围较小 3. 相对费用高
网　络	1. 受众相对集中 2. 视觉冲击力较强 3. 媒体新鲜，具有较强感染力	1. 影响范围不能确定 2. 市场效果慢

美国著名广告学者杰克 · Z. 西瑟斯等在其所著的《广告媒体企划》一书中，对一些传播媒体作了评估，可以帮助我们对此有比较准确而清晰的了解（见表 8-3）。

表 8-3 对不同用途的传统媒体的评估

用途类型	最少价值	较少价值	一些价值	更高价值	最佳价值
权威化	户外媒体	广播媒体	电视媒体	报纸媒体	杂志媒体
美化	广播	报纸	户外	电视	杂志
扩大生活圈	广播	杂志	报纸	电视	户外
展示	户外	广播	报纸	杂志	电视
优雅	报纸	广播	电视户外	电视户外	杂志
娱乐	户外	杂志	报纸	广播	电视
赛事	户外	杂志	广播	报纸	电视
刺激	报纸	户外	广播	杂志	电视
特色	广播	报纸	电视	杂志	户外
幽默	户外	杂志	报纸	广播	电视
想象力	户外	报纸	杂志	电视	广播
信息	户外	广播	电视	杂志	报纸
熟悉	报纸	户外	电视	户外	广播
干扰	广播	报纸	杂志	户外	电视
领导地位	报纸	户外	广播	杂志	电视
新闻	户外	杂志	广播	电视	报纸
一对一	户外	报纸	杂志	广播	电视
包装的识别	广播	报纸	电视	广播	户外
个性化	户外	报纸	电视	杂志	广播
声望	户外	广播	电视	报纸	杂志
价格	户外	杂志	电视	广播	报纸
实用产品	广播	户外	报纸	杂志	电视
质量	报纸	广播	户外	电视	杂志
食谱	户外	广播	电视	报纸	杂志
异性的吸引力	报纸	广播	户外	电视	杂志
对老百姓的吸引	户外	广播	电视	报纸	杂志
传统	户外	报纸	电视	广播	杂志

一、报纸广告媒体

从17世纪近代报纸开始出现到现在，报纸已从早期的单页船期公告发展为篇幅浩大的巨型出版物。这种大型报纸甚至经常在星期天达到500页之多（据记载，迄今为止世界上最大的日报是1987年10月13日出版的《纽约时报》，这份报纸多达1612页，重达12磅）。这样庞大的报纸，其中大量篇幅都是广告。可见报纸已成为当今世界上主要的商业信息传播工具之一了。当然，广告在经济上也给报纸带来了巨大收益。激烈的报业竞争使许多报纸不惜低于成本销售，广告理所当然地成为其首要的经济来源。在我国，报纸所获得的广告投资额已占到全国广告投资额的三分之一以上。

随着近几年都市报在我国大中小城市的兴起，报纸的广告收入又刷新高。由于城市化和城市的现代化进程的加快，城市居民对各类信息的需求也前所未有地随之增长，而面向城市居民、服务大众的都市报凭借其得天独厚的优势迅速赢得了市场。

但是在竞争日益激烈的报纸市场，发行量的多寡已经成为各个报纸经营者们招揽广告客户的最为重要的参考依据。这就导致了许多媒体为了招揽广告商，虚报发行量，使得报纸发行量公布的真实性大打折扣，广告客户在投放广告时也变得无所适从。

发行量是报刊媒体声音的分贝、读者的眼睛、报社刊社的钱袋。从诞生那天起，各大报刊无不费尽心思保持和扩大自己的销售量，充分占有和巩固各自的市场地位。

报刊广告经营重要性的加大，使得及时准确的公布媒体发行数据越来越有必要，一种权威、公正的第三方发行量审核机构由此应运而生，这就是如今通行国际的ABC与BPA。

ABC和BPA是目前国际上通行的报刊发行量认证制度。ABC即Audit Bureau of Circulations，发行量稽核局。1963年，国际发行量稽核局联合会（IFABC）诞生，标志着这一认证制度已经得到世界范围的认可。BPA即Business of Performing Audit，国际媒体认证公司，成立于1931年，1998年改为现名，也是国际公认的媒体发行认证机构。二者都是非营利的，最初都是由行业协会发动组建，实行三重董事会机制，董事会由报刊媒体公司、广告客户和广告代理公司的代表组成。两个机构对报刊发行量的认证一年一次或两次，报告提供精确的报刊发行量数字，以及报刊读者的数量等信息，并对接受认证的媒体进行中长期的连续跟踪,提供连续三到五年的发行数据和相关趋势分析报告,杂志社或报社再根据这些数据制订广告刊登价格。它们的出现有效地避免了少数媒体在实际报刊经营管理过程中虚报、谎报发行量的现象,净化、规范了市场。

今天,ABC和BPA更注重对报刊受众质量的考察,确认更详细精确的受众群描述,有助于广告客户决定媒体购买的时候更精确地掌握所投放广告的受众质量,更有利于对报刊媒体广告价值的实时评估和广告传播效果的全程监测,协助广告公司和广告客户决定广告投放。

ABC和BPA制度的实质(尤其是各自的审核指标体系)是在广告主、广告代理公司和杂志之间建立一种三方都认可的衡量标准,相当于为各媒体立了一面镜子,通过这面镜子,广告主和广告代理公司可以立体性地了解媒体公司和媒体受众群,并对所投放广告的实际传播效果作出准确的预估。对于报刊媒体来说,广告公司和广告主对自身了解和认同的程度越深,广告和营销等方面的经营业绩自然不凡。

不同的是,BPA在全世界的指标体系都是基本一致的,该机构的55名认证员常年在世界各地穿梭旅行;而ABC在各个国家和地区的应用,则根据具体国情做了相关的取舍或借鉴,在处理国际化与本土化的过程中,各个国家和地区的ABC运行机构都有所不同,各自的标识和宣传口号也不尽一致。可以说BPA更倾向于一种世界性的、开放性的认证体系,而ABC则倾向于一种地方性的、半封闭性的体系。总体来说,二者是各有千秋,各有所长,所以许多国家都采取两种都引进的政策,目前,同时有ABC和BPA认证制度的国家和地区不下13个,我国香港地区以及日本、马来西亚和新加坡等其他亚洲国家都同时并行这两种认证制度。

其实,从实践上来看,我国已经有了发行量核查的成功的范例。比如,《商业周刊》中文版,由法国IDG集团与中国有关方面合作出版发行的《计算机世界》《时尚》等16种报刊就是通过美国的BPA进行核查的。

我国内地还没有专门的报刊发行量认证机构,新闻出版总署等部门正在着手研究和建立发行量认证制度。可以说我国建立报刊发行量认证制度,已成为报刊行业自身规范发展的必由之路。

(一)报纸广告分类

报纸按其发行范围可分为全国性、区域性和地方性三类;按其内容可分为综合性、专业性两种;按其所采用的文字可分为本国文字报与外文报;按其读者对象可分为老人报、妇女报、青年报、少年报、儿童报等;按其出版周期可分为晨报、晚报、周报和旬报;另外还有海外版、周末版、特刊、专刊、扩大版、号外等。报纸上出现的广告也可分为几类,主要的报纸广告有展示广告和分类广告,其他的还有特殊广告和插页广告等。

1. 展示式广告

报纸上的展示式广告通常使用图解、大标题、空白及其他视觉手段引起读者的注意。一般报纸近70%的广告收入来自展示式广告。

展示式广告分为地方性和全国性两种。

地方性广告是指由地方性组织、公司、个人为与消费者沟通所做的广告。超市和百货商店是最大的地方性展示广告主,其他还有许多零售商和服务公司,如银行、旅行社、电信业。地方性广告有时也称作零售广告,因为零售商占据了地方性展示广告的大部分内容。

全国性或普遍性广告是指全国销售的品牌产品或服务的厂商所做的报纸展示性广告。这些广告的制作目的是创造和维持对公司产品或服务的需要,推动地方零售商对产品的销售。

2. 分类广告

分类广告也是报纸收入的重要来源。这些广告按照产品或服务提供分栏刊登。

大部分的分类广告形式为小块文字。一些报纸也接受分类展示式广告,这些广告印在报纸分类广告版上,彩用图解、较醒目的文字花边,甚至以彩色来凸显自身。

3. 特别广告及插页

报纸上的特别广告包括各种政府公告、通知、个人关系及企业的公告。插页广告是报纸广告的另一大类。这类广告并不印在报纸上,而由广告主自行印制,在报纸发行前插入其中。许多零售商使用信函、目录或小册子式的插页,在特定发行区域分发,以接触其交易领域的购买者。

(二) 报纸广告的特征

报纸广告有许多特征,如广泛的渗透能力、灵活性、地理选择力、读者关注度和特殊服务等。

1. 广泛的渗透能力

报纸最主要的优势之一是其高度的市场覆盖率或渗透能力。在大部分地区,70%家庭订阅报纸,在收入和教育程度较高的家庭中可达到80%以上。大多数地区都有一两份地方性报纸,广告主在其中的一份报纸上做广告,就能有效地到达千家万户。广泛的渗透能力使报纸成为真正的大众媒体。报纸的渗透力和发行量常常成为广告主投资考虑的重要因素。

2. 灵活性大

报纸的另一大优势是灵活性。首先,制作和刊登广告较灵活。报纸广告可以在几个小时内写成、展示,大部分日报只要在出版前24小时接受广告即可。较短的制作期使报纸能对突发事件作出迅速反应,及时地向消费者传递信息。

报纸灵活性的另一方面就是它为广告主提供的创意空间。报纸广告可做成各种尺寸、形状和形式,还可使用彩色或特别插页吸引读者。广告可以印在周日特刊上,也可根据广告主的要求选择时间刊登。

3. 地理选择力强

除了与直接邮寄广告相比外,报纸比其他媒体更具有地理或区域选择力。广告主可通过选择报纸或报纸组合实现各种覆盖。全国性广告主利用报纸的定向优势,在其他媒体难以到达的地区刊登广告,或在某些有很强销售潜力的地区争取主动。报纸广告令广告主得以在各个市场凸显其产品特征,根据当地状况开展活动,紧密联系零售商促销,在交易中获得更多支持。

地区性广告零售商看重在特定市场或交易领域中的地理选择力或灵活性。他们在确定媒体目标时将广告集中在部分客户所在的区域,因此,许多全国性的报纸都给广告主提供各种地理区域组合的选择。

4. 读者涉入度与接受度高

报纸还有一个特征就是消费者对报纸本身及报纸广告的接受和涉入水平。典型的日报读者大约在工作日每天花45分钟读报,周日花62分钟读报。多数读者不仅从报纸上获悉信息和娱乐,还以此作为消费决策的参考。

一些消费者购买报纸就是为了看广告。消费者从零售广告了解产品的价格、出售地点、哪里在减价。报纸对广告主有价值的方面主要体现在读者对某一版面的熟悉程度。我们都知道,汽车产品和体育用品的广告在体育版,金融服务的广告在商业版,每周食品版上有许多烹饪和菜谱信息,还有杂货店广告和一些商店的优惠券。许多研究都表明,报纸广告已成为一个信息的来源。美国一项研究发现,比起其他媒体,消费者更看重报纸广告;另一项研究则表示,80%的消费者认为,报纸广告对他们每周的采购最有帮助。研究还表明,报纸广告的可信度最高。虽然中美两国的消费习惯有所不同,但报纸广告的生命力同样可见一斑。

5. 提供优质的服务

报纸提供的特殊服务对广告主也很重要。例如,许多报业集团为了了解市场状况，进行读者研究和消费者调查，因此，报纸成为广告主获得当地市场信息的良好信息源，甚至报纸可以制作市场手册，报道当地的市场信息。报纸还以免费编写和美术服务帮助小公司、没有广告代理商或广告部门的小企业，撰写和制作广告。

（三）报纸广告的局限

尽管报纸有许多优势，但它与其他媒体一样，也有一些媒体策划者必须考虑的劣势。报纸的局限性包括印刷质量差、生命期短、缺乏选择力和存在干扰问题。

1．印刷质量差

报纸作为广告媒体最大的局限之一就是印刷质量差，报纸采用较粗糙的新闻纸、单调颜色，以及较短的印刷时间使报纸广告的质量不高。为此，近年来的报纸改善了印刷质量，可以印刷彩色版面，需要高质量色彩广告的客户，还可采用活页式插页和周日附刊。然而，这些成本都十分昂贵。所以，如果产品的视觉效果对产品非常重要的话，广告主就不会使用报纸广告，如食品和时装所做的广告通常使用杂志，利用其优质的色彩和印刷质量。

2．生命期短

杂志能在家庭中被保留数周，而报纸通常不到一天。报纸广告的影响一般只局限于出版日，而且不太可能重复阅读。造成这一问题的原因是，多数消费者只花很短的时间读报，甚至有些版面根本不看。媒体计划者为解决这一问题，可频繁刊登广告，并刊登在目标消费者最感兴趣的版面上。

3．缺乏选择力

虽然报纸可为广告主提供地理选择力，对于人口特征或生活方式特征不一致的读者却不是一种定向性媒体。多数报纸的读者包括各种群体，很难集中于狭小的市场区域。例如，鱼钩、鱼线制造商会发现报纸无效（对他们毫无用处），因为大部分读者并不钓鱼。所以，他们更愿意使用特殊兴趣杂志，如《垂钓世界》等。

4．干扰问题

报纸与其他广告媒体一样，也存在干扰问题。由于普通日报有一半以上内容为广告，广告主的广告必须与无数其他广告竞争消费者的注意和兴趣。此外，报纸的创意空间也存在局限，因为大部分广告是黑白的。因此，如不选择一些昂贵的方式，如大幅广告或彩色广告，广告主很难在众多干扰中脱颖而出。

二、电视广告媒体

电视是最被企业看好的广告媒体。随着电视机的普及,电视广告取得了极大的发展和较大的优势。从信息传播的角度看,电视比其他任何广告媒体都更为快捷有效。电视是视听综合媒体,形声兼备,声画同步,是传播广告信息最有效的工具之一。

(一) 电视的发展概况及其对广告产生的影响

"电视"一词首先出现于1907年6月的美国《科学美国》杂志。在这以前,传递形象的过程一直叫作"无线传视""传视广播""电力传视"等。我国的电视事业相对来说起步较晚,1958年5月1日才建立第一座电视台——北京电视台,到1973年才试播彩色电视。但是,我国的电视发展很快。我国内地每天大约有8亿观众收看电视节目,如果电视台播放重要节目,收看人数可达10亿以上。电视节目能引起广大观众的浓厚兴趣,传播区域又在不断扩展,透过电视屏幕达到推销产品的目的,自然是广告主最乐意做的事情了。

在我国内地,电视广告恢复于1979年1月28日,这一天在上海电视台首先播放了"参桂补酒"广告。此后,电视广告得到迅猛发展。

但是近年来,随着人们物质文化生活水平的进一步提高,人们越来越不满足电视频道资源的单一与匮乏,现代的人类渴望与众不同、拥有个性,而数字化技术在电视领域的使用就从根本上改变了节目匮乏、频道资源短缺的问题。

美国自1998年11月起在纽约、洛杉矶、芝加哥等十大城市开播地面数字电视。我国的电视传播数字化也正迅速发展起来。国家广电总局已经发布了《中国有线电视向数字化过渡时间表》,有线电视数字化的配套政策已陆续出台,数字广播电视直播卫星正在加紧研制,国家地面数字电视标准也在加紧制定之中。2004年,青岛、杭州等地区采取赠送机顶盒,逐个社区整体平移式的数字电视用户发展模式在全国也取得了良好的示范作用。数字电视在我国的发展与普及已是大势所趋,至2015年,我国将关闭现在的模拟电视而以数字电视取代之。而数字电视环境下广告的生存形态也随之成为全新课题摆在广告业界面前。

数字电视带来的首要优势便是丰富的频道资源,它突破了传统的面向大众的单一的传播模式,大力发展面向特定观众、满足相对少数的观众特别需求的"窄播"传播。这一走专业化、细分市场之路恰与希望尽可能覆盖大众的广告商的意图相反。另外,数字电视对传统经营格局最根本的改变就在于创建了一个新的经营格局,即“广告收入+收视费用+其他服务收费”。这就意味着广告将不再是电视媒体的主要收入来源,一直以来广告所扮演的媒体的衣食父母的角色也将被颠覆。

(二) 电视广告的优势

1. 亲近感

电视广告,其本身就是一个综合性的信息传播,对受众感官的刺激也是多方面的。视与听是人类接受外界信息最主要的渠道,科学家们经过研究发现,人们通过视觉获得的信息占所获得信息总量的83%,来自听觉渠道的占11%。但是科学家们又发现,利用没有声音的视听教具教学,只能吸引人们35%的注意力;但若配上声音,则可以使人们的注意力提高到55%,且容易记忆。另据美国全国广告人协会的调查报告:广告中如果没有图片,将减少75%的效果;但如果广告词中没有声音的配合说明,效果也将减少25%。因此,作为大众传播媒介之一的电视,由于其巨大的作用,已成为当今世界上最有影响力、最具表现力的广告传播媒体。

但具体地说,电视广告中的审美信息并非单纯的审美信息,广告中的一切都是为了让人对商业信息产生印象,但是要做到越是隐蔽越好,好的广告都是强化其审美信息,注意找到与商业信息之间的联结点,使之在形式上天衣无缝、水乳交融,易于为人们所接受。电视广告往往能做到这一点。

2. 广泛性

这里的广泛性包含两方面含义:一是电视广告信息覆盖范围极广,电视广告凭借现代化的传播手段,达到了极高的覆盖率。目前全世界已有150多个国家和地区开办了电视台,卫星电视日益普及,卫星传播几乎覆盖了整个地球,即使在较为边远的地区和深山乡村也能够接收到电视信号。二是电视广告的收视群体十分广泛。电视媒介的通俗性使电视广告的受众队伍极为庞杂。它不分民族、文化程度、职业高低、男女老幼,只要拥有视听能力的正常人都可成为电视广告的受众。这与其他媒体广告的受众情况有很大区别。例如,报纸、杂志的广告受众必须有一定的文化修养,而且各类报刊总是在一定的阶层内发行的,他们的受众情况相对简单得多。此外,电视常常是几个人在一起观看的,这种传播方式就有共时性效果(接受者在同一时间里共同获得信息),就有可能把得到的信息作为谈话的材料,从而提高广告的宣传效率。电视的这种高覆盖率和高收视率使其成为广告主眼中的宠儿。

3. 形象性

电视声画结合,视听兼备,使广告更具形象性,从而也就更具有真实感、具象感。首先,它满足了受众“百闻不如一见”的好奇、求真心理,直接通过画面来再现商品的原貌,展示其外形及功能,引导观众解除对产品的疑虑,并达成认同。其次,电视是一门综合艺术,综合了诗歌、舞蹈、戏剧、雕塑、音乐、绘画、建筑、电影等多种艺术表现手段并结合特殊的幻化效果,来为其广告服务,用各种形象化的语言充分地表现策划者的创意,生动地展示商品的各种特性,如此声、光、色、影俱全的表现手法为广告带来超强的视听冲击力,从而激起观众的购买欲望。

4. 控制性

在电视广告的传播过程中,接受者是在被动的状态下接受信息。由于电视早已成为大众生活中的一部分,只要打开电视机,电视广告就有传播的机会。不管接受者愿意与否,电视广告都会在与其他节目承接的瞬间达到传播目的。虽然有很多观众会选择在播放广告的时间段调台或者做其他的事情,但是仍然有相当一部分观众会继续留守,等待下一个节目的播出,以获取完整的节目信息。这实际上就是电视对受众的控制能力。因此,广告在一定的时间内反复播放就会使受众对此产品产生印象。

(三)电视广告的局限性

1. 价格昂贵

按照播放的次数和观众千人成本计算,电视广告价格是非常低的,但它的一次性投入费用比较高。因为制作一则电视广告和制作一部电视剧一样,要有编辑、导演、美工、音乐、监督、场记、摄影等多方面的工作人员,花费较大。其实不仅广播,报纸和杂志同样也是无法与其相比较的。所以,中小企业是无力利用电视媒体长期进行广告宣传的。

2. 选择性差

广泛性给电视广告带来了覆盖域宽广的优点,也带来了选择性差的缺点。根据目标市场做广告是广告活动的基本原则之一,而电视广告缺乏的正是这一点。因此,一些与老百姓生活相关度高的消费面比较大的日常生活用品行业,如百货业等,就乐于做电视广告。相反,一些专业性强的产品和行业,如渔具、摄影器材等就不大做电视广告。但是随着频道专业化的数字电视的进一步普及,相信电视媒体的这一缺点将会得到极大的改善。

3. 印象消失快

电视广告播放时间短,稍纵即逝,所以,与其他传媒相比,其印象磨灭的速度快得多,可信度也比不上印刷媒体。为了弥补这一缺憾。广告商只有加大广告费用的投入,提高广告片的播放频次以加强印象,而电视广告投放费用的昂贵又限制了较多中小企业这样做。

三、广播广告媒体

伴随着广播基础设施建设的飞速发展,我国广播广告事业也开始发展起来。1979 年 3 月 15 日,上海人民广播电台播出了我国改革开放以后的第一例商业广告“春蕾药性发乳”。从此广播广告营业开始恢复,但其增长速度自 20 世纪 80 年代以来一直未能有大的飞跃,与整个媒介广告营业额增长的高速度相比太过缓慢,在各大媒介广告收入的构成比例中总是处于偏低的位置,这种缓慢发展主要是由电视及网络等新媒体的冲击所带来的一系列连锁反应造成的。

报纸广告可以留存、可以传阅、可以品味,电视广告虽然一闪而过,但电视广告有直观的画面,既有声音,又有图像,是能够听得着、看得见的广告。然而,广播广告稍纵即逝,既不能留存,又不能看见,一听而过,它是不是就一无是处了呢,它到底还有没有自身的优点了呢? 其实,“尺有所短,寸有所长”,从传播的方式和效果来说,报纸、电视也不是完美无缺、没有短处的;广播广告也不是一文不值的。问题在于我们没有充分认识广播广告的价值;对广播广告缺乏应有的和系统的研究与宣传。

(一)广播广告的优势

广播广告是依附于广播媒体而“开花结果”的一种经营和宣传方式,从广播广告的特点与优势以及广播广告经营、宣传和实践看,广播广告的特点和优势概括起来主要表现在以下四个方面。

1. 交流感与意境性

从传播的方式上看,报纸的交流感是机械的,电视的意境是局限的;而广播的交流感却是跃动的,广播的意境性是深邃的,广播的交流感和意境性是统一的。

现今许多电台都开办了谈心类节目,并且具有广泛的听众基础。这类节目通常的播出时间是深夜 11 点至 12 点,这个时间段也是很多听众内心相当脆弱和倍感孤独的时刻,一档谈心类节目以及一位非常亲切、像大姐姐或者大哥哥一样的主持人会让听众感到贴心和放松,会情不自禁地将自己的心里话向主持人诉说;或者向主持人倾吐自己生活中遇到的有关事业或情感上的困难和疑惑以寻求解答和帮助。在他们的内心已经把电台的节目主持人当作他们人生的向导,甚至在节目之外也会向他们征求意见和说说心里话,像朋友一样相处。从中我们可以看出,广播广告的交流感是跃动的和生动的,这种双向交流的功效是广播媒体独特的,广播媒体的意境性是丰富的和深邃的。美国著名销售专家爱尔玛·赫伊拉曾说:"不要卖牛排,要卖吱吱声。"也有人说,看电视数场连播不如听广播数场连播"味道可口",原因是广播是一种纯听觉的媒体,广播广告只能用声音作为信息的载体。而声音是有空间感和想象力的,它可以在很短的时间里利用空间层次为听众营造一种情景、一种背景,也可以激发人们丰富的想象力,使听众根据自己的审美情趣和生活经验自主地为产品勾画轮廓,并依此再造一个"世界"。而电视的图像是一种成型的和定格式的表现手段,它的直观性,丁是丁,卯是卯,必然使人的想象空间产生局限性,使人的想象力受到限制。广播可以从播报的语言、气息、情感等声音的多种表现手段中,充分开启人的心扉,掀动人的感情,产生一种最为和谐与完美的想象。所以,如果把电视比作一幅色彩艳美、一目了然的油画,那么广播则是一幅水墨渲染、气韵生动的国画。

2. 流动感与兼作性

美国广播公司(NBC)曾授权哥伦比亚大学对广播媒体作了一次广泛而深入的调查,在哥伦比亚大学提供的调查报告中,有这样的结论:"广播是一种几乎能够陪伴所有行为的媒体。"事实上,很少有人在大街上和商场里边走路边看报纸;也很少有人在大街上和商场里边走路边看电视,却有人在大街上和商场里边走路边听广播,这就是广播媒体的流动感与兼作性。

广播之所以有其特有的流动感与兼作性,是因为一方面收音机携带方便,另一方面因为广播是传送声音的媒体,只需要耳朵听,而不需要眼睛和人体其他任何器官来接受信息。也就是说,除了耳朵外,不会影响人体任何部位和器官的功能和运动。所以,人们就可以在各种状态下接受广播的信息:洗菜做饭可以听广播;坐着可以听广播;躺着可以听广播;田间地头可以听广播;坐在车里也可以听广播……人们可以在各种状态下收听广播,广播的这种特点和优势越是在经济发达的地区越表现得突出和明显。这也是如今交通广播在各大中城市广受欢迎的重要原因。

3. 无限性与全面性

广播覆盖按其功率来说,虽然有一定的范围和区域,但从实际的收听情况来看,广播的覆盖却无法划定明确的界限,加之地形、气候和磁场等方面的因素和作用,广播的覆盖以及延伸意义上的信息传送可以说是无限的。

目前,广播技术的飞速发展,已经可以顺利地把广播信号直接传送到环绕地球的通信卫星上，而且在一些发达国家还研制开发出了一种可以直接接收卫星信号的收音机。所以，即使在最偏僻的地方发生的新闻或信息，通过广播也可以在最短的时间里迅速传播到地球上的任何一个地方。这也就是广播广告覆盖的无限性的原因。

另外，我国人口中有两亿多文盲或半文盲，这就使印刷广告媒介的传播受到很大的"阻塞消耗"。而广播是用语言进行传播的，凡具有正常听觉能力的男女老幼，无论文化水平高低都可以成为广播广告的受传者。

4. 专业性

广播电台的专业化主要是指内容的专业化，受众的专业化。电台专业化是将电台频道的相关资源进行整合，并由此细分目标市场，以便更好地对受众对象进行定位，抓住目标市场。

20 世纪八九十年代，广播为了能够在几大媒体共同争夺一份市场蛋糕中求生存，谋发展，采取了许多相应的措施，如跨媒体合作，加强品牌效应，但其中发展最为迅速，也最为成功的一项就是广播节目内容的专业化，专业化也成为这几年广播电台发展的一大特色之一。

1986 年 12 月 15 日，我国第一家经济广播电台——广东珠江经济广播电台开播。其成功的专业化定位和新颖的节目编排方式一度在全国引起一阵不小的影响，有业内人士把这套做法称为"珠江模式"。在"珠江模式"的影响下，20 世纪 90 年代初的五年间，全国各地相继涌现出了经济、新闻、文艺、音乐、交通、教育、儿童等系列台。从此，专业化办广播的思路在全国各地广播电台流行开来。

5. 低投入与高回报

与其他几类大众传媒相比，无论是报纸还是电视，广告收费都远比广播广告的收费高得多，广播广告的收费之所以比报纸、电视的广告收费低，并非是广告对广播广告的投入低而出现的贬值现象，主要是因为广播广告的成本远远低于报纸和电视广告的成本。所以，在广告预算有限的情况下，广告主完全可以从"经济实惠"的广播中通过打"持久战"来获取最大的宣传效应。因为根据德国心理学家艾宾浩斯的"遗忘曲线"，在人们看到和听到的事中，60% 在 12 小时内被忘记，80% 在两天半后被忘记。因此，即使是富有创意的广告，也难以克服观众记忆消失的问题。而广播广告播出价格的低廉正可以让我们来提高广告在广播中的暴露频次，以形成和保持较牢固的品牌记忆。

暂且不论各种媒体信息传送的概率都有其特定的局限性，即使读者或者观众看到了自己所需要的信息，其实与听众听到了自己所需要的信息，作用和效果是完全相同的，但是广告主的投入费用和比值在报纸、电视和广播中却是有着相当差别的,所以说广播广告是一种低投入和高回报的媒体。

(二)广播广告的局限性

1. 缺少形象支持

广播广告只能通过声音和音响来介绍商品,无法让受众直观地了解商品或劳务的特点。因此,一些形象性要求比较高的产品如房地产、汽车、服装、化妆品等行业很少出现在广播广告中。

2. 很少被听众主动接受

听众很少会主动地收听广播广告,广播是一种背景媒介,听众往往是在休息、做家务、开车的过程中收听广播,因此,广播广告很难产生回应。

3. 易逝性

广播广告主要通过诉诸听众的听觉器官来完成信息的传递,在这个过程中,听众不可能专心致志地听广播广告,对于极少数想主动获取广告信息的听众来说,当他们要接受广告信息时,这些广告信息可能已经过去了,很难起到应有的效果。

四、杂志广告媒体

世界上最早的杂志是1590年在德国创刊的《观察周刊》。1731年,伦敦出版《绅士杂志》后,“杂志”从此就被人们用作刊物的代名词。据记载,在18世纪英美杂志中已出现广告的雏形,但是直到1800年,杂志仍旧对广告持谨慎态度。1887年,由于美国《妇女家庭》杂志的创始人赛勒斯·H.K.柯蒂斯的极力推崇,广告才成为杂志的一项名正言顺的业务。

自1815年英国传教士马礼逊在马六甲创办了最早的中文期刊《察世俗每月统计传》,至今已经过去了190多年。期刊在中国迅速发展,满足了消费市场和企业市场上大批消费者的教育、信息和娱乐的需求。

在所有的广告媒体中,杂志的专门化程度是最高的。尽管有些杂志——如《读者文摘》《时代》《大众电影》——是面对大众的,但大部分是针对特定受众的。许多杂志的目标读者是特定的企业、行业或一些职业的从业人员。许多杂志已经开始走向“专志”化的道路。从单纯追求发行量的“大众”转播走向了追求阅读率和到达率的“分众”转播和“适众”转播。

2001年年底,国家有关部门为了大力扶持、培育和发展期刊市场,在当时的8725种杂志中,选择了部分杂志组成“中国期刊方阵”。其中“双高”杂志(高知名度、高学术水平)68 种,“双奖”杂志(首届国家期刊奖、国家期刊奖提名奖)108 种,“双百”杂志(百种重点社科期刊、百种重点科技期刊),“双效”杂志(社会效益、经济效益)196 种。这些杂志都有较大的发行量或有较高的广告收入,是杂志广告市场的主流。

自 1995 年以来,国家陆续出台了一系列相关政策和法规,以加强对期刊市场的规范化管理。这些政策和法规对于期刊市场和期刊广告都有很好的推动和促进作用。

(一) 杂志广告的优势

杂志作为广告宣传的又一载体,它的许多其他媒体所不具备的特性将会引起越来越多的广告商的青睐。

杂志的优点包括:选择力强、良好的印刷质量、创作弹性、持久性、有声望、读者高度接受性和涉入度等。

1. 选择性强

杂志广告媒体的优势之一就是选择力强,或称接触特定目标受众的能力强。杂志是除直接邮寄以外最具选择力的媒体。在所有的广告媒体中,杂志的专门化程度是最高的。尽管有些杂志——如《读者》《时代》《大众电影》——是面对大众的,但大部分是针对特定受众的。许多杂志的目标读者是特定的企业、行业或一些职业的从业人员。多数杂志都是为某个特殊兴趣群体印刷的。许多种类的杂志能触及各个类型的消费者和企业,使广告主可命中购买其产品的消费者。

2. 印刷质量高

杂志广告的一项最有价值的属性是广告的印刷质量。杂志通常采用优质铜版纸印刷。由于杂志是视觉媒体,产品说明是广告的主要部分,这一点就尤为重要。大多数杂志所能提供的印刷质量大大优于报纸,尤其是彩色印刷。

3. 创作灵活性强

除了优良的印刷质量外,杂志还为广告主提供广告的形式、尺寸和位置选择的灵活性。一些杂志可提供特殊方案来加强广告的创意诉求,提高阅读率,如折页、出专版和插页。折页为广告提供更广阔的空间。折页通常位于大型消费类杂志封二部位或中页。出专版是那些一直延伸至纸页末尾的广告,广告周围没有空白的边界。这种广告给人的印象较深,更具戏剧效果。许多杂志对这类广告的收费要另加 10% ~20% 。各种插页则包括反馈卡、赠券,甚至产品样品等。

4. 持久性

杂志的另一个独特优势是较长的保存时段。电视和广播信息变化快,留存时间短,报纸也在阅读后很快被丢弃。然而,杂志通常可阅读几天并被留作参考。杂志在家庭中的保存比其他媒体都长,并且有时可被作为资料保存。对杂志受众的一项研究表明,读者平均在两三天中每天花一个多小时阅读一本杂志。研究还发现,近75%的消费者将杂志留作未来参考之用。杂志较长的保存期的一个好处是,阅读不那么匆忙,读者可仔细考虑广告内容。这意味着杂志广告可以长些、详细些,这对高度涉入型和较复杂的产品与服务是很重要的。杂志的持久性还意味着读者可在多种场合接触广告信息,也可将杂志传借给其他读者。

5. 声誉好

杂志广告还可利用具有良好形象的杂志的声望提升产品和服务的可信度。那些依靠可信度、名声、形象打开市场的产品总是在有声望的出版物上做广告,这些杂志内容质量高,消费者也易对其中的广告产生兴趣。例如,很多知名时装就在《世界时装之苑》《时尚》等前卫、高档的杂志上发布广告。这样可提高消费者对其广告品牌的信任。

6. 消费者接受度和涉入度高

购买杂志通常是因为读者对其信息感兴趣,广告则可提供对购买决策有用的信息。美国杂志出版商组织的(MPA)一项研究,检测了各种媒体在为消费者提供产品知识和有用的观念方面的作用。研究表明,杂志是消费者对许多产品和服务信息的来源,包括汽车、投资事业、时装、个人和团体旅游等。MPA的研究表明,杂志读者比电视观众更易对广告有所反应。

(二) 杂志广告的局限

尽管杂志的优势相当明显,但也有一些缺陷,包括广告费用、有限的到达率、上广告所需较长的预留期,以及激烈的广告竞争和干扰性等问题。杂志的制作要求较严,成本较高,广告费用自然就高,但对家庭的渗透力却较差,因此影响的范围不够广泛。而且,许多重要刊物都需要30~90天的预留期,这意味着必须比正式出版期提前购买版面并准备好广告,付印期后广告不能再作变动。这段较长的预留期使杂志不能像其他媒体如广播、报纸那样具有时效性,不能及时反映突发事件和市场变化状况。杂志的干扰问题是自相矛盾的:一份杂志越是成功,吸引的广告就越多,干扰度也越严重。

近几年我国期刊广告市场一直保持较快的增长速度,但期刊广告在各类媒体中的比例却远低于发达国家。参考发达国家的广告市场规律,人们自然认为我国期刊广告应该有更大的发展空间和更高的增长速度。

在各类期刊中,时尚类、财经类、生活类期刊的广告收入位居前三位。

时尚类期刊上广告投放的重点是化妆及日常用品、服装服饰行业。由于中国正日益成为这些产品的消费大国，这些行业的一些中高档品牌也逐渐加强了在期刊广告宣传上的投入，时尚类期刊就成了这些广告投放的良好载体。

财经类期刊上的广告以机动车和计算机行业为主，由于财经类期刊读者群的质量较优，并且期刊具有印刷精致和易保存的特征，使其成为机动车品牌非常理想的广告媒体。

生活类期刊的广告结构与时尚类期刊类似，也是以化妆及日常用品和服装服饰为主，但投放广告的额度大大低于时尚类期刊，这类期刊上主要是这些行业中的一些中低端产品或品牌投放广告，而高档品牌的广告投放则较少涉及这类期刊。

第三节　网络广告

一、网络广告的定义

网络广告，又被称作在线广告、互联网广告等。在英语中，广告是Advertising，电视广告称为Commercial，网络广告还没有专用的名词，一般称为Net AD(Internet Advertising)或Web AD。网络广告主要是指利用电子计算机联结而形成的信息通讯网络作为广告媒体，采用相关的电子多媒体技术设计制作，并通过电脑网络传播的广告形式。

实际上，网络广告应当是运用计算机、通信等多种网络技术和多媒体技术而传播的广告形式。网络广告的传播内容是通过数字技术进行艺术加工和处理的信息，社会广告活动主体通过互联网传播广告信息，从而使人们对其产品、服务或观念等得以认同和接受，并诱导人们的兴趣和行为，以达到推销其产品、服务和观念的目的。

将一种传播媒体推广到5000万人，收音机用了38年，电视用了13年，而因特网仅用了4年。因特网诞生后，一直是作为一个在国防、科技、教育领域使用的通信交流工具而存在的。直到20世纪90年代初期万维网(WWW)出现后，大量的信息源以超文本格式(HTML格式)进行全球链接，终于形成了一个跨国界的全球性新型媒体。联合国新闻委员会于1998年5月举行的年会正式提出了第四媒体的概念。1998年6月的法国世界杯、克林顿绯闻案，因特网以其特有的交互性，第一次压倒报刊、广播、电视等传统媒体，确立了第四媒体的地位。

二、网络广告的发展历程

追溯网络广告的历史,可以发现最早的网络广告出现在1994年10月14日,网上杂志Hotwired在World Wide Web上成功地推出了第一个网页广告,其中有AT&T、VOLVO和波音等十数则广告主的图像及信息。这一天也成为网络广告的开始。

在网络广告整个发展历程当中,我们可以将其分为四个阶段。

1. 起步阶段

这一时期是网络广告诞生之后经历的最初阶段。其主要的网络广告提供商是Prodigy公司。他们作为网络广告的拓荒者,做了许多非常重要的工作。在早期阶段,网络广告主要与网络销售结合起来,美国著名的电脑厂商CompuServe从1995年开始就通过网络广告销售自己的产品,而AOL也在当年开始运作网络广告业务。对于这种新奇的广告形式,更多的广告商在其发展初期只是采取了观望的态度,并没有大规模跟进。

2. 徘徊阶段

由于起步阶段的一些问题,网络广告缺乏有效的管理,于是一些广告商利用互联网技术特性向当时流行的新闻组发送网络广告。而实际上这些网络广告通常与新闻组的主题是没有任何关系的。于是,人们把这种广告称作"Spam",即"午餐肉"的意思。这样的网络广告对网络具有破坏作用,网络广告的声誉也一下子一落千丈。互联网上甚至掀起了反网络广告的运动。网络广告的发展遭遇了重大挫折。

3. 认可阶段

如果不反对Spam,那么网络广告将永远不会获得认可。于是一些有识之士举起了反对Spam的大旗。最早反对Spam的是《连线》(*Wired*)杂志推出的HotWired.com。他们推出了新型网络广告工具HotWired,这是第一种规范的网络广告形式。1994年4月15日,HotWired.com与AT&T签订了第一份广告合同,而10月14日,第一份网络广告在该站点发布。当天HotWired.com的首页上出现了AT&T等14家客户的横幅广告。后来,在HotWired.com做网络广告的客户越来越多,其中包括了宝洁、IBM等知名企业。于是,在其发展初期对网络广告持观望态度的麦迪逊大街的那些美国广告业者开始关注这片新兴的地带。

4. 走入兴盛阶段

随着网络经济的发展，尤其是电子商务和网上购物的成熟，目前网络广告已经进入了初步繁荣的时期。各个商业网站都推出了自己的广告服务。更多的网站通过广告生存下来。目前，广告已经成为多数网站主要的赢利来源。可以这么说，网络广告已经成为网站的经济支撑。

中国第一个商业性的网络广告出现在1997年3月，传播网站是Chinabyte，广告主是Intel，广告表现形式为486×60像素的动画旗帜广告。此外，IBM也是国内最早在互联网上投放广告的广告主之一。到1998年年初，中国网络广告开始具备规模。历经几年的发展，网络广告行业经过数次洗礼已经慢慢走向成熟。

三、网络广告的特点

网络广告具有以下几个方面的特点。

（一）互动性强，平行、双向沟通

在网络广告这种形式当中，信息是互动传播的，用户可以主动获取他们认为有用的信息，可以直接填写并提交网络表单信息，广告主也可以随时得到宝贵的用户反馈信息，从而缩短了用户和广告客户之间的距离。而与此同时，用户可以通过链接获取更深入详细的广告信息。网络为受众接收信息提供了方便，同时也为受众处理信息提供了可能。

受众可以主动参与到广告中，向广告主提出问题，询问所需的有关信息。广告的发布者可以利用网络实时回答顾客所提出的问题，培养与用户的感情。这种互动性强的特点是互联网作为广告媒体的最大优势，也是同传统媒体的最大不同点。

（二）实时性和快速性

互联网本身反应就很迅速，依托互联网为媒体的网络广告更是自不待言。在互联网上做广告，可以及时按照需要更改广告内容，经营决策的变化也能及时实施和推广。另外，网络广告制作周期比起传统广告而言更短，这也是它的一大优势。例如，一则有关空调促销广告的空调销售价格变动了，更改时间只需要一两分钟，更改的成本则可以忽略不计，这样就可以很容易做到经营决策变化与广告变化之间的无延迟。

(三) 很强的针对性

由于网络广告都是在特定的网站发布的,而这些网站一般都有完整的用户数据库,因此,广告主在投放这些广告的时候往往能够做到有的放矢,根据广告目标受众的特点,针对每个用户的不同兴趣和品味投放广告。

(四) 灵活多样的投放形式

多媒体性也是广告的一大特点,它能将文字、图像、声音、三维空间、虚拟视觉等有机地组合在一起,而广告受众也能够对广告产品有更详细的了解。

(五) 传播的广泛性

网络广告传播的广泛性主要表现在以下几个方面。

1. 网络传播范围广

网络广告可以通过 Internet 将广告传播到网络所覆盖的国家中十亿计的网民眼前。

2. 内容详尽

传统广告受到媒介的时间或空间的限制,其内容只能突出重点,筛除繁琐。而网络广告则基本上不会受到这方面的限制,可以将广告做得十分详尽,以满足受众对信息的进一步了解的需求。

3. 表现形式多样

网络广告的表现形式包括动态形象、文字、声音、图像、表格、动画、三维空间、虚拟现实等,它们可以最大限度地调动设计人员的创意,以灵活多变的方式进行表现。

4. 没有时间限制

网络广告可以在任何站点的 Internet 上随时浏览,而不会受到时间上的局限。

(六) 准确跟踪和衡量广告效果

在网络当中,网络广告商通过监视广告的浏览量、点击率等指标能够精确统计出广告的大致效果。因此,较之其他广告形式,网络广告能够使广告主更好地跟踪广告受众的反应,及时了解用户和潜在用户的情况。

（七）可重复性和可检索性

网络广告可以供用户主动根据自己的需要检索；而传统广告则是定时定点定期发布的，受众只能按照媒介的发布而接触广告，无法检索。

四、网络广告的形式

（一）旗帜广告（Banner）

Banner 一般翻译为网幅广告、旗帜广告、横幅广告等。一个表现商家广告内容的图片，放置在广告商的页面上，是互联网广告中最基本的广告形式，尺寸是 480×60 像素，或 233×30 像素，一般是使用 GIF 格式的图像文件，可以使用静态图形，也可用多帧图像拼接为动画图像。除普通 GIF 格式外，新兴的 Rich Media Banner（丰富媒体 Banner）能赋予 Banner 更强的表现力和交互内容，但一般需要用户使用的浏览器插件支持（Plug-in）。

（二）按钮广告（Button）

这是从 Banner 广告演变过来的一种广告形式，以按钮形式定位在网页中，比横幅式广告尺寸偏小，表现手法也较简单。

（三）弹出广告

访客在登录网页时插入的一个弹出广告窗口。插播式广告有各种尺寸，有全屏的也有小窗口的，而且互动的程度也不同，从静态的到全部动态的都有。浏览者可以通过关闭窗口不看广告，但是它们的出现没有任何征兆，肯定会被浏览者看到。

（四）通栏广告

在网页中贯穿左右的广告形式，比 Banner 广告更大，因此具有更强的视觉冲击力，也能更好地传达广告效果。

（五）巨幅广告

一般出现在文章中，尺寸为 400×300，图形接近正方形，比长方形的广告位更便于设计意图的传达。

(六) 擎天柱广告

设于页面左侧或右侧的竖形广告位,一般尺寸为 150 × 500,使浏览者拉动页面随时都可以看到此广告,点击率大为提高。

(七) 文本链广告

文本链接广告是以一排文字作为一个广告,点击都可以进入相应的广告页面。这是一种对浏览者干扰最少,却较为有效果的网络广告形式。有时候,最简单的广告形式效果却最好。

(八) E-mail 广告

电子邮件广告具有针对性强、费用低廉的特点,且广告内容不受限制。特别是针对性强的特点,它可以针对具体某一个人发送特定的广告,为其他网上广告方式所不及。广告形式以 Banner 为主,广告体现在拥有免费电子邮件服务的网站上,广告会出现在个人邮箱的主页上。使用电子邮件宣传网址时,主要有如下技巧:① 收集技巧:主动收集方法就是想方设法让客户参与进来,如会员服务、竞赛、评比、优惠、售后服务、促销等。用这种方式来有意识地营造自己的网上客户群,不断地用 E-mail 来维系与他们的关系。② 准确定位:每隔一定周期发送邮件,并只对目标用户群——如注册会员发送邮件,以及让注册会员转发邮件等。③ 个性化服务:美国很多在线交易网站会记录客户电子邮件信息,他们会用电子邮件进行客户跟踪,他们的电子邮件可能会是用户的生日问候。其他的还有网站合作和参加 BBS 讨论组等,总之就是利用一切可能的合法的技术手段来推广自己的商业网站。

(九) 互动游戏式广告(Interactive Games)

在一段页面游戏开始、中间、结束的时候,广告都可随时出现,并且可以根据广告主的产品要求为之量身定做一个属于自己产品的互动游戏广告。

(十) 商情公告板

互联网的蓬勃发展的主要动力之一就是网上贸易的出现。实现网上贸易的第一要素是找到交易对象。仅仅从搜索引擎中寻找这些商业机会是不会非常理想的,这就需要商情公告板。从某种意义上来说,商情公告板就是一种专业的搜索引擎,但是它收录的都是商业机会。

（十一）移动广告

此广告为漂亮醒目的图标在网页上不停地游走，此类广告新颖有趣，很容易吸引受众点击观看。

（十二）墙纸式广告

把广告主所要表现的广告内容体现在墙纸上，并安排放在具有墙纸内容的网站上，以供感兴趣的人进行下载。

（十三）赞助式广告

分为三种赞助形式：① 内容赞助；② 节目赞助；③ 节日赞助。赞助式广告形式很多，广告主可根据自己感兴趣的网站内容或网站节目进行赞助。但网站节目特指时效性网站，如奥运会网站、世界杯网站。另外，节目赞助是指网站在特别节目所推出的网站推广活动。

（十四）使用新闻组（Newsgroup）

在访客多的 BBS（电子公告板）上发布广告信息，或开设专门的信区研讨解决有关问题、传播新信息等。USENET 由众多的在线讨论组组成，自成一个体系，其中一个一个的组叫新闻组或讨论组，广告主可以选择不同的专题进行广告投放。

（十五）网上商店（Shopping）

这是能实现网上销售、电子商务的最佳位置。既能宣传自身的品牌，又能直接接收客户的订单，而且还不用担心商业风险。因为风险已经转嫁到经过国际有关权威机构认证的网站服务商身上。网上比较有名的网上商店有亚马逊（Amazon）、淘宝（Taobao）等。

（十六）关键字广告（Key Words Ads）

关键字广告有两种基本形式：一是关键字搜索结果页面上方的广告横幅，可以由客户买断，这种广告针对性强，品牌效应更好，点击率更高；二是在关键字搜索结果的网站中，客户可以根据需要购买相应的排名，以便提高自己网站被搜索者点击的几率。

五、网络广告面临的问题

网络广告由于其高科技性质,以及自身带有的一些无法克服的因素,使得网络广告的发展存在着一定的缺陷。

(一) 网络广告收受率较低,地区分布不均

能接受网络广告的多是高层次教育水平的,在全国人口中所占的比重较少,而且集中在东南沿海地区。网络广告的影响力发挥有赖于电脑的普及程度。

(二) 带宽等技术瓶颈的束缚

虽然网络广告的表现形式灵活多样,但是网络广告中的音频、视频效果相对电视、广播而言比较粗糙。带宽(数据传输率,以"字节/秒"为单位)的约束使得网络广告的叙事技巧相对简单,在表现意境方面还不能完全与广播、电视相比。

(三) 网络广告的表现策略有待改进

网络广告既占用了信息传播的空间又占用了信息传播的时间,目前许多网络广告都热衷于音视频广告的形式,在带宽有限的情况下,进一步延缓了网页的显示速度,很多网民于是装上广告屏蔽软件,把弹出式广告、浮动页面广告等拒之门外。所以,网络广告的从业人员必须找到合适的广告表现形式,既不影响受众浏览信息的速度,又能吸引住很多人的眼球,让受众能在浏览网页的过程中顺便接收到广告。

(四) 网络广告的客户类型范围依然比较狭窄

目前网络广告的客户主要集中在信息产业、汽车、金融、医药、房地产等行业。信息产业占据了网络广告客户的绝大多数。广告客户相对单一、投放广告金额少,是我国互联网广告市场不发达的主要原因。

由于网络传播的特性,任何人都可以在适当的条件下发布信息,而一旦带有商业目的,这种信息也就成为了法律意义上的广告。这种广告的真实性常无法保证,因此网络中常常会出现一些虚假广告和广告欺诈。

另外,网络传播中的隐形广告也越来越多,主要形式就是以新闻形式发布的广告。还有就是网络广告对网络私人空间的骚扰。因此,维持网络广告市场的秩序,保证网络广告行业的良性发展,维护网络受众的正当权益是网络广告中应注意的问题。

第四节　广告媒体的选择

媒体选择是指在广告活动过程中，对可能作为广告信息传输工具的多种媒体进行选择，它在广告运作过程中占有相当重要的地位。

媒体选择既要符合产品的特性，又要针对产品不同发展阶段的特点；不仅要从媒体本身的功能进行考虑，更要从适合营销策略的需要考虑。每一媒体所具有的独特功能既是它的优势，也可能在各种条件下成为不足；即使是优势功能，对于不同的产品也可能产生相反的作用。同样，每一种产品因其特点和消费者不同，在媒体的选择上就不能千篇一律。更何况市场在不断变化，许多主观条件和客观条件也在变化，因此，综合衡量媒体的功能与目前的实际情况，才能对媒体作出准确的选择。选择媒体的目的，在于寻求最佳传送路线，使期望的广告信息到达目标沟通对象。

一、媒体选择的原则

（一）适应性

广告主在选择媒体时不能只单纯地考察所要投放广告的媒体的权威性和覆盖面，还应看此媒体是否适应产品特点及市场、销售、广告策略，能否弥补其他媒体达不到的目标人群，能否强调某一方面的说服力，有效传达诉求内容。例如，电视是一种非常强调视觉和听觉的媒体，所以一般适合播放一些形象性比较强的产品，如服装、房地产、化妆品等产品；而报纸和杂志媒体则较为侧重文字部分，所以对一些功能性产品能够起到较好地说明作用，如药物、汽车、书籍等产品；广播由于其制作周期短、实效性强等优点，适合播放一些产品的即时信息，如近期的优惠活动等。

（二）互补性

所选择的媒体有无互补性主要是看它是否针对目标消费群；能否补充不同目标群体的接受习惯，增强目标消费群的信任度，从而使目标消费群清楚地了解所传达的信息。一些产品在选择媒体时根本不注意地域的符合性和契合度，明明只针对本市用户,却在中央电视台或省一级的电视台、电台播放广告,这样只会造成媒体资源和广告费用的双重浪费。一种针对年轻消费者的产品在电视台播放广告的同时,也不能忘记在广播上投放一定强度的广告。因为我们知道,年轻消费者中很大一部分是在校大学生,据调查在校大学生一般接触电视媒体的机会相当有限,而却大多有收听广播的习惯,这时产品如果只在电视上播放产品广告无疑会丧失大量的目标消费群。

(三) 效益性

所选媒体是否具有效益性主要看它发布的内容能否填补其他媒体没有完全说明的内容;能否强化品牌力度,坚定目标消费群购买和使用的决心,使广告产生最大效果。有的广告主已经在电视媒体或广播媒体投放了大量的广告经费,也产生了不错的宣传效果,但是仍会再拿出一部分资金在报纸或杂志这样的纸质媒体上登载详细的文字说明或介绍广告,以增加受众对其产品的了解度和信任度,以及好感度。

二、媒体选择的依据

(一) 覆盖域

每一种媒介都有自己相应的覆盖域。这里的覆盖域包括两个方面:一是地区分布。譬如,中央电视台所覆盖的地区是全国,而地方电视台一般只覆盖该市或县、镇,如苏州电视台。二是覆盖人数。一般来说,覆盖地区广的媒介所覆盖的受众人群也较为广泛。电子媒介所覆盖的人数用视听率来表示,印刷媒介则用阅读率来表示。它们的计算公式为:

视听率 = [(视)听某一特定节目的人数(户数) / 电视机(收音机)的拥有量] ×100%

阅读率 = (人数 / 发行数) ×100%

(二) 到达率

到达率指目标受众中指定时间段内至少接触过一次媒介载体的个人或家庭数目,一般用百分数来表示。计算公式为:

到达率 = (收广告信息人数/覆盖域人数) ×100%

如果说一则广告所选用的媒介载体所覆盖的区域内的总人数是10 000,而接触到此则广告信息的人数是1000,那么这则广告的到达率即为10%。计算到达率时要注意不可重复计算,不管一个人从单一媒介载体多次收看到同一则广告,还是从多个媒介载体上接触到同一则广告,均以一次计算。

(三)有效到达率

有效到达率又称有效暴露频次,是指一定时间内同一广告通过媒体到达同一个人或家庭的有效数量,即有多少人因接受到足够多的广告暴露频次而知道这一信息并了解其内容。这一指标有利于广告主及时调整广告播放的频次。

(四)毛评点

毛评点等于到达率乘上频次。毛评点既可用于单一媒体广告效果的评价,也可用于组合媒体广告效果的测评。例如:

毛评点 =(A 媒体到达率 × 发布频次)+(B 媒体到达率 × 发布次数)

毛评点可以测量出媒体计划的总效果,因而它为媒体评价和媒体组合提供重要的参考指标。

(五)暴露频次

暴露频次又称频次或频率,指一定时期内(通常是一个星期或一个月),一个人看到同一广告信息的次数,频次的计算公式为:

频次 = 毛评点 ÷ 到达率

(六)千人成本(CPM)

千人成本的英文全称是 Cost Per thousand,这里的 M 为罗马数字"1000"。它指在一次媒介计划中投放在某一地区的广告总量与该地区的人口总数之比。千人成本可用来比较同一类媒介中两个不同媒介载体的相对效益。但是仅凭成本的高低来作为媒体选择的依据是不够的,一般应选择与传播目标吻合度较好,每千人成本较低的媒体。

巴顿—麦克道威尔媒介效率剖析表(Batten-McDowell Media Efficiency Profile,缩写为 BMMEP)是一种非常有效的数字化工具,它被国外电视频道广泛用于衡量各种媒介的效率,可以为选择媒介提供相关的指标和依据。BMMEP 包括对以下要素的数字化评估:

地理到达,该媒介能到达的市场的地理范围;

人口到达,该媒介可以触及目标人群的类型和数量;

出现频率,该媒介将信息暴露到目标观众眼前的频率,即观众能看到信息的次数;

信息更改,该媒介能随需要快速、频繁地改变发布消息的频率;

文本载荷量,该媒介能有效承诺承载的信息量;

情绪载荷量,该媒介能有效地进行情绪传播的能量;

适时性,该媒介能否在准确时间把信息传递给特定目标观众。

对以上参数进行的评分,称为 BMMEP 指数,1 为最无效,10 为最有效。依据这些数据,就可判断每个媒介的优劣,触及目标人群的类型和数量。

三、媒体选择的方法

当评价媒体的各项指标确定之后,媒体计划人员还必须评核各种主要媒体到达特定目标沟通对象的能力,以便决定采用何种媒体。这些媒体在送达率、暴露频次和影响价值方面互有差异。例如,电视的送达率比杂志高,户外广告的暴露频次比杂志高,而杂志的影响比报纸大。

选择广告媒体可采用以下几种方法。

(一)配合营销目标的广告媒体选择方法

这里将企业营销归纳为扩大销售、增加市场占有率、提高企业及产品的声誉和知名度三类。根据这三类情况,可以选择不同的广告媒体。

若以扩大销售为目标,较为理想的媒体选择顺序是:电视、广播、POP、直邮、报纸、杂志等。这种选择所追求的效果就是直接、顺利地打动消费者,缩短消费者的购买决策过程,使他们尽快作出购买决定。若以增加市场占有率为目标,较为理想的媒体选择顺序是:报纸、杂志、电视、广播。这种选择所追求的效果,一方面是争取新的消费者,另一方面是将已使用竞争对手商品的消费者吸引过来,以增强自己的竞争能力。报纸由于种类多、发行量大、读者多而广泛、能反复刊登、易加深消费者的印象,故而成为这一目标的首选媒体。

若以提高知名度为目标,需要的是消费者的好感,它的着眼点不是即时的,而是长远的。其媒体选择顺序是报纸、户外广告、交通广告、赞助等。由于报纸的新闻性强、可信度高,因此,它是提高知名度的首选媒体。

(二)配合目标市场的广告媒体选择方法

这种媒体选择方法是根据广告目标市场的不同而产生的。目标市场设定的指标主要有区域、年龄、性别和生活习惯等，根据不同的目标市场进行不同的媒体选择。

（三）根据产品特点而作出广告媒体选择的方法

不同的产品适用于不同的广告媒体。一般来说，印刷广告适用于规格繁多、结构复杂的产品，如出版社的新书目录，营养液的说明等；色彩鲜艳并需作技术表演的产品最好选用电视媒体，如服装等；工业产品属理智型购买品，若技术型很强、用户很少，宜选用展销会、直邮、专业报刊等媒体，若技术性一般、用户较多，可选择报刊和电视；生活消费品属感性型购买品，宜选择电视、杂志的彩色广告；等等。

（四）适应支付能力的广告媒体选择方法

由于各自的传播手段不同，各媒体的收费情况是不同的。广告主在选择广告媒体时，可以根据自己的支付能力来进行决策。财力雄厚的广告主可选用一些传播范围广、影响大的媒体，如电视、报纸等，还可采用多种媒体进行组合，以形成立体的全面广告攻势。支付能力弱的广告主，则可选择一种或少数几种传播范围较小、费用较低的广告媒体，把力量集中于一点以争取在一定范围内的突破，如可选用广播、杂志以及各种户外媒体等。

（五）根据媒体搭配需要的选择方法

合理的媒体搭配是广告宣传科学而又经济的选择方法。一般来说，报纸和广播的搭配可对不同文化程度的消费者进行广告信息传播；电视和广播的搭配可使广告信息从城市扩大到农村；报纸、电视和 POP 的搭配有利于强化消费者对广告信息的印象；电视和报纸的搭配有利于加强广告宣传的力度；报纸和杂志的搭配对区域性的目标市场宣传较为有利；报纸或电视和直邮广告的搭配，广告宣传的选择性较强；等等。

以上所介绍的只是广告媒体选择的一些主要方法，在实际工作中应根据具体情况而灵活应用。

四、广告媒体的优化组合

对广告媒体环境进行客观、科学的分析是企业生存、发展的基础，是广告成功的前提。对媒体环境作出正确的判断，才能确定企业自身的经营方向，制定正确的广告策略,避免广告投入的失误。对广告媒体的优化组合的目的就在于既要避免广告商在原有的单一的传播空间里过度投入,也不会因过分谨慎而采取一种"撒胡椒粉"式的传播方式,到处撒网却一无所获。

在广告流程中,广告媒体组织基本上是根据广告主的产品市场目标、市场策略及广告媒体策略,然后对各式各样的媒体进行选择及搭配运用。这就涉及市场传播中所考虑的一个焦点问题:用同样一笔钱,怎样使宣传的产品和目标消费者有最直接、最大程度的接触?而一个适当的媒体组合,理论上就是希望以最少的广告预算,得到最高的经济效益。至于如何为广告主在市场选择适当的媒体组合,我们必须要做到四个"了解"。这样可使在媒体组合的过程中,对准目标,减少失误,提高广告的经济效益。

(一) 了解广告主的产品

不但要知道什么产品、什么类型,还要熟悉产品的所有环节和有关情况,包括销售情况、分销网络、定价以及产品的优点甚至缺点,每一个环节都可以变成我们优化组合的机会,作为我们的主攻点。

(二) 了解竞争对手

孙子曰:"知己知彼,百战不殆;不知彼而知己,一胜一负;不知彼,不知己,每战必败。"知道竞争对手的媒介策略,了解他们的广告排期、习惯、投放分量、媒体选用,从而可衡量出自己产品对媒体的投放比例以及作出策略性的对策。如某个竞争产品习惯在四五月作为重点出击,我们可以集中火力,先在三月出击,进行抢滩,攻其不备,抢占先机。

(三) 了解市场

认清广告主的目标市场、产品定位、广告费用预算、市场策略、目标受众、广告运作性质,是促销还是提升品牌知名度。

(四) 了解各类媒体特性

因各种媒体有着不同的性格及特性,这些不同点,便形成各种广告媒体的特点。例如,报纸广告能读不能听,但便于记忆、理解,具有保存性;电视广告能看又能听,生动活泼,但不便于记忆和存查。有了以上的"了解",我们可按以下的方法来选择适当的组合。

1. 从目标公众出发，选择广告媒体组合

每个目标公众都有着其特定的生活方式及习惯，对每个媒体都有着不同程度的喜好。换言之，每个媒体有不同层次的消费公众，如晚间电台广播拥有大批学生，时装杂志大部分是女性读者，这都有助于选择适当的媒体组合。

2. 从广告预算出发，选择广告媒体组合

在一般情况下，广告费用包括广告制作费和广告播出费。而电视广告制作费通常比其他媒体如报纸、电台、杂志要高，我们要有足够的预算才可选用。另外，同一媒体中，价格也会有天壤之别。我们应根据它们的千人成本（CPM）来衡量它们的价值。

但这并非是绝对的，还要注意媒体本身的价值。若产品是健康饮料，在以上的例子中，我们便不能放弃《体育报》了。

除了以上几种方法外，还要注意其他因素，去选择媒体组合。媒体组合的成功与否，关键在于媒体策划者的经验及媒介触觉，才能为客户提供一个高效率的媒体组合，帮助客户传达有效的广告信息。

在杰克·Z. 西瑟斯等著的《广告媒体企划》一书中，作者认为，使用媒体组合的原因有以下几个方面：为了延伸媒体企划的到达范围；为了减少分配的频率，以使更多受众暴露于媒体；为了增加显著的印象，当然第二种、第三种媒体是有效的；为了增强信息或帮助受众通过不同的刺激来记住信息；为了达到不同类型的受众，也许是按生活方式划分的；为了提供独特的优势来强调基于每种媒体的不同特点所带来的不同益处；为了完成不同的有创造性的行为。

9

第九章

广告预算

内容提要：

本章简介了广告预算的意义与内容，分析了影响广告费用预算的相关因素；较翔实地描述了制定广告预算的程序和方法，以及分配广告预算的基础原则和方法，以期使读者对广告预算有一个比较清晰的认识。

广告预算实际上是广告计划的一个组成部分。广告预算在整个广告活动中占有重要的位置。任何广告策划与广告决策,都必须建立在广告费用预算的基础上,没有足够的资金投入,广告活动就无法顺利进行。本章首先讨论制定广告预算的意义和作用,介绍广告费用的基本类型,然后介绍制定广告预算的方法,最后分析广告费用的分配方式。

制定广告预算与确立广告目标直接关联。广告目标的确立,明确了广告活动决策者想做什么,而广告预算则限制决策者能够做些什么。或者也可以这样说,广告预算直接制约着广告目标的实现,影响着整个广告活动的安排。

第一节 广告预算的意义与内容

一、广告预算的内容

广告预算是企业广告计划对广告活动费用的匡算,是企业投入广告活动的资金使用计划。它规定了在广告计划期内从事广告活动所需的经费总额、使用范围和使用方法,是企业广告活动得以顺利进行的保证。科学地编制广告预算,是实施有效的广告策略并取得预期广告效果所必需的。如果仅有周密、充实的广告计划,而没有充足的广告预算的支持,广告计划就不能落实,广告目标自然也就难以达成;同样地,如果盲目地投入大量的广告费用,而没有完善的广告计划和科学的操作方法,广告目标仍然无法实现。由此可见,只有两者的密切配合与各方面因素的相互协调,企业的广告活动才能取得有效的成果。一般情况下,广告费用由两部分组成:一是直接为推进广告活动而付出的费用,如制作广告和购买媒介等支付的费用;二是间接广告费用,包括企业广告人员的工资、办公费、管理费等。间接广告费用,在我国的许多公司直接划入公司行政经费。而直接广告费用由下列几部分组成。

(一) 广告调查费用

广告调查费用,主要用于市场调查、消费者调查、环境调查、购买资料、研究分析各种资料、广告效果测定、编制调查报告、策划报告、效果测定报告等分析研究费用,一般情况下,这部分费用占广告费总额的5%左右。

（二）广告设计制作费

这部分费用主要用于各类广告作品的设计制作。一般情况下，设计制作费占广告费总额的10%左右。

（三）广告媒介发布费用

这是购买媒介的时间和空间的费用。这部分费用是广告费用的主体，约占80%以上。

（四）广告活动的机动费用

这部分费用主要用于市场变化状况下的机动原因的开支，一般占广告费总额的5%左右。

1981年，美国学者查尔斯·帕蒂和文森特·布拉斯科对100家广告主进行了详细调查，了解他们通常将哪些费用列于广告项下，最后，他们把调查结果分为白色、灰色、黑色三种彩色单子。这份单子实际上已涉及我国广告公司、广告主在制定广告预算时的各项费用，可供我国企业在做广告预算时参考，如表9-1所示。

表9-1 广告费用分类表

分类	项目性质	费用类型	主要费用项目
白表	必须作为广告费用结算的费用项目	时间空间媒介费及其他广告费	一般报纸、一般杂志、行业报纸、行业杂志、剧场广告、户外广告、店内广告、新产品、宣传册、人名录、直接邮寄广告（DM）、报纸及标签（可用于做广告的地方，如陈列社会公窗）、商品目录、面向商店和消费者的公司杂志、电影、幻灯、出口广告、特约经销广告，用于通信或陈列的广告复制、广播、电视，用于其他目的的一切印刷品
		管理费	广告部门有关人员的工资、广告部门办公室用易耗品和备用品费，付给广告代理业和广告制作以及顾问的手续费和佣金，广告部门工作人员的广告业务差旅费（有的公司把此项费用列入特别管理费）
			有关美术设计、印刷、、制版、纸型、电气版、照相、广播、电视等方面的制作费，包装设计（只涉及广告部分）等
			广告材料的运送费（包括邮费及其他投递费），陈列窗的装修服务费，涉及白表的各项杂费

续表

分类	项目性质	费用类型	主要费用项目
灰表	可算作广告费也可不算作广告费的项目		样品费、推销费、商品展览会费、挨户访问劝诱费、房租、水电费、广告部门的存品减价处理费、电话费、广告部门其他各项经费,推销员推销用的公司杂志费、宣传汽车费、加价费、有关广告协会和团体费、推销员用于广告的皮包费、工厂和事务所的合同费、推销员使用的商品目录费、研究及调查费、对销售店的协助支付的广告折扣
黑表	绝对不能作为广告费的项目		免费奉送品费、邀请游览费、商品陈列所的目录费、给慈善(宗教)组织的捐献品费、纸盒费、商品说明书费、包装费、新闻宣传员的酬金、除广告部门外使用的消耗品费、价格表制作费、推销员的名片费、分发给工厂人员的机关杂志费、特殊介绍费、待业工会费、老主顾和新主顾的接待费、年度报告的报告书费、陈列定租费、推销会议费、推销用样本费、工作人员生活福利活动费、娱乐费

就一般意义而言,预算包括收入与支出两个方面。但广告预算则只有支出而没有收入,其收益只能在企业销售和市场占有率的增长或者利润的提高上最终反映出来。企业把一笔钱合乎逻辑地投资于广告,与其期望直接相关。也就是说,企业开支一笔广告费用,是要对市场上的顾客及潜在顾客传播商品或服务的信息,以使其在态度上或行为上有所表现,购买广告宣传的商品或接受所宣传的服务,而使企业的销售有额外增加。因此,如何以最少的广告支出,取得最大的广告效果,就是广告预算所要解决的问题。

到底有没有合适的方法,使我们得以实现这一目的呢?肯尼斯·朗曼经过长期的研究作了肯定的回答。他在利润分析的基础上,创立了如下一个广告投资模式,见图9-1。

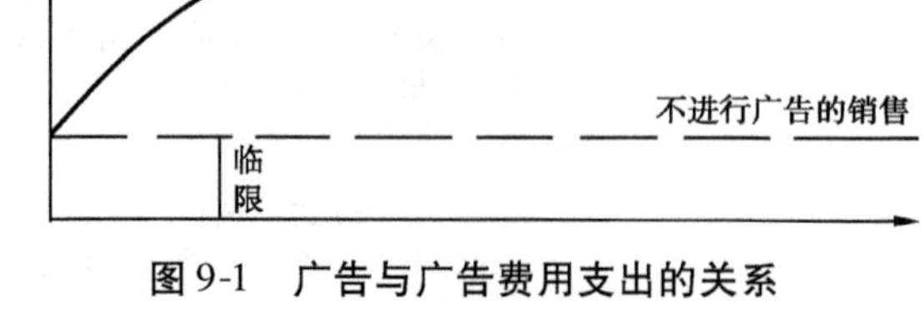

图9-1 广告与广告费用支出的关系

朗曼的这个模式表明，任何广告都只能在两个销售点——临限与最大销售限度之间发生效果。在“临限”阶段，没有任何广告，也会有一定程度的商品销售；而在达到最高销售点以后，无论如何做广告，销售情况也不可能再有提升了。这一限制可能是由于生产规模、市场情况、原料的取得或其他因素所导致的。

按照朗曼的意见，广告成功的关键，是以最少的广告投资，在这两个销售点之间产生最大的销售金额。这也是决定广告预算的重要依据。

二、广告预算的意义

广告费用预算，就是根据企业营销目标和广告目标，经过详细周密的策划，规定出未来一定时间内（通常是一年）开展广告活动所需的总费用和分类费用。广告费用预算是企业营销计划和广告计划的有机组成部分，是企业广告活动的重要环节。其意义主要有以下几个方面。

（一）可以使广告活动更为科学化

对广告费用进行科学预算和分配，可以避免企业广告费用预算确定的主观性和盲目性，使广告费用预算真正建立在科学的基础上，从而使广告投资产生最佳效益。

（二）可以使广告活动得到更加有效的控制

根据广告目标的要求，科学合理地确定广告费用预算，可以使广告费用的使用更为合理和适度，减少偏差和错误，有效地控制广告活动的进行。

（三）可以更好地评估广告活动

对广告费用进行科学预算，合理确定各笔广告费用使用的目标要求，可以为在广告活动结束之后，评价每一项具体的广告活动的费用支出与取得的效果，以及广告费用总投入的总体效益时，提供衡量的依据。

广告费用预算对广告活动的积极意义是多方面的。需要强调的是，广告费用预算，是整体策划中的一环，只有广告整体的各环节都解决好，才能保证广告活动的成功。

三、影响广告费用预算的因素

广告费用预算，与企业营销活动、广告活动及市场环境密切相关，因而影响广告费用预算的因素是多方面的。

(一)产品生命周期的因素

产品的生命周期分四个发展时期,即导入期、成长期、成熟期、衰退期。产品所处的生命周期的阶段不同,广告费用预算亦有差别。

所谓产品的生命周期,是指产品从推入市场到被市场淘汰的销售状况和收益状况。在一般情况下,产品生命周期的坐标图中呈现“S”形曲线,对整个产品生命周期进行划分,可以分为导入期、成长期、成熟期和衰退期四个阶段。在不同的生命阶段,企业为达到预期的营销目标,必须有针对性地投入广告费用,实施相应的广告策略。

1. 导入期

这是产品刚刚投放市场、销售量缓慢增长的时期。由于广告主在产品的开发、研制到生产、投放市场这一过程中投入了大量的资金,因此,广告主在这一阶段无法获取利润;相反地,由于广大消费者对新产品是陌生的,为了能使产品为目标消费者所接受、购买,为了能在潜在消费者的心目中留下较为深刻的印象,广告主还必须投入大量的广告费用,充分运用各种媒体对产品的功能、性质、使用方法以及带给人们的利益等广为宣传,以达到“广而告之”“快而告之”的目的。可见,在这一阶段,广告主不能期望广告能够给产品带来多大利润,而主要应为产品在市场上的迅速成长打下良好的基础。

2. 成长期

这是产品为消费者所接受,销售量和利润均迅速增长的时期。由于前一阶段广告效果的时间累积和该产品的非广告传播,人们逐渐熟悉了该产品,开始出现了心理变化,广告由“心理”效果导致“行为”效果。因此,这一阶段的广告宣传可以适当放慢频率,广告费用支出逐步递减并有所侧重,缩小广告规模,扩大时间间隔,采用差别化策略,以求维持公众印象。

3. 成熟期

产品在历经导入期、成长期之后,目标消费者和大部分潜在消费者都已购买了产品,于是产品又进入缓慢的销售成长期或持平时期。由于这时竞争者已经纷纷加入,促销费用不断上升,因而广告主的收益能力不可避免地随之而有所下降。在这个关键时期,企业又要加大广告费的投入,利用各种媒介,实施多样化的广告策略,大张旗鼓地开展广告促销活动,突出宣传本企业产品的优点和特色,对市场进行更有效的渗透,以维持竞争地位和市场份额,延长成熟期,延缓衰退期的到来。

4. 衰退期

这一时期最明显的特征是产品销量大幅度下降，利润也随之急剧下降。当产品进入这一阶段后，由于新产品的出现以及消费需求的转移等原因，即使增加广告费，也无济于事，因此，除非可以对产品进行重新定位，或在原产品基础上，进行新产品开发，否则，应及时缩减广告费，把有限的广告费用投入到产品开发或其他更有效的企业行为中去，以图东山再起。

图 9-2 显示了产品生命周期与广告费用支出的关系。在产品导入期，由于消费者对产品缺少认知，企业广告费用投入比较多，可能超过销售额。产品进入成长期后，由于前期有效的广告宣传使销售额急剧上升，广告费用与销售额之比呈下降趋势。当产品进入成熟期后，销售额和广告费用支出继续增长。产品进入衰退期，广告费用投入逐步减少直至完全停止。

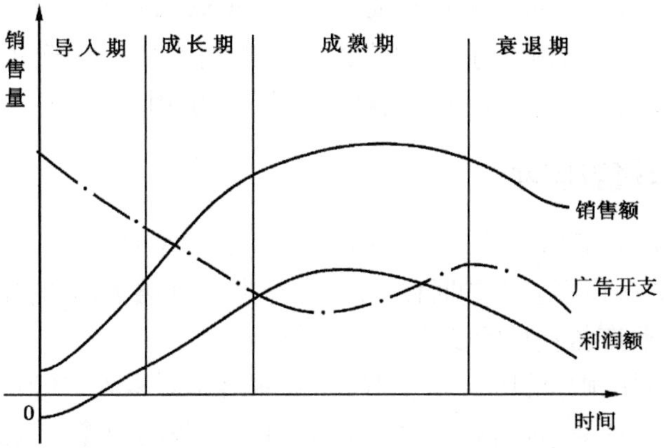

图 9-2 产品生命周期与广告费支出的变动关系图

（二）竞争对手因素

制定广告费用预算，必须要考虑竞争对手的因素。一般情况下，竞争对手的市场占有率、品牌知名度、广告费用等都会影响企业的广告费用预算。尤其是在产品的成长期和成熟期，由于竞争非常激烈，产品差异越来越小，利用广告争夺消费者是企业竞争的重要手段之一。这就需要根据竞争对手的广告策略和费用状况，来确定自己企业的广告费用预算。

（三）销售目标因素

企业预定的销售数量、销售额和销售利润等销售目标，直接影响着广告费用预算。企业为了增加销售数量，达到预定的销售目标，获得理想的销售利润，重要手段之一是增加广告费用。

(四) 市场范围的因素

产品的市场范围,主要指产品销售范围的大小、潜在销售范围的大小及其地区分散程度。市场上本产品的销售范围大小,影响广告费用的大小。产品在市场上的覆盖面越大,广告费用在通常情况下也就越多;反之,产品在市场上的覆盖面较小,相对投入的广告费用也比较少。

(五) 广告媒体的因素

不同的媒体,其制作和发布费用不同,即使同类媒体,由于其覆盖率和接收率不同,广告费用也不相同,如电视广告制作费用高于报纸广告费用,中央电视台的播放费则比地方电视台要高许多。因此,媒体选用不同,广告费用也不同。同时,在制定广告费用预算时,还要考虑媒体费用的开支可能出现的情况,如发布费涨价,但要保持原计划发布量,就要增加广告费用。

(六) 企业财力因素

企业财力状况,直接影响广告费用预算。大、中型企业,实力雄厚,广告费用自然就比小企业多得多。有的时候,企业出于营销战略考虑,筹集资金投向广告活动,也导致企业广告费用的变化。

影响广告费用预算的因素是多方面的,除上述因素外,其他诸如利润率、消费者、社会环境等因素,都直接或间接地影响广告费用预算。因此,在制定广告费用预算时,要充分考虑各种因素,使广告费用预算具有更大的灵活性和适应性,以确保广告活动的顺利进行。

第二节 广告预算的方法

一、广告预算的确定和程序

(一) 广告预算的确定

在编制广告预算时,首先遇到的一个问题是广告投资到底需要多少才算合适;既不浪费,又能达到广告效果?广告投资不同于其他投资,它既看不到直接效果,也没有固定的标准,对一个企业来说,多几万元或少几万元似乎效果相差不大,实际上广告活动效果是否理想,并不单纯决定于广告费的多少。

为了说清这个问题,首先应该了解广告投资与企业销售利润之间的关系。这一关系如图 9-3 所示。

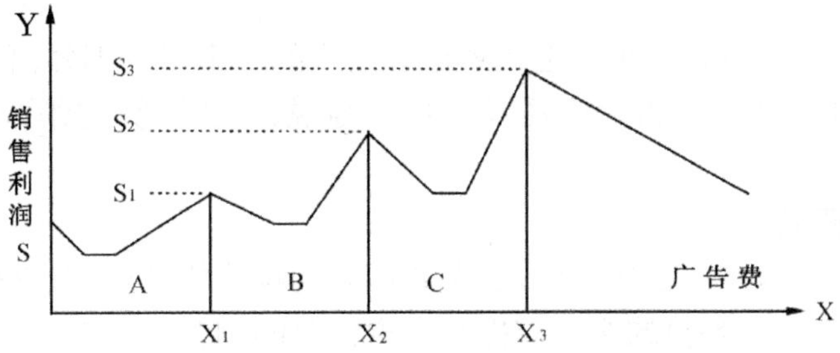

图 9-3 广告投资与企业销售利润关系图

图中 X 轴代表广告费用投入的多少,Y 轴代表销售利润的多少,S 点代表在广告费用为零时,通过其他营销活动带来的销售利润。

我们可以把图中所示曲线分成三个段落来分析。在 A 区内,由于广告费由零逐步加大,而广告尚未带动销售额的增长,将广告费计入销售成本以后,总的销售利润就下降了。随着广告宣传产生效应,利润达到 S_1 的水平。如果此时企业认为广告效果一般化,认为自己的产品不适合做广告,因而不继续投入广告费用,那么,该企业只能获得 S_1 水平的利润,一般而言,这是十分可惜的。但是,如果企业继续扩大广告投资,那就可能要冲破若干限制广告效果的社会因素,即冲破所谓的"瓶颈效应",到了 B 区,广告费用的增加会带来更高的销售利润 S_2。这种情况可能再次出现,当广告投资突破 X_2 时,广告可以第二次冲破"瓶颈"的束缚,将销售利润带到更高的 S_3。如果广告投资达到 X_3 时,销售利润又第三次下降了,此时企业怎么办呢?是不是继续追加广告费,再一次突破"瓶颈",以求获得更大的销售利润呢?这当然是企业愿意的,但广告的力量并不是无穷的,产品的销售不可能无止境地扩大下去,它必然会受社会因素的制约而限定在某一范围内。盲目地追加会造成浪费,但不追加广告费,万一失去了更高的利润岂不可惜?对企业管理人员来讲,广告费用每达到一定程度而引起的销售利润下降时,他们必须进行一次风险决策。这种风险决策,固然要依靠各种数据,但更大程度上是凭借以往的经验,直觉在这里起很大的作用。通过以上分析可以看出,从理论上说,广告能够促进销售,给企业带来更多的销售利润。因此,在广告的效力还处于上升期时,产品还有生命力,切不可因为广告费的投入而加大成本,引起销售利润的波动致使广告活动半途而废。同时,也应该看到,广告的作用是有极限的,产品是有生命周期的,那种盲目地追加广告投资的做法亦是不可取的。精明的决策者就在于他能够审时度势,使广告投资产生出最佳的效益来。

(二)广告预算的程序

广告预算的编制是整个广告计划拟订过程的一个组成部分,而很多材料和数据的获得都要依靠广告调查活动。具体地说,广告预算的编制需经过以下程序。

1. 调查研究

企业在着手编制广告预算前,首先要对影响预算的各种因素有一个全面的了解,这是制定广告预算的必要前提。广告预算的调查项目与广告调查中的基本项目相同,因此,这项工作一般与广告调查活动结合在一起进行。

2. 综合分析

综合分析是指对调查材料和数据的分析,同时再结合企业总体营销目标、广告目标和广告战略确定广告预算的目标和原则,并对总的广告费用开支进行预算。

3. 拟订方案

根据已确定的广告预算目标和原则,同时按照广告计划的安排和要求,拟订出广告预算的初步方案。由于广告预算涉及广告活动的各个方面,因而在拟订方案时应从全局出发,通盘考虑,并且兼顾需要与可能两个方面来确定广告预算的总额及分配比例。有时可拟订几个初步方案,以供决策部门比较和选择。

4. 评价方案

决策部门收到拟订的方案后,组织有关人员进行审议,对方案的合理性、可行性作出评价,需要修改的作进一步修改、调整,有多种方案的则进行比较分析,从中选出最佳方案。初步方案经审议通过后,由决策部门确认批准,即为正式的预算方案。

5. 落实方案

将已确定的正式预算方案予以进一步的明细化,并就具体的实施办法作出规定,然后提交各有关方面执行。在执行过程中,要对预算的执行情况进行监测和控制,及时发现问题并加以调控和修正。

二、制定广告预算的主要方法

广告总投资额确定后,即可选取以下方法制定广告预算。

(一) 销售比例法

这是一种被广泛采用的方法。具体做法是,把下一年度预订的产品销售额的百分之几作为广告应投入的总费用,其预计的根据是本年度的销售总额。例如,某企业本年度的销售总额为 100 万元,预测下一年度销售总额也为 100 万元,假定企业的毛利是 10%,其产品成本与营业费用(不包含广告费用)的比例是产品成本占 60%、人事费用占 10%、管理费用占 10%,这三项总计为 80%,然后再加上预计的毛利 10%,共计 90%,很显然,企业可以把剩下的 10%作为广告费用开支。这种计算方法之所以被广泛采用,主要是因为它计算简单,既然广告是为促进销售服务的,那么,广告费就应当与销售额直接挂起钩来,销售额越高,广告费也就越高。企业广告部门向企业高层管理人员申请广告费用时,也往往以此为理由。

但是,销售比例法有一个明显的缺陷,它不适用于迅速变化的销售环境。这表现在两个方面:一般来说,本年度销售情况不佳,下一年度就更加需要增加广告费用,去努力扩大销路,但是以本年度的销售额去预计下年度的销售额,再据以推算下年度的广告费,广告费往往因此而变少而非变多,那就出现了所谓的"马太效应"。还有一种情况,如果企业再用这种办法将广告费分配到下属公司去,生产成熟产品的下属公司因销路稳定,可以拿到一笔稳定、可观的广告费,而生产新产品的下属公司,由于一时尚未打开销路,正需要广告费,却所得甚少。所以,使用这种方法的前提是销售总额的预测必须正确、科学,而且不适用于新产品的推销。

(二) 销售单位法

这种计算方法是以多销售一定数量的商品作为计算广告预算的参考数据的。假定销售一台电风扇的价格为 120 元,变动成本为 68 的销售利润,假如这个企业每月拿出 1000 元做广告,每月只要多卖 20 台就可以收回广告成本了。为了获得较好的经济效益,企业在确定广告预算时,就用多销售一定数量商品的数据作为确定广告预算的依据。这种方法简便易行,但也有缺点:如果产品滞销,广告预算就无法确定了。当然,精明的企业家是不会因为商品滞销而做广告的。

(三) 广告收益递增法

这种方法使用方便,已被我国许多企业采用,其方法是企业广告费按照销售额度的增加而增加。例如,广告投资额为50万元,产品销售额达4000万元,其广告就占销售额的1.25%。当广告投资增加1倍时,销售总额也应该增加1倍。这种递增比例不是绝对的,消费者对产品的需求有着一定的限度,超过一定的市场需求量,销售额的增长就相当缓慢,甚至停止。所以,当商品处于供不应求时,采用此法效果较好。

(四) 销售收益递减法

这种方法是先测出产品需求量的饱和状态,把广告费用的支出限制在最佳销售额度以下。例如,当广告费用支出5元时,销售额达到400元,当广告费增加到15元时,销售额增加到800元。如果把广告费从10元增加到20元时,看到销售额处于缓慢增长期,这说明产品的需求量很快就要达到饱和点,即使再增加广告费的支出,也很难促进销售量的增加了。于是,把广告支出限制在15元的额度就成为最佳选择。这种方法的难点在于饱和度的测定,仅据以往经验,不足以推测即将出现的销售势头。

(五) 目标达成计算法

这种方法主要是根据企业的总目标来决定广告预算的多少。如果企业的总目标是年产量达到100万件,销售利润达到1000万元,投资回收率达到30%,企业就可以根据完成上述目标应支付的广告活动经费的总额来确立广告预算。外国广告学者把这种目标达成法叫作完成指标计算法。这种方法在理论上是正确的,但在实践中存在一定的困难,因为这种计算方法没有固定的比率关系。如果企业打算推出一种新产品,采用这种办法效果较好。

(六) 竞争对比法

这是根据竞争对手的广告费用支出来确定本企业广告预算的方法。这种方法又分为两种:一是根据主要竞争对手和本行业中少数几个领先企业的广告费用支出,来确定本企业的广告预算数目;二是根据同行业所有企业广告费用开支的平均值,来确定本企业的广告预算数目。

竞争对比法基于这样一种认识,即某一企业的市场份额与它的广告费用支出存在着对应关系,市场占有率越高,广告费用支出在同行业中所占的比率也就

越高。根据这一认识,竞争对比法的计算公式为:

广告预算 =(竞争对手广告费总额)÷(竞争对手市场占有率)×(本企业预计市场占有率)

例如,某生产方便面的企业计划要达到10%的市场占有率,经调查,了解到去年几家主要方便面生产厂家所支出的广告费为1000万元,共占其市场份额的50%。用竞争对比法公式推算,该企业本年度所需的广告费用为:

$$\text{广告预算} = \frac{1000}{50\%} \times 10\% = 200(\text{万元})$$

也就是说,在其他条件不发生变化的情况下,该企业在本年度应支出广告费200万元,才有可能达到10%的市场占有率目标。

竞争对比法对竞争因素予以充分考虑,在市场竞争十分激烈的情况下,不失为一种与竞争对手相抗衡的有效方法。但一般来说,竞争对手均将自己的广告费支出的有关数据作为商业秘密,其他企业一般难以获取。此外,市场的变化也常促使竞争对手们不断地调整自己的广告投入,这种变化就更难以得知了。因此,竞争对比法在实际广告费用预算制定的过程中较少被采用。

(七) 市场份额法

这也是从竞争的角度来考虑本企业广告费用支出的一种广告预算制定方法。与竞争对比法所不同的是,这种方法的创始者詹姆斯·佩卡姆认为,广告费的份额与市场份额并不是对等的关系,如果企业想要保持现有的市场份额和扩大市场份额,就必须使其广告费在同行业中所占的份额大于该企业的市场份额。假如企业及其产品是初次进入某一市场,其所付出的广告费份额将是其所希望得到的市场份额的两倍,根据这一推断,市场份额法的计算公式为:

广告预算 = 全行业广告费总额 × 本企业广告费份额

(其中的本企业广告费份额 = 本企业预定市场份额 ×2)

例如,某企业想在市场上取得10%的市场份额,那么,它的广告费份额应该是市场份额的两倍,即20%。假定同行业各企业的广告费支出总额为600万元,那么该企业的广告费用支出额就为:

广告预算 = 600 × 20% = 120(万元)

也就是说,这一企业要想获得10%的市场占有率,它就必须支出120万元的广告费用。

市场份额法有它积极的一面,即它说明了广告份额应大于市场份额这样一种不对等的关系,从而促使企业抛弃不做广告或少做广告也能获得市场的侥幸心理。它的缺陷在于:这种方法片面强调了广告费用的支出对销售的作用,而容易导致忽略其他促销活动以及广告的质量对企业销售目标的影响。广告费用只是保证广告活动正常进行的一个重要前提,而不是促进销售的决定因素。

以上各种确定广告预算的方法各有长处和短处,理论界和企业界也对此褒贬不一。应当看到,在这些方法中没有哪一种方法是绝对的最佳方法。企业在决定采用哪一种方法来制定广告预算时,要充分考虑到各自的具体情况。在实际操作过程中,不妨多用几种方法,拟订多种方案,经过比较再确定采用一种切合实际的方案。

第三节 广告预算的分配

广告预算的分配是指把广告经费具体分配到每一个项目中去。合理的广告预算分配能保证广告经费的合理使用。

一、广告预算分配的原则

尽管广告预算的分配方法是多种多样的,但从广告活动的一般要求来看,广告预算应遵循以下一些原则。

(一) 整体观念

广告活动由许多不同的环节和内容组成,每一个环节都是实现广告目的所不可缺少的。因此,在进行广告预算分配时要充分考虑到各个环节的作用以及它们所应得的资金,在这方面的任何偏废都会影响到广告活动的顺利进行。

(二) 具体问题具体分析

广告活动中的各个环节有其各自的特点,它们各自所占的资金量也是不同的。一般来说,媒体费用在预算中占较大的比重,而广告设计制作费所占比例较小。然而,媒体费用是根据媒体的种类、传播时间和次数等较明显的因素计算出来的,一般变化不大,所以在控制上相对要容易一些;广告设计制作费虽然较少,但实施过程中各种变化的可能性较大,所以在数额分配上应该宽松些。

（三）松紧适度

市场的瞬息变化使得广告计划难以达到百分之百的准确。同时，广告预算又是一项涉及整个企业营销计划的复杂活动，因此影响广告预算分配的因素是很多的，其中任何一个因素的变化都可能干扰广告活动的进行，影响到广告费用的支出。为了应付各种意外的情况，广告预算的分配要留有余地，以增强适应性。

（四）标准明确

广告预算具体分配到每一个环节中去之后，应该根据广告预算的要求，对每一个环节和每一项内容所支出的广告费用的情况确定核算的标准。只有这样，才能保证每一笔预算得到合理的使用，才能使广告投资达到最佳的效果。

二、广告预算分配的方法

企业在确定了总的广告预算之后，就要根据广告计划各项细目的要求，将广告预算的总额分摊到广告活动的各个项目中去。常见的分配方法有下列几种。

（一）时间分配法

广告计划一般短则 6 个月到 1 年，长则 2 年到 5 年，这就表明广告活动在时间上应该是连续的、不间断的。广告预算时间分配法就是按照广告各项活动的时间安排，有所侧重地分配广告经费，使每一阶段都有相应的费用可以保证企业的宣传活动。如果不按时间来安排、使用广告经费，就可能出现头重脚轻的现象，在产品销售刚开始时投入较多的广告费用，或是不需要大量投放广告费用的时候，却盲目投放，到后来真正需要大量投放广告费时，企业已感到力不从心，出现广告宣传中断的现象，因此，丧失了许多市场机会，给企业造成了难以挽回的损失，或是逼迫企业不得不增加投入，增加了企业的开支。

日常用品的广告宣传，一般都将某一特定时间分为若干小时间段，均匀地或有所侧重地分配广告经费。有所侧重往往是指在某些特殊的节假日，如消费者权益保护日、母亲节、情人节、劳动节、国庆节、元旦、春节等，适当加大宣传力度。

季节性强的产品的广告宣传，如服装、电扇、空调、电暖器、食品等，就更应注意投放广告的时间性。

(二) 地理区域分配法

这是广告主将某个市场或市场分割部分分解成若干个地理区域,而后再将广告经费对各个地理区域予以平均或有所侧重的分配方法。由于平均分配往往会忽略某些特定的市场因素,因此,最常见的方法也还是有所侧重的分配法。其基本原则是:推销容易的地区要比推销困难的地区少分配,人口密度低的地区要比人口密度高的地区少分配;全国性市场的广告费要大于区域性市场的广告费,区域性市场的广告费要大于地方性市场的广告费。当然,这也不是绝对的。预算分配的重点应是销售可能性大的地区和市场,最低界限不能少于维持产品在该地区竞争地位所需的基本费用。

(三) 产品分配法

这是广告主根据其生产产品的种类,按比例、有所侧重地分配广告预算的方法。因为企业生产的产品往往有很多品种,而这些品种的生命力不可能是相等的,所以,广告经费的分配也不可能是平均的。这种分配方法是把重点放在有较大的市场潜力、对广告有较大依赖性的产品上,通过它可以带动其他产品走向市场。用这种方法分配广告经费,首先必须了解产品的生命周期以及产品面对的竞争力量、产品在企业产品体系中所处的位置、产品利润水平等因素的影响。

(四) 媒体分配法

这是根据广告计划所选择的广告媒体以及媒体刊播频次计划有重点地分配广告经费的方法。具体又分为媒体间分配和媒体内分配两类。前者是指依据广告计划所选定的各种媒体间进行广告费用的分配,它是随着广告策略的实施进行划块分配的,如电视广告占多少,报纸广告占多少,广播广告占多少,等等;后者是指同种媒体的划块分配在媒体内部单位间的分配,如在电视广告内部,中央电视台占多少,省市电视台占多少,地方电视台占多少,等等。

(五) 广告对象类型分配法

针对不同的广告对象进行广告宣传,所需的费用是不同的,如对工商企业、团体用户做广告,可以较多地利用样本、说明书等直达广告,将广告信息直接邮寄给广告对象,费用就比较少;对普通消费者做广告,则必须通过大众传播媒介,费用就比较高。用这种方法分配广告经费,必须对自己产品的消费对象构成有比较清晰的认识。

第十章

10

广告效果

内容提要:

广告效果是广告主最为重视的,本章简介了广告效果的分类与特点;分析了广告效果测定的意义,以及广告效果测定需遵循的原则与要求;广告效果测定的内容和方法围绕着广告的传播效果、心理效果、销售效果和社会效果四个方面进行。

广告经一定的媒体发布之后必然产生相应的效果。对广告效果的理解因角度的不同有不同的认识。从广告发布后的客观现实来看,广告效果有三种状况:第一,广告发布之后能产生很大的效果,或者极大地促进了广告对象的销售,或者只是对销售稍有提升。第二,广告发布之后没有产生效果,也就是说做广告与不做广告结果一样。第三,广告发布之后由于操作上的原因,或者广告设计上的原因等,不但没有促进销售,反而使得广告对象的销售量减少了。这三种情况的出现是广告发布后的客观效果,无论哪一种情况的出现都是与广告决策密切相关的。

从广告效果承受的对象来看,广告效果包括广告的传播效果,即对消费者的影响;广告的经济效果,即对企业经营的影响;广告的社会效果,即对社会的影响。广告对消费者的影响主要体现在广告作品通过媒体传播后,首先对消费者心理活动产生影响,既而影响消费者的消费行为;而广告对企业经营的影响,主要体现在企业投入一定的广告费用,开展广告活动后最终能够增加多少销售额,取得多少盈利;广告作品还对社会起着间接的潜移默化的影响,这就是广告的社会效果。广告主从自身的要求出发,对于广告效果的追求显然更加注重前两者,因而广告效果的测定也主要是围绕着广告的传播效果和经济效果进行的。

第一节　广告效果的分类与特点

一、广告效果的分类

简单地说,广告效果是广告对其接受者所产生的影响及广告发布后经人际传播所达到的综合效应。比如,新产品广告,通过广告活动促使消费者了解本品牌的优点,从而改变已有品牌消费习惯;企业形象广告,通过广告活动宣传企业独特的形象,从而在公众心目中建立企业的良好印象,使消费者对本企业及其各种产品产生亲近感、认同感,最终促进产品销售。

在广告活动中,从不同的角度来理解广告效果,可以将广告效果进行不同的分类。

(一)以宏观角度的视角来看,可将广告效果分为经济效果和社会效果

广告的经济效果,是指广告对社会经济生活,包括生产、流通分配、消费产生

的影响。特别是指由于广告活动而造成的产品和劳务销售以及利润的变化。既包括广告活动引起自身产品的销售及利润的变化，也包括由此引发的同类产品的销售、竞争情况的变化。

广告的社会效果，是指广告活动不仅对人们的消费行为、消费观念的变化起作用，也会对整个社会的文化、道德伦理等方面造成影响，即广告对社会精神文化生活产生的影响。

（二）以广告效果的表现形式来看，可将广告效果分为销售效果和广告本身效果

广告的销售效果，是指以销售情况的好坏直接判定广告的效果。认为广告是促进产品销售的一种手段，认为产品既然做了广告，销售情况必须改善，否则该广告就是白做了。

广告本身的效果，即广告的接触效果或广告的心理效果，是指广告呈现之后对接受者产生的各种心理效应，包括对受众在知觉、记忆、理解、情绪情感、行为欲求等诸多心理特征方面的影响。这是广告效果最核心的部分。它不是直接以销售情况的好坏作为评测广告效果的依据，而是以广告的收视率、收听率、产品知名度等间接促进产品销售的因素为根据。

（三）以广告效果产生的时间角度来看，可将广告效果分为即时效果和潜在效果

广告的即时效果，是指广告活动在广告传播地区所赞成的即时性反应，主要是指即时的促销效果。

广告的潜在效果，是指广告在消费者心目中产生的长远影响，对受众的观念上的冲击，如消费者对产品及企业的印象的变化。

二、广告效果的特点

广告效果存于广告活动的每一个环节，它是达成广告目的的主要评测标准，更多显示在广告告一段落之后。广告的任何一个环节都会影响到广告效果，同时广告所存在的市场环境、社会文化，所使用的经销策略、销售渠道等宏观或微观的因素都会给广告的效果带来不确定性。广告效果自身也会随着这些因素而具有相应的特点。因此，在测定广告效果之前，必须要搞清楚广告效果所具有的特点。

(一) 广告效果的迟效性

广告效果的表现需要一定的时间,往往是事后才会显示出来,这就是广告效果的迟效性。广告一经发布,接触、接受广告的受众虽然很多,但是马上实施购买行动的并不多。这并不一定就是广告没有效果,而往往只能说明广告并不能立竿见影而已。受众接触广告往往会经历从注意到关注、理解、记忆、行动等几个阶段,这些需要必要的时间慢慢转化。因此,只有准确地掌握广告效果发生作用的时间周期规律,才能准确地测定广告的真实效果。

(二) 广告效果的累积性

广告效果往往不是一次广告就能产生的,而是多次广告影响累积而成的。例如,某一广告连续播发四次,消费者均未采取行动,直到第五次播发后,才发生了反应,这种反应当然不能仅仅归结为第五次广告播发的效果,而应看作是五次播发的累积效果。因此,我们把消费者从初次接触广告到采取购买行动之前的这一段时间,称为广告效果的累积期。在这段时期内,必须进行连续多次的、不同方式的刺激,强化广告的影响,才能使量的积累转化为质的飞跃。广告效果的累积性特点增加了广告效果测定的难度,这是因为很难对每次广告播发的效果大小作程度上的区分。

(三) 广告效果的间接性

广告的直接目的是促进销售,可是,并非所有的广告都能直接促进消费者进行购买活动,大多只是影响了广告的接触者,他们并不一定就产生购买行动,却乐意将有关信息传递给他周围的消费者,这些消费者在他的信息传递促动下发生了购买行动。显然,这种效果不是广告本身所取得的直接效果,而是一种间接效果。这种间接效果在测定广告效果时,是很难调查准确的。

(四) 广告效果的复合性

广告效果是经济效果、心理效果和社会效果的统一。单从经济效果来看,在广告活动过程中的企业的经济效益,销售情况受到 4P 因素的影响,分别为 Production(产品)、Price(价格)、Place(渠道)、Promotion(销售促进),而销售促进又包括广告(Advertising)、公关(Public Relation)、促销(Sale Promotion)等,广告活动只是销售促进的一种手段,美国的市场营销专家曾细说影响产品销售的因素竟有 37 个之多。因此,很难断定广告活动的最终效果就是广告活动本身的效果。所以说,广告效果不是单一的,不是可以用简单的方式加以区分的,它是一种复合多种因素的极为复杂的传播活动的结果。

(五) 广告效果的两面性

应该看到,广告不仅具有促进商品销售量增加的一面,还有延缓商品销售量下降的另一面。特别是在市场不景气的时候,或是产品进入生产周期的衰退期时,广告的作用更多地体现在减缓商品销售量的下降。因此,仅从提高销售量一方面去评价广告效果,显然是不全面的。

第二节　广告效果测定的意义、原则与要求

一、广告效果测定的意义

现代广告已步入整合行销传播时代,广告活动不只是单纯的设计制作、简单的发布,而是建立在全面广告调查基础上的整合营销传播。广告投入与企业效益的密合度越来越大,广告主日益重视广告效果的调查。广告费用的投入不再是盲目的,而是有明确的效益目标。企业在广告费用投入构成上也逐渐从只重媒体发布,到重广告设计制作、重广告调查、整体策划和广告效果调查。广告效果调查由于企业思想和行动上的重视而迅猛发展。广告效果调查的意义主要表现在以下三个方面。

(一) 广告效果是对一段时期广告活动的总结

广告效果测定是检验广告计划、广告活动合理与否的有效途径。在测定过程中,要求与计划方案设计的广告目标进行对比,衡量其实现的程度,从中总结经验,吸取教训,为下一阶段的广告促销打下良好的基础。

(二) 广告效果测定为广告主进行广告决策提供依据

某一时期广告活动结束之后,必须客观地测定广告效果,检查广告目标与企业目标、目标市场、营销目标的吻合程度,以正确把握下一阶段的广告促销活动。如果对广告活动的成效胸中无数,就会使广告主在经营决策上盲目行动,误入歧途。

(三) 促进整体营销目标与计划的实现

通过广告效果的测定,可以了解消费者对广告作品的接受程度,鉴定广告主题是否突出,广告形象是否富有艺术感染力,广告语言是否简洁、鲜明、生动,是否符合消费者的心理需求,是否收到良好的心理效果,等等。这些都为企业未来的广告活动提供了参考资料,并有助于企业改进广告的设计和制作,使广告宣传的内容和表现形式的结合日臻完美,从而使广告的诉求更加有力。

(四) 可以提供广告设计与制作的改进意见

广告效果测定能够比较客观地肯定广告活动所取得的效益,也可以找到除了广告宣传因素以外影响企业产品销售的原因,如产品的款式、包装、质量、价格等问题。企业可据此调整生产经营结构,开发新产品,生产适销对路的产品,实现经营目标,取得良好的经济效益。

二、广告效果测定的原则

为确保广告效果测定的科学、准确,在测定过程中必须遵循以下几条原则。

(一) 针对性原则

针对性原则是指测定广告效果时应该有明确而具体的目标。例如,广告效果测定的内容是关于效果的哪一种,是经济效果还是社会效果,是短期效果还是长期效果,对这些需要有清晰的认识。而且还必须将目标进一步细分下去,直至具有可操作性。比如,在短期效果中是企业的销售效果还是消费者的心理效果;如果是心理效果,是测定态度效果还是认知效果;如果测定的是认知效果,是测定媒体受众对产品品牌的认知效果,还是对广告产品的功能特性的认知效果;等等。只有确定了具体的测定目标,才能选择相应的手段与方法,测定的结果也才准确、可信。

(二) 综合性原则

影响广告效果的因素多种多样,既有可控性因素,也有不可控性因素。可控性因素是指广告主能够改变的,近于广告主自身,能由自己的经营决策来解决,比如广告预算、媒体的选择、广告刊播的时间、广告播放和频率等;不可控性因素是指广告主无法控制的外部因素,这些在广告活动之外控制着广告的活动,如国家有关法规的颁布、消费者的风俗习惯、目标市场的文化水平等。对于不可控性因素,在测定广告效果时要充分预测它们对企业广告宣传活动的影响程度,做到心中有数。

在测定广告效果时,除了要对影响因素进行综合性分析外,还要考虑到媒体使用的并列性以及广告播放时间的交叉性。只有这样,才能排除片面性的干扰,取得客观的测定效果。

(三) 效益性原则

进行广告效果测定,所选取的样本数量、测定模式、地点、方法以及相关指标等,既要有利于测定工作的展开,同时也要从广告主的经济实力出发,考虑测定费的额度,充分利用有限的资源为广告主多办事、办好事,否则就会成为广告主的一种负担或者是一种资源浪费。为此,就要搞好广告效果测定的经济核算工作,用较少的成本投入取得较高的广告效果测定产出,以提高广告主的经济效益,增强广告主的经营实力。

(四) 经常性原则

由于广告效果有时间上的滞后性、积累性、符合性以及间接性等特征,因此就不能抱有临时性或一次性测定的态度。本期的广告效果也许并不是本期广告宣传的结果,而是上期或者过去一段时间内企业广告促销活动的共同结果。因此,在测定广告效果时就必须坚持经常性原则,要定期或不定期地测定。

(五) 真实性原则

广告效果只有真实、可靠,才有助于企业进行决策,提高经济效益。为求得广告效果的真实可靠,需要在测定方法上注意科学性,使测定使用的方法、程序都能符合效果测定的科学性要求。在测定广告效果的过程中,要求抽取的调查样本有典型、代表意义;调查表的设计要合理,汇总分析的方法要科学、先进;考虑的影响因素要全面;测试要多次进行,反复验证。只有这样,才有可能取得可靠的测试结果。

三、广告效果测定的要求

广告效果测定是一项十分复杂的科学活动,事关广告活动的总体评价和广告投资的效益。因而对于广告效果的测定需要有比较高的要求,一般表现在以下几个方面。

(一) 细心准备,精心策划

广告效果测定涉及多方面的因素,意义重大,实施复杂。因此,首先要细心准备,精心策划,拟订全面的测定方案,确定测定步骤,这样才可能使广告效果测定工作顺利进行,收到预期的效果。

(二) 综合考虑广告效果形成的多种影响因素

影响广告活动效果的因素是多方面的,要充分重视广告活动之外的各种因素的影响,找出问题的根源所在。

(三) 全面看待效果,以防以偏概全

广告效果测定的结论要来自对各种资料的全面分析,切忌以偏概全、以点代面。在测定过程中,要注意收集多方面资料,并作全面、客观的分析,力争使广告效果测定反映全局情况。

(四) 要直接访问消费者,掌握第一手资料

广告活动的目标对象是特定的,它是建立在产品分析、消费者分析基础之上,根据企业营销策略确定的。因此,广告效果测定应主要听取目标对象的意见,以求广告活动真正有的放矢。

(五) 要建立可比体系

广告效果测定贯穿广告活动的始终,对一次广告活动而言,广告效果测定不是简单地进行一次或两次,而是要根据测定内容,反复进行多次。要使每一次测定结果都能有机结合、互相联系、互为补充,就必须建立可比体系,在样本的选定、问卷的设计、统计方法的运用上要考虑前后的联系,使一次广告活动过程中的多次广告效果测定结果之间产生有机联系,以利于企业和广告公司掌握多方面的资料。

(六) 测定时兼顾定量定性两种方法

广告效果测定要根据测定目的和要求,运用多种测定手段进行测定,并在定量分析的基础之上,根据专业人员的经验作定性分析,这样才可能从数据中找出广告活动在各方面所起的作用,使广告效果测定反映出广告的整体效果。

第三节　广告效果测定的内容

广告活动的最终效果主要表现在广告的传播效果、广告的心理效果、广告的销售效果和广告的社会效果等四个方面,因此,广告效果测定的内容也主要围绕着这四个方面进行。

一、广告的传播效果测定

(一) 广告信息测定

广告信息测定即是对广告作品中各个要素进行检验与测定,广告创意是否有新意,广告的完成品能否体现创意,广告作品能否具有冲击力和感染力,是不是能很好地激发消费者的购买欲望。对广告作品的各个部分进行测定主要表现在以下几个方面。

1. 广告主题测定

每次的广告活动都应该有自己的明确目的,表现为广告的主题。对广告主题的测定,也就是找广告的目标对象,通过对他们的访问、调查,以了解他们对广告主题的看法,了解他们是否能够认同广告的主题,了解他们最为关注的产品的属性,广告能否满足他们对产品信息的需求。

广告主题测定是广告传播效果测定的第一步,广告主题是否在现实当中产生效果以及效果的导向是广告活动成功与否的关键。一旦广告产生的效果与广告主题不相一致,方向不一样,广告是难以甚至不可能达成预期目标的。

2. 广告创意测定

广告创作人员根据既定的主题进行广告创意,以寻求表现广告内容的最佳形式。广告创意测定就是检验和测定表现广告主题的创意是否新颖、别致,是否准确反映了主题。

广告大师大卫·奥格威认为,一个伟大的广告创意应该具备以下五个方面的条件:① 广告能使观众或听众在接触的第一眼就有屏息吃惊的感觉。② 广告人希望自己的构思能够达到这层水准。③ 广告和谐。④ 广告合乎策略并能完美地达到目的。⑤ 广告能历时三十年而不衰。

古今中外有关广告创意标准的论述有许多,但对于一则广告而言,能够具备其中的几个条件,就应该认为是一个成功的广告创意。

3. 广告完成作品的测定

广告的完成品是广告呈现在受众面前的最终形象,直接构成受众对于广告的认识,是将广告的所有信息综合起来进行考虑,由此得出有关广告活动的效果的整体评价。

(二) 广告媒体测定

广告的表现要通过媒体来进行,媒体的选择与运用既是一门科学,又是一门艺术,运用的好坏,直接关系到广告效果的实现。媒体选择不当,或组合不当,都会造成广告费用的极大浪费。对广告媒体组合方式的测定,主要是根据已掌握的目标对象接收媒体的一般规律,来测定正在进行的广告活动在媒体组合过程中是否切合目标对象,是不是目标对象经常接触的媒体,千人成本费是否最低,媒体组合是否综合考虑了目标对象的接收习惯,等等。根据前后数据的对比,可以准确掌握目前广告活动的媒体组合是否得当,有否需改进的地方。

广告媒体组合评价主要包括:① 媒体近期视听率、阅读率、点击率有否变化;② 媒体投资效益评估;③ 媒体选择与分配研究;④ 各广告媒体“质”的特征;⑤ 媒体执行方案的确定与评估;⑥ 媒体组合是否恰当。

(三) 广告影响力测定

一则广告是否成功,来自最终的效果测定,也就是对广告影响力的测定。对广告影响力的测定是在广告传播之后,对广告产生的效力进行测定,是有关广告效果的整体评估。由此得出的结果最为广告主所关心,广告主可以此为根据进行经营决策。

广告活动影响力的测定,应准确把握时机,既不可过早,也不可过迟。由于广告效果具有推移性和迟效性,当广告效果还未完全发挥出来就进行全面评估,结论会不准确。另外,如果评估时间过迟,广告效果也会淡化,结论也会不准确。因此,测定时机的掌握大有学问。

广告活动影响力的测定,主要是对广告活动目标对象的传播效果进行测定,一般包括以下几个方面。

1. 接触率

通过测定了解有多少受众接触到广告,他们是通过什么媒介接触到的,占目标受众、媒介受众的比例是多少。

2．知名度

测定在一定广告活动之后，有多少人对广告产品有了认知，知道这个产品或品牌，以及在广告之前和之后有什么区别。

3．理解度

了解人们对广告中传递的产品、品牌形象的认知是否与广告的诉求点相一致，受众对广告的理解是否准确、完整，是否在广告的基础上能很好地了解产品、品牌。

4．偏爱度

测定有多少人通过广告建立了对广告对象的信任度和偏好度。这是消费者购买产品的主要因素之一。

5．欲望度

看看有多少人在看了广告之后，产生了对广告商品的购买欲望，这种欲望的程度怎么样，等等。

广告活动影响力的测定，可以准确把握目标对象在接触广告之后到购买行为实现之前的心理反应，从而有利于广告主和广告公司全面衡量广告效果。

（四）广告目标效果测定

广告目标效果是指广告目标的最终实现程度，往往表现为对广告对象的销售促进，或对广告对象形象的提升，这是广告主所最为关心的方面。一般来讲，将广告目标的实现以对广告效果的测定来体现。同样，测定广告效果的出发点也就是在进行广告策划阶段所设定的各个目标。

广告一般有以下七个方面的目标设定。

1．广告的到达范围

即广告通过媒体发布后所到达的受众有哪些，他们的具体数量、特征、阶层等。

2．广告的传达频率

即广告以什么样的次数送达受众，是采取连续的方式，还是采取间歇方式，是单一媒体，还是多种媒体相互配合，它们之间的时间频次是如何安排的。

3．广告的接收率

广告传递出去并不一定就能为所设定的目标受众所接触，真正能看到广告的受众只是设定的目标受众中的一部分，这一部分占总体当中的多少，对于广告主来说很关键，也是广告主购买一定广告媒体的重要影响因素。

4．广告的注意率

即真正能注意到广告的受众比例。广告为受众所接受到，但他们很可能并未注意到，但在二者之间是存在正相关的。

5．广告的记忆率

即实际当中有多少受众能在观看广告之后还能记住这一则广告的。如果受众记住了广告，这将能构成消费者在做消费决策时的内在影响力。

6．消费者的印象

消费者的印象是在消费者内心当中形成的较为稳定的情感体验，也就是消费者对该产品、品牌的态度如何，这一般来讲已经很难改变。

7．销售增长情况

即广告发布后，对企业销售的影响，企业产品和销售量是增加还是维持原来的水平，增加销售的销售增长率是多少，等等。

以上七个方面的内容是进行广告效果测定应调查、检测的。这七个方面的内容是有内在联系的，不能孤立地以某一个数据来评价广告效果。目前进行广告效果测定的方法不一，主要还是采用调查统计的方式。在广告效果测定策划中，要对广告效果测定的方法、统计的方法预先加以明确，不能到要测量广告效果时才考虑测定方法，以免影响广告效果测定的准确性。

二、广告的心理效果测定

广告的运作是通过影响受众的心理来实现的，涉及受众的个性心理、大众的社会心理，一般是指消费者对广告的注意、兴趣、情绪、记忆、理解、态度、行动倾向等心理反应。因此，广告心理效果的测定项目就有以下几项。

（一）感知程度的测定

广告只有通过人的感知，才能让消费者了解某个产品或企业的存在，达到影响购买的目的。在广告活动中，利用人们的感觉形象形成的规律，引起消费者的注意，以激发兴趣，创造欲求，是一种重要的心理手段。因此，测定消费者对广告内容的感知程度的深浅，是衡量商业广告是否有成效的标准之一。

测定消费者对广告内容的感知程度，一般应在广告发布的同时或在其后不久进行，以求其测定的准确性，不致受遗忘的干扰。测定的方法主要有机械调查法、日记式调查法、访问法等。调查的内容，主要是电视收视率、广播收听率和报纸、杂志的阅读率的高低，以及播出广告后广告企业或产品在消费者中的知名度的大小。

（二）记忆度的测定

所谓记忆程度，是指消费者对广告内容的重点诉求的保持和回忆水平。消费者的消费行为的产生往往是累积性的，因此消费者对广告信息的记忆程度如何，对广告所带来的经济效益具有深远的影响。

（三）理解度的测定

消费者在对广告的内容有了感性认识后，往往会进入对广告内容的思维阶段。对消费者是否把握广告主题以及他们对广告创作的有关组成部分相互关系的理解程度如何的测定，直接关系到判断广告诉求是否到位以及消费者对广告形式是否感兴趣的准确性。

（四）情感激发的测定

情感激发是指消费者因受广告的刺激而产生的情感反应。能否激发消费者的情感是广告能否达到心理目标的重要标志。只有具有健康情感的广告信息才能引导消费者对美好事物的向往与追求，才能使消费者对商品产生联想，并被激发出愉快的情感，从而对广告留下深刻的印象。

（五）态度转变的测定

广告的功效，归根到底，是一种旨在改变消费者对某个企业、某个商标或某项产品的态度倾向，增强其购买信心并促进其购买行为的手段。因此，测定一个广告的功效发挥如何，测定态度的转变，也是很重要的。

态度转变的测定，一般通过对消费者消费动机的调查来达到。通过了解消费者在受广告刺激后所发生的心理反应，测定广告对消费者态度转变的影响。

表 10-1　广告心理效果测定参考表

吸引力	该广告对受众的吸引力如何	10%
	该广告对潜在购买者的吸引力如何	10%
可读性	该广告促进受众进一步精读的可能性如何	20%
	对该广告中心意思和关系的认识清晰度如何	20%

续表

亲切感	顾客在诉求中选择该项诉求的可能性如何	10%
	该项诉求诱发消费者购买欲望、动机的可能性如何	10%
行为感	该广告可能诱发的购买意向行为如何	10%
	该广告可能诱发顾客的意识性如何	10%
类别等级分数	优 良 中 差 劣 80－100 60－79 40－59 20－39 0－19	100%

三、广告的销售效果测定

所谓广告的销售效果,就是指广告的经济效果,是以广告对象的销售情况的好坏直接判断广告的效果。它是广告活动效果的最终体现,集中地反映出企业在广告促销活动中的营销状况,广告销售效果的测定是衡量广告活动的中心环节。目前一般运用统计学有关原理与运算方法,推算广告费与商品销售比率,主要有以下三种方法。

(一) 广告效果比率法

表示销售量的增加与广告费的增加之间的比率关系,即在销售额量不变的情况下,广告费增加率越小,表明广告经济效果越好。

(二) 广告效益法

为了考察广告之后增加的销售额,可计算单位费用销售额的增加额,即每元广告费与广告之后销售增加额之间的关系。这种方法能较实际地反映出广告经济效果。广告效益的得数越大,则广告经济效果越好。

(三) 广告费比率法

广告费比率法,是计算每百元销售额支出的广告费用,广告费比率越小,则广告效果越大。

四、广告的社会效果测定

广告的效果会显示在社会当中,并经由自己的运作不论是在客观上还是在主观上对社会产生很大的影响，比如广告的形式表现上的性色彩、广告语广告色彩的流行等，还有广告对大众文化的建构、对传统文化的冲击等。广告的社会效果渗透到社会的各个方面，既有显著的影响，又有潜移默化的影响；既有积极的影响，也有消极的影响。这些对于广告主、社会来说都是很重要的，需要加以测定，使广告的表现、传播能更加符合广告主、社会的要求。

第四节 广告效果测定的方法

一、广告传播效果的测定方法

广告传播效果的测定是比较困难的，因为对广告信息的定性和定量分析目前尚难以有公认的标准和计算方法，所以对广告传播效果的测定通常主要是从广告有效到达率、广告注意率、广告理解率、广告记忆率、广告对态度改变的影响率等方面进行考察的。

（一）广告有效到达率

广告有效到达率是指广告到达所选定的目标广告受众的比率。其公式为：

$$\frac{b}{a}\times 100\%$$

公式中 a 代表某媒体接触者总数，b 代表该媒体中目标广告受众人数，比值越大，说明广告有效到达率越高，广告效果越好。

（二）广告注意率

广告有效到达率只是反映广告为目标受众所能够看到，是产生其他效果的前提。而广告注意率是指在某媒体接触者当中，对特定广告注意到的人所占的比例。其公式为：

$$\frac{c}{a}\times 100\%$$

公式中 a 代表某一媒体接触者总数，c 代表这些媒体接触者中注意到某一广告的人数，比值越大，说明注意度越高，广告效果越好。

（三）广告理解率

广告理解率是指在对广告引起注意的人中，能够充分理解广告内容含义的

人数所占的比例。受众注意到某个广告并不是就一定理解了,理解的层次更高。其公式为:

$$\frac{d}{c}\times 100\%$$

公式中c代表该媒体接触者中注意到某一广告的人数,d代表能够对某一广告的内容充分理解的人数,比值越大,说明广告理解度越高,广告效果越好。

(四) 广告记忆率

广告记忆率是指在理解广告内容的人中,能够记住或者回忆起广告重点内容(如商标名称、产品名称、企业名称、产品主要功能、广告标语、广告人物、部分广告词)的人数所占的比例。广告记忆率是在理解广告的基础之上的进一步深化。其公式为:

$$\frac{e}{d}\times 100\%$$

公式中d代表能够对某一广告的内容充分理解的人数,e代表能够记住或者回忆起广告重点内容的人数,比值越大,说明广告记忆度越高,广告效果越好。

(五) 广告对态度改变的影响率

广告对态度改变的影响率是指广告受众在广告发布前后的态度(如购买态度)转变率。以购买态度的转变为例,其公式为:

$$\frac{\text{广告前由另一品牌转向购买广告品牌人数}}{\text{单位购买人数}}-\frac{\text{广告后由另一品牌转向购买广告品牌人数}}{\text{单位购买人数}}$$

公式中"单位购买人数"可以自己设定,如百人、千人、万人等,但要求广告前后的单位购买人数保持一致。该公式如值大于0(正值),说明广告对态度改变无效果或者有负效果;值小于0(负),说明广告对态度改变有效果。

以上所介绍的各种测定广告传播效果的指标,在进行测定时需要使用的数据真实可靠,这样得出的结论才会科学,才能作为决策的依据。

二、广告心理效果的测定方法

广告的心理效果依广告活动的运作过程可以分为事前测定、事中测定和事后测定,在不同的阶段又会因为各自的特征而使用相应的测定方法。

(一) 广告心理效果的事前测定

对广告的心理效果进行事前测定,可以于事前知晓广告将要产生什么样的受众心理反应，进而根据测定得到的结果对广告进行修改，这样有利于提高广告作品的成功率。

1. 专家意见综合法

这种方法就是请若干专家分别对广告作品作出评价，然后再将各位专家的意见综合起来，得出汇总的评价结果。专家意见综合法是事前测定中最简便的一种方法，其评价过程很容易掌握，而且花费不多。运用这种方法所得出的结论是否真实、准确，关键在于各位专家在多大程度上具有代表性和权威性。因此，在聘请专家时要注意聘请各方面的代表，如广告专家、营销专家、公关专家等，让他们多层次、多方位地对广告作品及媒体组织方式可能产生的心理效果进行预测和分析。

2. 消费者选择法

这种方法是在广告正式发稿之前，做几个试验作品，让消费者选出他们最喜欢的一个，或将若干种可供选择的广告作品或媒体组合方案一起展示给消费者，让他们在其中选择最喜欢的一种。

消费者选择法在具体操作上可采用评分法、配对法和价值序列法等方法。

评分法就是由被检测的消费者对不同的广告作品或对广告作品的不同要素加以评分，最后选出分数较高者。配对法就是将若干供选择的广告作品两个一组地配对，请消费者从每组中选出一份自己喜爱的作品，然后再将选出的作品两个一组进行配对，作进一步选择，依次类推，直到选出最后一份作品为止。价值序列法就是让被检测的消费者对各种广告作品依其所认为的优劣次序予以排列，然后再综合统计，选出最佳的广告作品来。

3. 言词反应法

就是将一幅广告作品向一位消费者展示几秒钟，然后收回广告，并要求消费者立即讲出或写出几个他当时能想出的言词，然后再将若干消费者的反应言词汇总起来，进行心理分析。这种方法可以抓住消费者对广告作品的第一印象，但这种方法实施起来难度较大。因为消费者的反应言词毕竟需要经过大脑的思考，所以消费者和方法实施的组织者都要有一定的准备。

4. 机械测试法

某一则广告是否具有招财进宝的力量，广告人员长期以来一直幻想能有一种机器或通过机械手段来预测广告的效果。多年来，他们屡经试验和失败，终于有所收获，认为有三种仪器可以预测广告的效果。

(1) 印象测量器。这是一种机械装置，它把被检的广告在被检人眼前暴露三四秒钟，然后测量每个被检人员能够回忆起多少内容。

(2) 视力相机。它的功能是测试人们阅读时的视力运动情况。这种仪器测量的结果表明:一个人在阅读时,他的眼睛并不是沿着字行稳步运行的,另外,不同人的阅读习惯也有很大区别。到了20世纪30年代,广告行业对这种机械更为重视,开始运用它来获取广告标题的最佳位置以及掌握广告的合适长度等创作的问题。

(3) 心理电测器。这是犯罪学中广泛采用的测谎器的一部分。使用这种电测器进行检验时,用两个锌电板把被检人和仪器联结起来,一个联在手掌,另一个联在前臂上,当他手心出汗的时候电阻就降低了,这种变化被恰当地记录在一个旋转的轴上。这个仪器的原理在于被检人在紧张的时候不能控制自己的出汗。据认为,一个人阅读广告时出汗越多,说明广告越生动。

上述机械测试,国外很多的广告专家比较相信,他们认为这些方法避免了很多人为的主观干扰,有较强的科学性和客观性。但是,如果被检人的心理反常怎么办?被检者置身于各种奇怪的仪器中时,这种情况是常会出现的。另外,这种检验结果的上下限也难以掌握。

(二) 广告心理效果的事中测定

广告心理效果的事中测定,是指从广告作品正式发布到整个广告活动结束这一阶段,对广告心理效果的测定。其目的是检测广告计划的执行情况,以保证广告战略的实施。

1. 销售测试法

销售测试法就是以产品销售量的多少来测试广告效果。具体方法有直接销售检测、控制实验检测、匹配用户样组检测三种。

(1) 直接销售检测。国外有些公司曾用模拟销售环境来衡量广告的推销力量,还有的公司干脆就让推销人员在商店里或者走家串户地去宣读广告。另有一种方法是"盲目销售检验",即把包装好的试验商品上的商标除掉,摆在商店的柜台上,每一种商品后面有个说明卡片,上面各有一则宣传广告,最后看哪一种试验商品销售量最大,就说明它后面卡片上的广告宣传效力最好。这种销售检验法能够测定各种不同广告的推销力量,但是这种广告毕竟不是按正常的宣传方式进行的。

(2) 控制实验检测。这种方法又称现场研究,即以探讨广告市场诸要素中某一方面的变化来检测广告的效果,从而优化广告宣传的结构。广告市场的要素主要有产品价格、广告费用、广告媒体的选择以及广告文案与设计等。具体做法是寻找两个在人口、购物方式、媒体欣赏习惯等方面相近似的市场,指定一个为控制市场,在这个市场中广告活动按原方法进行;取另一个市场为实验市场,在实验市场中改变广告市场的某些要素。例如,广告费用的增减、广告媒体的重新组合等,然后再分别检测广告对销售的影响程度。

(3) 匹配用户样组检测。这种检测方法常常通过有线电视台进行调查。可将有线电视的用户按照年龄、教育程度、职业或其他特征分成两个或两个以上的小组,再将这些小组分成控制市场和测验市场,然后根据不同的市场播发同一产品的不同类型广告,以此来观察和检验不同的广告效果。

销售测试法是根据消费者购买商品的行为来检测广告心理效果的。因为市场环境复杂,很多消费者的心理反应不可能在短期内出现;竞争对手的活动、季节的变化甚至天气情况等因素都会影响销售量;再加上测试方法本身特别是控制实验检测常常耗资较大,所以在使用销售测试法时要充分考虑到它的局限性。落实到具体数据时,要有一个修正指标,只有这样,才能对广告效果作出比较客观的评价。

2. 直接邮政咨询法

直接邮政咨询法是采用调查问卷的形式进行的。这种方法有其优越性:针对性比较强。广告主可以针对不同的目标市场进行发函询问,亦可以根据不同的对象设计有针对性的调查表,调查表设计得好就可以获得更多的消费者信息。它给消费者留下一定的思考余地。不像其他检测方法容易受到环境因素的干扰,消费者可以从容地回答广告主提出的各种问题。在各种检测方法中直接邮政咨询的花费是比较低的。但是,直接邮政咨询法也有局限性,它不能得到消费者对广告信息的现场反应,而现场反应又往往是促进即时购买行为的一个重要的动力。另外,这种方法排除了在多种媒体配合中产生的特殊的广告效果。

3. 分刊测定法

这是比直接邮政咨询法更严格的一种方法,主要用于广告作品的修改。当一则广告已基本确定,还需要对一些重要的细节加以修改时,可设计出多种修改方案,编成号码,然后在相同的媒体上按照相同的比例推出这些修改方案,最后再根据不同的广告效果反应,确定最佳的广告方案。

(三) 广告心理效果的事后测定

这是在广告活动结束后对广告的心理效果进行最终的测定和评价,它既是对前阶段广告活动业绩的评价,也是为以后的广告工作提供经验教训。

广告心理效果的事后测定最关键的一点是选择测定的时间。由于广告效果有一定的滞后性,如果过早地进行测定,广告效果还没有完全反映出来,结论就会不准确;同样,过晚测定广告效果就有可能淡化了,其实际效果也难以确定。

广告心理效果的事后测定,是评价消费者通过接受广告信息对产品的态度发生了什么变化,所以,对广告的注意度、理解度以及评价如何,就成了广告心理效果事后测定的主要指标。

1. 认识测定法

这种方法主要用来测定广告心理效果的注意度,即消费者对广告主及其商品、商标、厂牌等的认知程度。具体可用注意率、阅读率、视听率等指标来衡量。

这种方法最早是由美国学者丹尼尔·斯塔奇发明并推广的,他在其所著的《广告原理》一书中对这种测试方法作了比较详细的介绍。具体做法是:由调查员直接到住户那里进行访问,依据调查表的要求进行提问和交谈,边谈边记录;向被调查者提示昨天的报纸,并询问他对广告的接触情况。调查对象可分成三类:似乎看过该广告的、确实看过该广告的、看过该广告内容50%以上的。最后分析这些统计出来的数字,得出对该广告的认知程度。

2. 回忆测定法

这种方法主要用来测定广告心理效果中的理解度,它不仅仅是查明消费者能够回忆起多少广告信息,更主要的是能够查明消费者对商品、厂牌、创意等内容的理解与联想能力,以及对广告的确信程度。

在回忆测定法中,唯一要向消费者提示的是广告主的名字,然后要求消费者回忆广告是什么模样?广告对产品说了些什么?广告中最重要的销售要点及承诺是什么?你是否想购买该产品?甚至可以询问到广告的标题和插图。用这种方法询问的内容越多越好。信息越多越能鉴定被询问者对广告理解程度的高低。

3. 态度测定法

这种方法主要用来测定广告心理效果的忠实度、偏爱度等,所运用的具体形式有问卷法、语意差异试验法等,其中语意差异试验法是比较常用的一种。它的原理是根据广告刺激和反应之间必然有一种主要的联想传达过程,从而测定消费者对广告所持的态度。可让消费者在一系列相反的评语中进行挑选,最后进行统计,得出结果。

4. 综合测定法

这是将本次广告效果测定的若干指标用坐标图描述出来与其他广告进行综合比较,从而衡量出广告的总体心理效果。这种方法常用于检测、评估广告的整体效果。

三、广告销售效果的测定方法

（一）广告费用/销售额比较法

即以广告费用与销售额的比值作为衡量标准，在一个连续的时间序列上以销售额不断增长为前提，如果比值呈下降趋势，说明广告经济效果趋好；反之，比值增大，则广告经济效果趋于下降。

（二）销售增长比率法

以销售增长的比率与广告费增长的比率相除，比较其比值变化的情况来评价广告对销售的促进作用。

如果数值呈现出增长上升状态，说明广告效果趋好；如果数值呈现出减少下降状态，说明广告效果下降。

（三）平均增长速度比较法

因为销售额增长比率法从单个数值较难看出广告效果的好坏和其变动趋势，所以，必须列成时间数列进行动态比较分析。如果将动态比较分析进行简化，就成为平均增长速度。该法实际上是销售增长比率法的又一种形式，其分析思路也与销售增长比率法相同。如果值大于零，说明广告效果趋好；值小于零，说明广告效果趋差；值等于零，说明广告效果不变。

（四）单位广告费效益法

以销售额的增量与广告费的增量相除，计算出每增加 1 单位广告费能够使销售额增加多少。

当然，该值也是越大越好。但是，一个单一的数值只能说明增加 1 单位的广告费创造了多少销售额，而不能说明广告效果是好是差。因此，也需在列成时间数列后进行比较，才可以看出广告效果的变化趋势。

（五）前后销售资料对比法

这种方法是通过实际统计广告活动前后的商品销售资料，以广告后与广告前的销售额之差，作为衡量本次广告活动销售效果的指标。

其公式为：$R=\frac{S_2-S_1}{C}$

R——单位广告费增加的销售额;

S_1——未作广告时的平均销售额;

S_2——开展本次广告活动后的平均销售额;

C——本次广告费总额。

这种方法的优点是操作十分简单,计算也不复杂,但是测定出来的结果准确度不高,其中包含了除广告之外其他因素可能导致的销售额增加的部分。要想剔除这些因素的影响,这种方法本身是难以做到的。因此,在实际工作中,可结合其他指标,进行综合分析;常用的参考指标有广告费比率、广告促销效果等。这两种指标的计算公式如下:

$$广告费比率 = \frac{广告费}{销售额} \times 100\%$$

$$广告促销效果 = \frac{销售额增加率}{广告费增加率} \times 100\%$$

(六) 实验测定法

实验测定法就是组织专门的人员,采用实验的方法,对不同的人群或不同的地区进行测定,从而分析广告的销售效果。这种方法能够比较准确地测定出广告促销的功效,但组织较为困难,工作量大。

1. 小组实验测定法

这种方法就是将消费者分成三组,其中两组各看不同的广告,一组不看广告,然后比较看过广告的两组效果之差,并与未看过广告的一组加以比较。通常将检测的数字结果利用频数分配技术进行处理。其公式为:

$$AEI = \frac{1}{n}\left[a - (a + c) \times \frac{b}{b + d}\right]$$

a——看过广告而购买商品的人数;

b——未看广告而购买商品的人数;

c——看过广告而未购买商品的人数;

d——未看广告亦未购买商品的人数;

n——被检测总人数;

AEI——广告效果系数。

这种方法一般适用于同一地区、使用同一媒体播发的不同广告销售效果的比较,其他情况不能简单地搬用。

2. 区域实验测定法

这种方法就是选择两个条件类似的地区来检验广告销售效果。其具体方法是在一个地区内发布广告(这个地区称为实验区),而另一个地区不做任何广告宣传(这个地区称为对照区),然后再将两个地区不同的销售结果进行比较。例如,评价一则电视广告的效果,以A地区为实验区,以B地区为对照区。经过一段时间后,A、B两地的有关销售资料,如表10-2所示。

表10-2 A、B两地销售资料对比表

地 区	广告播出前销售额	广告播出后销售额	销售额增长率
A地(实验区)	75万元	81万元	8%
B地(对照区)	60万元	63万元	5%

从上表数据可以看出,A地市场经广告播出后销售额增长8%,而B地市场虽没有做广告销售额也增长了5%,这说明A地市场若不做广告也可能增长5%;但广告播出后带来的效果比不做广告时的销售额增长了3%,这就是该广告的销售效果。

这种方法在实际运用时要注意到实验区与对照区的选择问题。第一,选择2~3个区域比较理想;第二,每一区域以10万~20万人口较为合适;第三,各区域社会经济状况要大致相仿;第四,各区域要有一定的空间距离,以免人口流动而导致测试结果不真实。

11

第十一章

广告公司经营与广告管理

内容提要：

广告公司的经营和广告管理是广告业发展的必然产物，也是广告行业科学化、现代化的一个重要标志。本章简介了广告公司的经营原则、广告公司的组织类型和机构等，论述了广告管理的含义、特点和内容，概述了广告活动规范以及与广告相关的各项法律、法规，并在最后展示了发达国家在广告管理方面的成功经验。

广告公司经营与广告管理是广告业发展的必然产物,也是广告行业科学化、现代化的一个重要标志。世界上最早的专业广告公司据说是美国人帕尔默创办的,它的业务就是负责向广告主出售报纸版面。随着商品生产的高度发展和竞争的加剧,这种某项业务的代理制已远远不能适应时代的要求了。现代专业广告公司无论是在功能上还是在组织结构上均已日趋严密和完善。广告管理是广告活动激烈竞争的结果。现在,只要有广告活动的国家都相应建立了广告管理的制度和法规。广告管理对广告市场的规范、广告行业的信誉、消费者的利益来说都是十分必要的。

第一节　广告公司的经营

广告公司是依法办理工商登记注册手续、经核准成立的从事广告业务的企业,它是商品经济和广告发展到一定规模时的产物。随着社会主义市场经济的不断发展,社会信息化程度的不断加深,尤其是面对加入世界贸易组织后的国际、国内市场,竞争将更加激烈,这一方面使很多本土广告公司有了一个直接与外资广告公司正面接触的机会,并从中学到许多先进的经验;另一方面,在咄咄逼人的外资广告公司面前,有一批本土广告公司因为经受不了洋枪洋炮的轰击而面临种种意想不到的困境。机遇与挑战并存,如何使本土广告公司不断地壮大,一步一步地走向成熟,如何使中国广告市场更趋规范、合法,使广告公司的经营有利于广告的发展,有利于广告主的发展,有利于社会主义市场经济的发展,这是我们必须考虑的问题。

一、广告公司的经营原则

广告公司是独立核算、自负盈亏、自主经营的经济组织。作为一个经济组织,追求经济利益是理所当然的,这是它生存和发展的首要条件。但是,由于广告公司的性质和对社会观念所具有的影响力及导向作用,不论它的所有制形式和经营规模如何,都必须依法经营,为广告客户服务,为消费者服务,对社会负责,将经济效益和社会效益有机地结合起来。

(一) 合法经营

任何企业在社会经济活动中都要受国家政策和法规的约束,广告公司也不例外。国家为了保证广告事业的健康发展,维护广告活动的正常秩序,制定了一系列广告管理的法律和法规,规定了广告经营组织的权利和义务。这些法律和法规是广告公司必须遵守的。例如,广告公司的成立必须依法核准登记注册,领取营业执照,办理税务登记;必须在核准的经营范围内从事经营活动;必须接受政府有关部门的监督、管理;等等。广告公司作为企业法人,在经营中还必须遵守经济活动的有关法律法规。如有违法行为,政府有关部门将根据实际情况,给予应有的处罚;情节严重的,将被撤销经营资格。因此,合法经营是广告公司的生命,是广告公司经营的首要原则。

(二) 发挥优势,重点发展

每家广告公司建立的基础不同,客户对广告公司也有不同的要求。对广告公司来说,应从本身拥有的专业人员、资金、装备、媒体等条件出发,充分发挥自身的优势,确定本公司的发展方向和策略,使之成为一家有自己特色优势的广告公司,以适应不同层次的广告客户需要。基础较好、有一定实力的广告公司应先向全面服务型的方向发展;对具有一项或几项特长的广告公司,如具有媒体优势、制作特长、精于广告策划、善于市场调查、长于广告印刷等,可向特色服务型的方向发展,以增强本公司在市场上的竞争力,赢得公司在市场中的生存与发展的空间。

(三) 注重信誉,以优质服务取胜

“信誉第一,客户至上”应成为广告公司的宗旨。一家广告公司的信誉如何,往往是客户选择和评价广告公司的标准之一。在经营活动中,广告公司的每一位员工对客户都必须以诚相待,尽一切努力满足其合理要求。要重信誉、守合同,以此赢得客户的信赖,树立公司的形象。要竭诚与客户合作,全心全意为其服务。广告是企业营销活动的重要组成部分,它把企业与广告公司紧密地联系在一起,形成共同的利益和亲密无间的伙伴关系。广告公司的有关业务人员要自觉地使自己成为所服务企业的一员,为客户进行广告策划。总之,通过广告公司提供的各项服务,使客户不仅能提高经济效益,而且能增加企业在社会上的知名度。这样,就能巩固老客户,发展新客户,使广告公司不断发展、壮大。

(四) 开拓领先

国家计委、国家工商管理总局把广告业界定为知识密集、技术密集、人才密

集的行业。为了能更好地为客户提供服务,广告公司必须在施行的创意和广告设计能力、制作技术等方面不断地提高,有所创新。同时,广告公司应该密切关注科技发展的最新动态,把一切新的科技成果、科技发明与广告业的发展结合起来,努力提高广告公司的经营水准和管理水准。

(五) 合理分配

广告公司的经营,究其实质是靠出卖"智慧",用其智力劳动来获取经济效益的。一家广告公司的实力如何,从"硬件"层面上讲,与这家公司拥有的技术设备有关;从"软件"层面上讲,主要取决于这家公司拥有的人才力量。而一家公司经营的好坏,则取决于其能否使全体公司员工的积极性、能动性、创造性都发挥出来,而能否做到这一点与这家广告公司是否具有一个合理科学的分配制度密切相关,光靠提倡"奉献"精神是不行的。分配上要真正体现按劳取酬、多劳多得、奖勤罚懒的原则,按本人的责任大小、贡献多少,确定其应得的报酬,并将其与本公司的经济效益挂钩,对做出突出贡献的人员,要给予重奖;对有真才实学、工作认真负责、积极肯干的人员要给予优厚的待遇;对不称职的人员,经过帮助教育仍达不到岗位要求的,要予以调整甚至调离,直至开除。公司领导要关心员工的进步成长和生活福利,为他们创造一个团结友好、能施展其才能和拥有良好的学习、工作、生活环境的团队。这样,全体员工就能按照公司确定的方向和目标,充分发挥其才能,团结奋战,做好本职工作,为公司的发展贡献力量。

二、广告公司的组织类型和结构

(一) 组织类型

目前,我国广告业中所出现的广告公司的类型主要有三种。

1. 专业广告公司

我们通常所说的广告公司,即专业广告公司。它是我国广告公司组织中的主体,如中国联合广告公司、广东省广告公司等。这类广告公司能为广告客户提供全方位、全过程的广告服务。

其服务内容包括:

(1) 广告产品研究分析。对广告的特点、性能、形象、市场状况等进行研究,确定产品的市场目标,为客户制订广告计划。

(2) 市场调查。主要是对广告产品的现有市场、潜在市场、影响市场的自然及社会因素等进行调查,使广告战略更具现实性和针对性。

(3) 产品销售方式分析。对广告产品的销售渠道、方式和方法,提出与之相对应的广告宣传建议。

(4) 广告媒介调查。对不同地区、不同种类的广告媒介的特点、影响力、覆盖面、受众状况、千人成本等有充分的了解,提出最低媒介发布成本、最佳传播渠道的建议。

(5) 制定广告规划。以客户确定的广告目标和投入的广告费用为前提,制订广告活动的具体方案,包括广告方式、目标对象、媒介选择、广告表现、广告预算、评价指标等内容。

(6) 实施广告计划。指实施经客户同意的广告计划,包括广告的创作、设计、制作、购买媒体、广告的推出方式,监督广告发布情况,测定广告宣传效果,等等。

(7) 开展与广告相近、相关的其他活动。配合客户的其他营销活动和宣传手段,把企业及其产品最大限度地推向市场。

2. 企业广告公司

这类广告公司,主要是依附于一些企业母体而设立的广告公司,就其数量而言,在我国广告公司的总数量中所占比重不算太大,但是,这类广告公司却对整个广告市场的影响不小。从积极意义上讲,这些企业广告公司比一般专业广告公司更了解企业的实际状况,更容易与企业开展沟通;从消极意义上讲,这是某些企业受“肥水不流外人田”思想的影响,把原来属于企业的广告部门,摇身一变而成为一个具有独立法人资格的经营实体,由其代理企业的广告业务,这样,可以为企业节省一笔广告代理费。这种广告公司在运行过程中,完全受制于所属的企业母体,无任何主动权可言;同时,这类广告公司在人员、资金、设备、技术等方面都很难保证,很难与专业广告公司在一条水平线上竞争。而随着广告市场的日益成熟,广告竞争的不断加剧,企业对广告的要求不断提高,如果仅仅从节省企业广告费这个角度来设立这类广告公司,它们就没有任何存在的意义和价值。

3. 媒介广告公司

这是我国现有的经济体制下,广告市场中出现的一种广告公司。自从国家有关部门要求在广告业中全面推行代理制以后,许多媒介的经济信息部或广告部摇身一变成为媒介下属的一个经济实体。“XXX 电视台经济信息部”和“XXX 电视台电视广告公司”实行两块牌子、一套人马,全国所有的媒介单位概莫能外。从广告运行的规律来分析,专业广告公司主要从事广告的创意、设计、制作,媒介主要从事广告的发布、刊登,二者各司其职,各自发挥其所长,为一个共同的对象——广告主服务。事实上,除了极少数的媒介广告公司像专业广告公司一样,为广告主提供全方位、全过程的专业服务外,绝大多数媒介广告公司的工作职能仍然停留在单纯的广告发布上。

(二)经营管理机构

不同组织类型的广告公司,其内部组织结构是不同的,应考虑本公司的基础、优势、经营范围、规模及工作需要等因素,本着科学、精干、效能的原则,从实际出发确定采用怎样的组织结构。广告公司的经理管理机构一般设置,如图11-1所示(注:其中虚线部分视公司情况而定)。

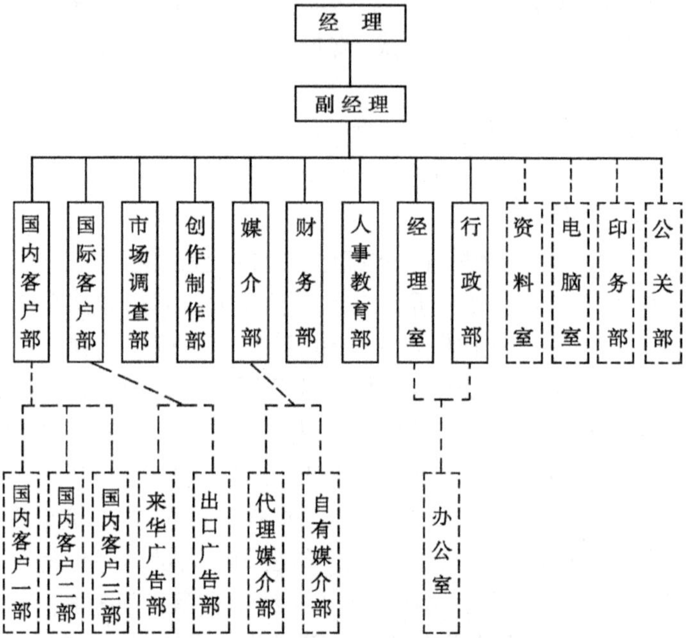

图11-1 广告公司经营管理机构设置图

美国当代著名广告学者托马斯·奥吉恩等在其所著的《广告学》一书中为我们勾勒了一幅全面服务的广告公司典型组织结构图,如图11-2所示。

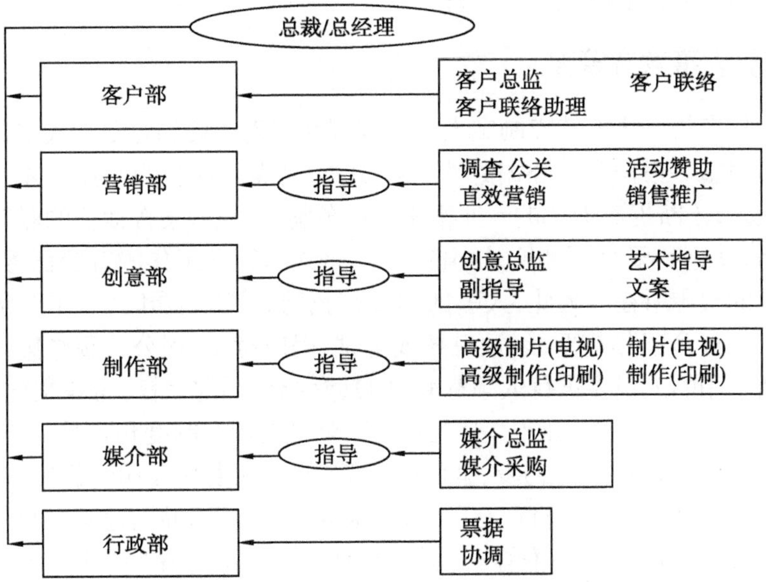

图 11-2　广告公司典型组织结构图

三、广告公司的管理

加强广告公司的管理,对广告公司的生存和发展具有重要意义。广告公司的管理,一般是指以下方面的内容。

(一) 业务管理

它是广告公司内部管理的核心,要建立业务承接登记、查验证明、审查广告内容、签订合同、部门之间业务交接、业务档案、分配、奖励等规章制度,以保证业务高质量、高效率地完成,防止出现虚假和违法的广告。

(二) 财务管理

要充分发挥财务部门对公司经营活动的预测、计划、控制、核算、分析等功能及监督作用,根据国家有关财务工作制度的规定,结合本公司的实际情况,制定切实可行的公司财务管理制度。内容应包括:经费开支审批范围及权限;现金管理制度;差旅费报销及借、还款制度;银行账及支票管理制度;财产及物资进入账制度;专项基金管理制度;等等。财务部门要按企业成本管理条例的规定,严格控制成本的开支范围,分清各项开支,杜绝乱挤乱摊成本现象,定期编制公司经营状况报表,向公司决策层提出报告。

(三)人事教育管理

要根据广告公司的特点制定人事管理制度和人员培训计划。人才是广告公司的宝贵财富。根据广告公司的性质和功能,它需要众多的专业人才。如何招揽这批人才,不断提高他们的专业水平和服务能力,充分发挥他们的聪明才智和群体优势,使之热爱公司和所从事的事业,是人事管理工作的首要任务,也是该公司兴旺的根源所在。为此,人事部门要在招聘、录用人员时,一定要坚持按规定的用人条件和工作需要,经过考核或考试,提出意见,报公司领导集体讨论决定。对新录用的人员要进行人事教育,向其介绍公司的宗旨,企业文化、工作性质、对职工的要求,组织他们学习广告法规、公司的规章制度和有关业务知识,使他们对公司的总体情况有初步、全面的了解,继承和发扬公司的优良传统,为今后工作打下良好的基础。对现有职工,要根据工作需要和原有基础,制订培训计划,分别组织政治、业务、文化学习,并有计划地选送符合条件的职工脱产学习专业知识,参加学术研讨交流会议或出国进修,以提高全体员工的素质。要从德、能、勤、绩四个方面对职工进行考核:① 政治思想品德,主要看学习和贯彻执行党的路线、方针、政策情况,热爱祖国,为社会主义现代化建设贡献力量的情况,以及遵纪守法、公共道德、艰苦创业精神、思想作风等实际表现。② 业务、技术、管理能力,工作效率和完成本职工作情况。③ 出勤情况、工作态度和事业心。④ 工作实绩,看履行岗位责任制或完成经营任务的指标情况。根据考核结果,决定对他们的任用和奖惩。要制定科学合理的分配制度和奖惩办法,鼓励先进,调动职工的积极性和创造力,增强公司的凝聚力和向心力。

(四)行政管理

行政管理包括文书、档案、印章、会议安排、物资采购供应、资产、经营场所及办公条件、车辆调度、接待等行政及后勤保障工作。管理部门应分别制定各项规章制度,使职工有章可循,按章办事;要为职工创造一个良好的学习、工作、生活环境。

第二节　广告管理

广告是市场行为，是社会主义市场经济体系的重要组成部分。随着我国经济建设事业的发展，广告事业也日益发达起来，影响着人们的社会经济生活。为了保证广告传播活动在正常健康的轨道上运行，必须对广告行为进行有效的管理。

一、广告管理的含义与特点

（一）广告管理的含义

从广义上讲，广告管理是指国家、社会和广告业对广告的组织、指导和监督。具体而言，它包括以下五个方面。

1. 政府管理

指政府机关代表国家进行的行政管理。

2. 行业自我管理

又称行业自律，指广告从业者成立民间的行业团体组织，通过章程、准则、规范等形式进行自我约束、自我管理。如中国广告协会组织的中国广告业企业资质认定工作就属此类管理。

3. 广告经营者内部经营管理

指依法取得经营资格的广告经营者在法律规定或授权的范围内对所从事的广告经营活动各环节及内部经营组织的管理。

4. 企业广告管理

指工商企业在组织生产、经营活动中，对广告战略的指定和实施的管理。

5. 社会监督管理

指消费者和社会各界对广告活动的监督、举报、批评和意见。

从狭义上讲，广告管理是指国家对广告行业和广告活动的管理、调控、监督和指导。

在国家、社会和广告业对广告的管理活动中，国家依据有关的法律、法规对广告业进行管理，是广告管理的关键因素。而社会对广告的管理主要是借助新闻舆论工具和社会道德观念对广告活动起监督作用。广告业对广告的管理主要是行业内部的自我约束和管理。在广告管理体系中,三者相辅相成,缺一不可,共同承担广告管理的重任。

(二)广告管理的特点

广告管理是国家管理经济的行为之一。广告管理与一般管理相比,既有共同特点,又有自身的内在规律。广告管理在对象、方法和内容上均有自己独立的规律体系。同时,由于社会意识形态、国家体制、法律制度等方面的差异,各国的广告管理也有不同之处。我国的广告管理与西方发达资本主义国家相比,有其鲜明的中国特色,主要表现在以下几个方面。

1. 行政性

国家对广告的管理主要是通过各级工商行政部门来履行的。工商行政管理部门对广告的管理是不参与广告活动的计划、创意、策划等直接管理的,而是一种外部管理,具有行政性特点,主要通过制定和实施广告法规、制度等手段来管理、指导和监督广告活动,使广告活动在国家法律和政策许可的范围内活动。

2. 广泛性

这主要是指广告管理的范围涉及社会的各个方面。首先,广告具有广泛的社会性,既有生产领域,又有流通领域;既有公民个人,又有工商企业和其他组织。其次,广告传播媒介和方式具有多样性。再次,广告内容具有广泛性,包括社会、经济、文化等。此外,广告传播还不断吸收新媒介、新技术而不断变化和发展,深入到人们生活的各个领域,具有广泛性与复杂性。

3. 强制性

广告管理是国家意志的体现,并通过法律、法规来保证实施。广告活动的参与者必须依法从事广告活动,对于广告活动中的违法行为,广告管理机关有权根据其情节轻重作出行政处罚,对于情节严重、构成犯罪的,由司法机关依法追究刑事责任。

4. 综合性

广告管理不是对广告活动某一方面的管理,而是对广告活动全过程、全方位的管理。这种监督管理必然要涉及不同的管理部门,需要各有关部门的协调和合作,确保广告事业健康有序地发展。

二、广告管理的内容

广告管理的内容,概括地说,就是通过立法和行政执法,制定并实施国家和地方广告发展规划，宏观调控广告业的发展，对广告活动的全过程实施全方位的监督检查。具体地说，广告管理的内容包括以下几个方面。

（一）对广告主的管理

广告主是申请发布广告的一切机关团体、企业、事业单位和个人。广告主是出资刊播广告者，是广告内容的决策者，是广告的责任主体。对广告主的管理主要体现在以下几个方面：

（1）规定广告主的广告内容必须在其民事权力、经营许可或国家许可的范围内，如果超出其经营范围经营，就属于违法经营，如其违法经营，进行广告宣传，其行为就是违法广告行为。

此外，即使广告主在广告中所宣传、推广的商品或者服务属于自己合法的经营范围以内，其广告宣传也应当在国家许可的范围内进行。如卷烟厂为其生产的保健品做广告，虽然都在自己的经营范围以内，但是国家对这些产品的广告有许多限制，这些行业或企业做广告，都必须经过国家有关部门的严格审查，经同意后才可以发布广告。所以，必须在国家允许的范围内进行广告宣传。

（2）规定广告主有提供主体资格证明和证明广告内容真实、合法、有效的证件及其他有特别的产品广告证明的义务。

广告主自行或者委托他人设计、制作、发布广告应当具有或者提供真实、合法、有效的下列证明文件：① 营业执照以及其他生产、经营资格的证明文件；② 质量检验机构对广告中有关商品质量内容出具的证明文件；③ 确认广告内容真实性的其他证明文件；④ 发布广告需要经过有关行政主管部门审查的，还应当提供有关批准文件。

（3）规定广告主必须通过具有合法经营资格的广告经营者和广告发布者来设计、制作、发布广告；否则，就是违法广告行为。

（二）对广告经营者的管理

对广告经营者的管理主要体现在以下几个方面：

（1）必须依法核准登记，取得《广告经营许可证》才能从事广告经营活动。

（2）必须符合相应的资质条件，才能从事特定的广告经营。

（3）必须在核准的范围内进行广告经营。

（4）必须按规章建立各项工作制度，如广告承接记录、广告合同、广告档案、财务规定等，并遵照执行。

（5）必须服从工商行政管理部门的监督、检查，按要求配合年检，填报有关经营报表。

(三)对广告发布者的管理

广告发布者实际上就是大众传播媒体单位和经营其他广告媒体的企业组织。我国大众传播媒体,是党和政府的舆论机关,要进行正确的舆论引导,同时利用自身优势为广告主发布广告,销售空间或时间,收取一定的费用,这则是一种经营行为,应该纳入广告管理的范围,接受相应的监督和管理。广告发布者只能是法人或其他经济组织。

2005年1月26日,国家工商总局、信息产业部联合发布了《关于禁止发布含有不良内容声讯、短信息等电信信息服务广告的通知》,禁止电信信息服务业务经营者在电视、报纸等媒介大量发布含有淫秽色情、封建迷信等不良内容的声讯、短信息等电信信息服务广告等一系列文件就是对广告发布者的管理。

(四)对广告内容的管理

广告内容包括两个方面:一是指广告要传播的信息;二是指信息附着的表现形式,如语言文字、影像照片、音乐音响等。对广告内容的管理,主要包括以下几个方面:

(1)广告要传播的信息必须真实、客观。

(2)广告信息发布者的主体资格及信息本身必须合法。

(3)必须维护国家利益和社会公德。

(4)必须维护消费者的利益。

(5)广告信息的传递必须清晰、明白,不得误导受众,更不能有意欺骗消费者。

(6)必须体现公平竞争,不得贬低他人。

(7)特殊商品,必须遵循国家特定的标准进行广告宣传。

三、广告行业自律

(一)广告行业自律的含义、特点和意义

1. 广告行业自律的含义

建立广告行业规范,实行广告行业自律,是广告行业组织与管理的重要内容,它与政府对广告业的管理和消费者对广告活动的监督共同构成对广告业的组织与管理体系。这里所称的广告行业规范,不是指国家对广告业的管理规定,

而是指广告组织、广告经营者和广告主自行指定的约束本行业或企业从事广告活动的协约和规则。广告行业自律是广告业者通过章程、规则、规范等形式进行自我约束的管理，使自己的行为更符合国家法律、社会道德和职业道德等要求的一种制度。广告行业自律主要通过建立、实施广告行业规范来实现，行业规范的贯彻落实主要依靠行业自律组织进行。

2. 行业自律的特点

广告行业规范和行为自律作为广告业者遵循的规则和制度，主要有以下特点。

（1）自愿性。遵守行业规范，实行行业自律，是广告活动参加者自愿的行为，不需要也没有任何组织和个人的强制，更不像法律、法规那样，由国家的强制力保证实行，他们一般是在自愿的基础上组成的行业组织，制定组织章程共同遵守的行为准则，目的是通过维护行业整体的利益来维护各自的应得利益。因此，行业自律主要是依靠参加者的信念及社会和行业同仁的舆论监督作用来实现的。违反者也主要依靠舆论的谴责予以惩戒。

（2）广泛性。广告业自律调整的规范比法律、法规调整的范围更加广泛。广告活动涉及面广，而且在不断发展、变化，广告法律、法规不可能把广告活动的方方面面都规定得十分具体，而行业规范则可以做到这一点，它不仅在法律规范的范围内，即使是在法律没有规范的地方也能发挥其自我约束的作用。

（3）灵活性。广告法律、法规的制定、修改和废止，需要经过严格的法定程序，而行业规范自律规约只要经过参加者大多数人的同意，即可进行修改、补充。

3. 行业自律的意义

广告行业自律，对于规范广告市场，使广告主、广告经营者、广告发布者的活动有章可循，具有重要的意义。

首先，广告行业自律是广告业社会责任感的表现。广告主、广告经营者、广告发布者都是社会的一员，都对社会负有一定的责任。广告行业自律，可以保证广告主、广告经营者、广告发布者对社会承担一定的责任，使其在广告经营活动中，不仅考虑到自身的利益，更考虑到社会的利益。

其次，广告行业自律是国家广告管理的重要补充。通过广告行业自律，广告主、广告经营者、广告发布者能够在广告经营活动中自动约束自己的行为，主动按照国家有关法律、法规从事广告活动。国家的广告管理目的并非仅仅是为了处罚违法广告行为，而是为了预防、减少直至消灭违法广告行为，使广告业健康地发展，而广告行业的自律正是这种思想的体现。

第三，广告行业自律是广告业健康发展的重要手段。广告能否健康发展，既取决于广告的外部运作环境,也取决于广告业自身条件。从目前我国的实际情况看,由于社会主义市场经济的发展正处于一个前所未有的好时期,因此,广告运作的外部环境非常之好。但是,从广告业的内部来看却不尽如人意,社会各界对广告业仍然有许多严厉而中肯的批评,比如网民每年评选出的"年度最差的十个广告"。通过广告行业自律,广告业可以达到自身净化的目的。这既是广告管理发展的需要,也是广告业健康发展的需要。

(二)广告行业自律和行业规范

1. 广告行业自律的途径

(1) 建立行业协会。行业自律首先要成立行业组织,有了行业组织,才能开展相关活动,行业自律才能从组织上得到落实和保证。

1983年12月27日,中国广告行业组织——中国广告协会宣告成立,对全国广告行业进行指导、协调、咨询、服务,协助政府进行行业管理的职责。中国广告协会在全国各地都设立了地方广告协会,形成了全国性的自律组织网络。此外,中国对外经济贸易于1981年8月成立。广州成立了中国目前唯一的一家4A协会,即"广州市综合性广告代理公司协会"。这些行业协会都有自己的协会章程,其中,行业自律是最重要的内容。

(2) 制定自律规范。行业自律必须要由成员共同制定自律规章,作为本行业成员共同遵守的规范,并对整个行业形成一种行业导引作用,使整个行业都能够按照自律规章办事。中国广告协会在1990年召开的第三次全国代表大会上,通过了《广告行业自律规则》《广告行业岗位职务规范(试行)》等重要的行业自律规章,并作为对全行业的共同要求,对中国广告业的行业自律起到了重要作用。广州4A协会制定了针对广州4A广告公司的《广州4A作业规范》。

(3) 自检互查,互相监督。有了行业自律规章,还要进行检查,对不按照自律规则办事的要予以处理。但是,行业自律毕竟是一种自发的自我约束,所以,它主要是通过自我检查、自我约束和行业组织成员之间的互相检查监督来达到自律的目的。

2. 广告行业岗位职务的规范

为了提高广告从业人员的素质,逐步实现广告业的专业化、社会化,提高广告行业的服务水平,中国广告协会于1991年开始在全国范围内推广实施《广告行业岗位职务规范(试行)》,对广告行业内部从事不同工作的人员的岗位职务规范提出了要求。《规范》把广告工作人员分为九类,分别是:① 广告公司正副经理、媒介单位广告部门正副经理(主任);② 广告公司部门经理(科长)、媒介单位广告部长(科长);③ 广告策划人员;④ 广告设计人员;⑤ 市场调查人员;⑥ 广告文稿撰写人员;⑦ 广告业务人员;⑧ 广告审查人员;⑨ 工商企业广告业务员。把这九类工作人员的岗位职务规范分为政治素质、文化素质、业务知识、工作能力几个方面。在政治素质方面,要求拥护党的领导,遵守国家法律、法规,开拓进取,廉洁奉公,热爱广告工作,全心全意为人民服务。在文化素质方面,除广告业务人员外,要求具有大专以上文化程度或同等学力。在业务知识方面,要求熟悉广告管理法规和有关经济法规,根据所从事的工作的不同内容,应具备不同领域的专业知识,了解广告经营的基本程序。在工作能力方面,要求能合格地完成本职工作,对广告经营单位的主要负责人还要求一定的工作经历。

2005 年 5 月,中国广告协会在京召开了中国广告专业技术资格评定工作委员会成立大会,会议审议了《广告专业技术资格评定试行办法》《广告专业技术资格评定工作实施细则》《中国广告专业技术资格评定工作委员会工作规程》,讨论了成立广告专业技术高级资格评审委员会、广告专业技术资格标准和考试考核大纲编委会等机构的相关事宜。至此,中国广告专业技术资格评定工作正式开展起来了。

广告专业技术资格拟分为四个系列:从事营销策划、媒体传播策划、公关活动策划等专业人员为广告策划师系列;从事文案创意工作的专业人员为广告文案师系列;从事视觉设计工作(包括平面、户外、网络、展览展示等创意设计工作)的专业人员为广告设计师系列;从事广告编剧、导演、摄影、三维、广播、动漫、制作等工作的专业人员为影视广告师系列。资格分为三个等级:助理级、中级和高级。

第三节　广告法律、法规

一、广告法律、法规概述

我国的广告法律、法规是调整广告主、广告经营者、广告发布者、广告监督管理机关以及用户与消费者之间,在广告宣传、广告经营和广告管理活动中所发生的各种社会关系的法律规范的总称。

广告主是指为推销商品或提供服务,自行或委托他人设计、制作、发布广告的法人、其他经济组织或者个人。

广告经营者是指受委托提供广告设计、制作、代理服务的法人、其他经济组织或者个人。

广告发布者是指为广告主或者广告主委托的广告经营者发布广告的法人或者其他经济组织。

广告业属于知识密集、技术密集、人才密集的高新技术产业。要想把广告信息准确、无误地传递给广告对象,并取得预期的结果,需要专门的知识和技能。而广告主不可能都了解和掌握这些专业技能,因此需要委托具有广告专业技能的广告经营者为其提供设计、制作、代理服务,并通过广告发布者将广告信息传递出去,从而形成广告主与广告经营者、广告发布者之间的民事法律关系。与此同时,众多的广告经营者、广告发布者之间存在不同的社会分工,相互之间需要协作配合,从而又形成广告经营者与广告经营者之间、广告经营者与广告发布者之间的民事法律关系。

为促进广告业的健康发展,保护消费者合法权益,维护社会经济秩序,需要有管理机关监督管理广告主、广告经营者、广告发布者遵守和执行国家确立的广告行为准则。于是产生了广告监督管理机关与广告主、广告经营者、广告发布者之间的管理与被管理关系。广告法律就是调整因广告宣传、广告经营、广告管理活动而产生的法律规范的总和。

广告法律、法规的表现形式有:专门的广告法律规定、有关法律中广告法律规范、专门的广告管理行政法规、国家广告监督管理机关发布的规章和规范性文件、地方立法机关颁布的广告管理地方法规、地方人民政府发布的广告管理地方规章等。

二、我国现行的广告法律、法规

根据国家工商行政管理总局广告监督管理司编辑出版的《中国广告法律法规汇编》统计,由国家颁布实施的有关广告的法律法规已达数十种,这些广告法律、法规涵盖了与人民群众生活密切相关的方方面面,有助于规范我国的广告市场,保证广告市场朝着健康、文明的方向发展,使广告有利于社会主义物质文明和精神文明建设。

我国现行的广告法律、法规主要包括:

《中华人民共和国广告法》《广告管理条例》《广告管理条例施行细则》《化妆品广告管理办法》《医疗器械广告审查标准》《医疗器械广告审查办法》《药品广告审查标准》《药品广告审查办法》《兽药广告审查标准》《兽药广告审查办法》《农药广告审查标准》《农药广告审查办法》《临时性广告经营管理办法》《酒

类广告管理办法》《户外广告登记管理规定》《烟草广告管理暂行办法》《印刷品广告管理办法》《房地产广告发布暂行规定》《广告经营资格检查办法》《广告显示屏管理办法》《广告语言文字管理暂行规定》《广告活动道德规范》《广告审查员管理办法》《国家工商行政管理局关于加强加工承揽广告管理的通告》《中共中央宣传部、国家工商行政管理局、广播电影电视部、新闻出版署关于做好公益广告宣传的通知》《国家工商行政管理局、卫生部关于进一步加强药品广告审查和监督管理工作的通知》《广告宣传精神文明自律规则》《关于实行医疗广告发布内容格式化通知》《关于加强专利广告出证管理的通知》《国家工商行政管理局、国家药品监督管理局关于变更药品广告审查机关、批准文号格式的通知》《国家工商行政管理局、国家药品监督管理局关于变更医疗器械广告审查机关的通知》《关于加强电视直销广告管理的通知》《关于加强自费出国留学中介服务广告管理的通知》《关于产品包装物出现"极品"字样问题的处理意见》《关于加强处方药广告审查管理工作的通知》《关于进一步加强医疗广告管理的通知》《关于进一步加强对大众传播媒介广告宣传管理的通知》《关于公布允许刊播处方药广告的第一批医药专业媒体名单的通知》《关于对低度酒发酵药广告发布的规范意见》《关于对企业及其产品在境外的市场占有率、排序的内容在广告中使用问题的答复》《关于在自有建筑物上设置大型招牌是否属于户外广告问题的答复》《关于认定利用新闻报道形式发布医疗广告问题的答复》《对执行〈印刷品广告管理办法〉有关问题的答复》《关于药品生产者或者代理商以药店名义发布广告可否认定药店为广告主并予以处罚问题的答复》。

其中,《广告管理条例施行细则》《印刷品广告管理办法》已经中华人民共和国国家工商行政管理总局局务会议审议决定修改,自2005年1月1日起施行。新的《广告经营许可证管理办法》也于2005年1月1日施行。在国家制定的有关广告的法律、法规的基础上,许多地方政府根据当地实际情况,制定了一些适合当地具体情况的地方政策、法规,来规范当地的广告市场,加强广告管理的力度,使广告管理更加有序可循、有法可依。例如,北京市人民政府颁布了《北京市治理整顿自设性户外广告〈招牌〉实施方案》《北京市律师事务所执业广告管理办法(试用)》;江苏省工商行政管理局颁布了《关于坚持真实合法,反对虚假宣传,规范广告经营行为的通知》,江苏省工商行政管理局、中共江苏省委宣传部、江苏省卫生厅颁布了《关于整顿规范医疗广告市场秩序有关问题的通知》,江苏省工商行政管理局颁布了《关于加强药品广告监督管理的通知》。这些地方性法规的发布和实施,加强了当地广告市场的管理,促进了广告企业的发展。

三、广告活动规范

广告活动规范是指广告主、广告经营者和广告发布者从事广告宣传、广告经营活动时应当遵守的行为规范。广告活动规范主要包括三个方面的内容,即广告活动基本规范、广告主广告活动规范、广告经营者和广告发布者广告活动规范。

(一) 广告活动基本规范

广告活动基本规范适用于广告主、广告经营者和广告发布者。其基本内容有以下几个方面。

1. 遵守法律、行政法规

为了维护社会正常生产、生活秩序,国家通过制定和颁布法律、法规的形式对从事社会生产、生活应当遵守的基本准则予以确认、保护,对违反者予以相应的制裁。广告活动要想达到预期的目的,必须在国家法律、法规允许的范围内进行;否则,不但不能实现预期目的,而且要受到法律的制裁。

2. 公平、诚实、讲信用

公平、诚实、讲信用是社会公认的商业道德观念在法律上的体现。广告活动作为一种市场行为,应当严格遵守公平、诚实信用原则,不得利用虚假广告欺骗、误导消费者;不得进行任何形式的不正当竞争或利用自身优势条件压制、排斥竞争,搞垄断;不得随意变更事先约定的承诺、不守信用等。

3. 禁止进行不正当竞争活动

广告活动中的不正当竞争行为是指广告活动主体在广告活动中违反《广告法》和《反不正当竞争法》的规定,损害其他广告活动主体的合法权益,扰乱社会主义市场秩序的行为。例如,利用广告贬低同类商品和服务;以欺骗、贿赂行为争取广告生意;利用自己的优势条件妨碍、排斥正当竞争;等等。广告活动中的不正当竞争行为,严重扰乱广告市场的秩序,破坏广告市场公平竞争的原则,其结果是损害消费者乃至整个社会的公共利益。因此,在广告活动中必须严禁不正当竞争行为。

4. 不得损害未成年人和残疾人的身心健康

主要包括的内容有:在制作、发布广告时要尊重他们的权利,维护他们的尊严;广告语言、文字、画面不得含有歧视、侮辱未成年人和残疾人的内容;有关未成年人和残疾人的饮品、食品、用具、器械等商品的广告,应真实、易解,明白无误地说明产品的性能、用途及使用方法,不得损害残疾人的身体健康。

（二）广告主的广告活动规范

广告主在广告活动中除了遵守广告活动规范外，还应当遵守法律、法规针对其制定的特殊行为规范。其主要内容包括以下几个方面。

1．广告所推销的商品或服务应当符合自身经营范围

广告主的经营活动是否在国家核准的经营范围内进行，是区分其经营活动是否合法的法律界限。因此，广告主利用广告推销商品或服务时，其推销的商品或服务必须是经国家核准生产经营的，否则就是违法行为。

2．委托具有合法经营资格的广告经营者和广告发布者提供广告服务

依照法律规定，从事广告经营活动、广告发布活动，必须经国家核准登记后才能进行。凡未经核准登记而从事广告经营和广告发布活动的都属于非法行为。因此，广告主需要委托他人提供广告服务时，应当委托给具有合法经营资格的广告经营者、广告发布者；否则，不但自身合法权益受不到法律保护，而且还会因委托非法经营和发布者的行为而受到法律的制裁。

3．具有或者能够提供真实、合法、有效的证明文件

广告主无论是自行发布广告，还是委托他人设计、制作发布广告，都应当具有或者能够提供证实自己具有发布广告合法主体资格和广告内容真实、合法、有效的证明文件。凡不具有上述证明文件的，不能自行发布或委托他人设计、制作、发布广告，否则将承担相应的法律责任。

（三）广告经营者和广告发布者的广告活动规范

广告经营者和广告发布者的广告活动规范可分为两个方面：一是市场准入规范；二是具体经营行为规范。

1．市场准入规范

公民、法人或其他组织要进入广告市场，从事广告设计、制作、代理、发布活动，必须具备法律、法规规定的市场准入条件，并经工商行政管理核准登记注册后，方可从事广告经营和广告发布活动。由于广告活动提供的是知识型的服务，相对于一般的服务来说，对申请从事广告业务人员的文化和专业知识水平要求较高。广告法律、法规规定，申请从事广告经营活动的单位和个人，依照申请设立的企业或组织的类型不同，除具备《中华人民共和国公司法》《中华人民共和国企业法人登记管理条例》《中华人民共和国私营企业暂行条例》《城乡个体工商户管理暂行条例》规定的条件外，还应具备广告法律、法规、规章规定的专业条件。

依照广告企业组织类型、业务性质、经济性质的不同,广告法律、法规将从事广告经营活动的单位和个人分成综合型广告公司、广告设计制作公司、经营广告业务的企业、广告媒介单位、中外合资合作广告企业等几个类型,并规定了相应的资质标准条件。只有具备了上述法律、法规规定的条件并经工商行政管理机关核准登记注册后,方可进入广告市场,从事与其经营范围相一致的广告活动。

2. 广告经营行为规范

广告经营者、广告发布者在广告经营活动中,除了必须遵守广告法律、法规规定的广告活动基本行为规范外,还应当遵守的经营行为规范主要有以下几个方面。

(1) 承接广告业务时,应当依据法律、行政法规查验有关证明文件,核实广告内容。内容不实或者证明不全的广告,经营者不得提供设计、制作、代理服务,广告发布者不得发布。

(2) 照国家有关规定,建立、健全广告业务的承接登记、审核、档案管理制度。

(3) 广告收费应当合理、公开,并公布其收费标准和收费办法,同时向物价局和工商行政管理部门备案。

(4) 广告发布者向广告主、广告经营者提供的媒介覆盖率、收视率、发行量等资料应当真实。

(5) 不得为法律、法规禁止生产、销售的商品或者服务提供设计、制作、发布广告的服务。

(6) 不得为禁止发布广告的商品或者服务提供广告业务。

以上是广告经营行为的主要规范。除此之外,有关法律、法规还针对特定问题规定了相应的行为规范,如广告经营者在广告中使用他人名义、形象的,应当事先取得他人的书面同意等。广告经营者和广告发布者在进行经营活动时,凡遇到法律、法规予以约束的行为,必须严格遵守法律、法规的规定。

第四节 发达国家的广告管理

在世界发达国家,到处都可以看到广告的存在,广告已经成为发达国家的显著标志。而西方国家真正开始对广告实施有效的管理,则是进入20世纪之后的事情。美国、英国是世界上广告管理较早的国家，主要通过建立广告法律法规来进行管理。日本与英美相比，广告业起步较晚，但发展相当迅速。到今天，发达国家对广告的管理，已经走过了近百年的历程。随着广告业的不断发展，其管理也日趋规范化，多数发达国家都建立起了完备的广告管理的法律、法规制度，建立起了完善的行业自律机制和消费者举报、投诉监督机制，并由政府指定专门的或兼职的广告管理机构管理广告。这对保护消费者的权益，维护正常的广告市场秩序，都起到了积极的作用。

一、发达国家的广告法规管理

在广告的法规管理方面，发达国家的经验主要有以下几个方面。

（一）建立由政府指定的或兼职的广告管理机构，负责对广告业和广告活动的管理

在美国，政府管理广告的官方机构是联邦贸易委员会，这是美国最具权威的综合性广告管理机构，它是 1914 年由美国国会根据《联邦贸易委员会法》设立的。其次是联邦通讯委员会。此外，还有食品药物管理局、邮政管理局、烟酒税务局、粮食局、证券和交易委员会、国内航空局、专利商标局、国会图书馆、农业部、司法部、消费产品安全委员会、消费者事务所等，分别负责管理电视、电台广告，食品、药物、化妆品、医疗器械广告，邮政广告，烟酒广告，种子广告，证券广告，航空运输广告，商标广告，版权广告等。另外，由司法部门负责审理其他政府机构提交的有关广告方面的案件，实施联邦政府在这方面的法律约束力。

英国政府管理广告的官方机构是独立广播局、广告标准局和各地政府。独立广播局负责管理电视广播广告；广告标准局负责管理路牌、印刷、剧院广告；各地方政府负责管理户外广告。此外，德国、日本、法国等发达国家均有各自的官方广告管理机构，并代表各国政府行使一定的广告管理职权。这些国家的广告管理机构的名称虽然不同，但是其职责是一致的，主要有三大任务：制定有关广告管理的法律和规章；审查重要的商品或服务的广告及重要的媒介广告；处理违法广告。表 11-1 表明了在美国享有广告管理法律授权的六个机构及其职责范围。

表 11-1 广告有关的主要政府机构

机构名称	广告管理范围
联邦贸易委员会	权限最大的政府机构，约束不正当竞争方法，管理欺骗性广告，拥有管理广告行为的各种方案
联邦通讯委员会	禁止广播电视中的淫秽、欺诈和彩票内容，拥有拒绝发给执照和吊销执照的最高权力
食品药品管理局	管理食品、药品、化妆品和医疗产品的广告。可以要求危险产品，如家用吸尘器进行特殊标识；禁止虚假标识和包装
证券交易委员会	管理证券广告和年度报告中的信息透露问题
美国邮政局	负责管理直邮广告；禁止彩票、欺诈和歪曲；对认定淫秽的物品有权进行管理和处罚
烟、酒和枪支管理局	最直接的影响在于管理酒精饮料的广告。该机构曾经负责在酒精广告上打上警告标识，并禁止现役运动员做啤酒广告的名人代言人。该机构有权判定这些产品范围构成误导广告的成分

（二）制定广告管理的法律、法规制度，查处违法广告

发达国家由于实行市场经济的时间较长，在规范包括广告市场行为在内的市场行为方面，做了大量的法制建设，从而使其广告管理的法律和法规十分完善。

早在 1906 年，美国通过的《纯食品和药物法案》就涉及医药广告管理的问题。1911 年，美国纽约州通过的《普令泰因克广告法案》，是美国第一个有关广告管理的专门法律。该法案最初只在纽约州实行，后经多次修改，于 1945 年修订为《广告法》在全国推广应用。此外，涉及广告管理的法律、法规还有《联邦贸易委员会法》《广告业务准则》《广告行为准则》《惠勒—李对联邦贸易委员会的修正案》《克莱顿法案和罗宾逊—帕特曼法案》《统一欺骗性贸易活动法令》《商标法》《联邦食品、药物和化妆品法》《毛织品标签说明法案》等。多年来，联邦贸易委员会在广告执法的过程中，还根据国会法中关于“不公正、虚假行为是违法的”这个原则，制定了一些广告管理的基本条例。这些条例也是联邦贸易委员会裁决和法院判决广告是否违法的依据。美国地方当局制定的与广告有关的州法，除上文提到的《普令泰因克广告法案》外，还有关于户外广告的法规、关于旅游与旅馆业价格广告的法规等。

英国在1907年就颁布了世界上第一部《广告法》,1925年又对其进行了修改。英国独立广播局制定的《广告标准和实践》是由独立广播局制定的最重要的专门的广告管理法规。这部法规除了作出全面、系统的总则规定外,还专门制定了《广告与儿童》《财政金融广告》《卫生和医疗广告》三个单项广告管理规则。此外,在一些建筑法规和卫生法规中,还对霓虹灯广告作出了具体的规定;《交易表述法》还规定,在产品或者服务广告中使用假证言就是犯法,因此而受到损害的消费者可据民法向广告主索赔。

日本的广告管理虽然起步较晚,但也在1940年,由日本的广告联盟制定了最初的广告准则:《日本广告律令》和《广告伦理纲领》。其中《日本广告律令》对广告的基本精神及其界限都作了明确的规定。此外,还有《广告取缔法》《不正当竞争防止法》《消费者保护基本法》,以及《药事法》《食品卫生法》《滞销商品及其不正当宣传防止法》《户外广告法》等,其中包括国会通过的广告法律和有关政府部门制定的广告法规。可以说,日本的广告管理法规十分完备,虽然没有制定专门的广告法,但是在其他众多的法律中对广告行为和广告活动进行了直接或者间接的限制和规范。这些法律按类别分类的话,可以分为六种:公法—宪法;民事法—民法等;刑事法—轻微犯罪法、刑法等;经济法—独禁法、不正当竞争防止法;景表法;社会法、图案设计(专利)法、新产品专利法、专利法、版权法。这些法律法规从广告的张贴、广告的安放、广告的内容等许多方面对广告活动进行了限制,可以明确广告活动沿着什么样的法制体系进行。

现代广告业在发展过程中日益国际化,出现了大量的国际性广告和国际广告代理业务,使世界的广告活动面临新的问题。各国政府都希望通过法律的形式或行业自律的方式,进一步规范广告活动。1963年,国际商会通过的《国际商业广告从业准则》是目前国际性共同广告规范的主要形式,一些国家将其作为标准的广告法律来执行,比如法国、希腊、丹麦、瑞士都是如此。

二、发达国家的广告自律管理

发达国家在广告的自律管理方面也积累了许多经验,主要有以下几个方面。

(一)建立广告自律组织

美国早在1905年就出现了一些由广告经理组成的广告联合俱乐部,并发起了广告城市运动。1911年,在广告联合俱乐部的基础上成立了世界广告联合会,并设立了管理广告的"全国广告监视委员会",1915年改名为"商务改善协会”,并在全美各地设立了130多个地方商务改善协会,并吸纳了大约50个国家加入该协会。全国广告审查理事会是美国全国性的广告业自律机构,在1971年由美国营业质量促进委员会、美国广告业联合会、美国广告公司协会和全国广告主协会共同筹办。其宗旨是:促进真实、准确、健康的广告的发展,增强广告界的社会责任感和道德感。除此之外,比较有代表性的还有美国广告代理公司协会、美国广告联盟、全美广告评议委员会、美国广告机构联合会、全国广告主联合会、美国广告界同盟。除了全国性的广告自律组织以外,美国也成立了许多行业性的广告自律组织,如美国报纸广告负责人协会、直接邮寄广告协会、美国户外广告协会、全国广播者协会等。

英国的广告自我管理体系是目前世界上最为完善的,由四个方面组成:18个签约专业广告组织的管理;广告实务准则委员会的指导;独立的广告标准局的监督;广告主、广告公司和媒体单位的自我约束,从而形成了一个涉及全部广告活动的严密的自我管理体系。在广告的自律组织方面英国也成立较早,1926年就成立了广告协会,1962年又成立了广告标准局(ASA),是英国广告自我管理系统的最高机构。它的具体职责有两项:一是审查广告;二是受理申诉。这一机构下设三个广告协会和各个团体协会,主要是:英国广告主协会、广告业协会、报纸发行者协会、英国招贴画广告协会、英国直接销售协会、邮购协会、通讯工业协会、独立电视公司协会、基本标准制造者协会、期刊发行者协会、英国专利权协会、苏格兰日刊新闻团体、苏格兰报纸经营者协会、电影广告协会、户外广告协会等。

日本最早推进广告自律的组织是于1947年成立的日本广告会,1953年又成立了日本广告业的全国性组织——全日本广告联盟,后又成立了日本广告业协会。日本行业性的自律组织主要有:日本广告主协会、日本杂志广告协会、东京户外广告协会、全日本户外广告业团体联合会、国铁广告协同组合等。此外法国、德国、加拿大、意大利等国家也都成立了各具特色的广告自律组织。

(二)制定自律规则

发达国家的广告自律规则虽然名目不同,各具特点,但是,大都从伦理、道德、业务准则等方面进行了自我规范。英国广告业最主要的自律规则是《英国广告职业行为准则》。该准则规定的广告基本原则是,一切广告都应该合法、正派、诚恳、真实。另一个重要规则是《英国促销职业行为规则》。该准则规定各种促销广告必须要合法、正当、诚实与可信。美国比较主要的自律规则是:《广告业务标准》《电视公约》。

此外,美国广告联盟还在 1965 年拟定了《美国工商界广告信条》,内容如下:

(1) 讲求事实。广告内容应为事实,而且应该透露事实,倘有隐瞒,便是欺骗。

(2) 守信负责。广告业者为广告客户对于所宣传的事物,应该保证忠于事实。

(3) 公平竞争。商品或劳务宣传,应列举优点,供消费者选择,不得恶意攻击他人产品或销售方式。

(4) 不作引诱。广告内容应以所能提供者为限,不得虚言引诱,实际价格应与所标价格相同。

(5) 明白保证。有关保证事项必须明白道出,不得含糊其词。保证事项的性质和程序已经保证者为谁,均应确切说明。

(6) 价格确实。虚伪价格不得提出,没有减价或便宜,不得虚伪宣传。

(7) 不得夸张。广告应避免夸张或不实宣传。

(8) 诚实推荐。倘用消费者证词作为宣传,其推荐必须属实。

日本广告学者和广告业者都认为,广告自律应该包括两个方面:一是广告职业的伦理方面,这是引导广告业正常发展的心灵的规则;二是各种广告业务的具体规则。

日本广告业界的共同的伦理纲领:

全日本广告联盟的"广告纲领"指出:"广告是对自由和丰富的国民生活有贡献的提议活动。"在此认识的基础上,制定了如下的自律规则:

(1) 知识、方便。作为信息,对个人和企业在了解商品和服务等事务方面是很有用的,并对多样化的生活提供了有益的知识和便利。

(2) 事实、证实。不能作违反事实的表现,不能做不能证实的表现,不能坐视人误解事实的表现。

(3) 责任、保证。对广告的内容,要明确责任所在和保证的范围,以提高广告的可信赖性。

(4) 伦理、法规。为了保卫广告表现的自由,就要尊重品位和良俗,遵守有关法规。

(5) 创造、个性。广告表现应致力正确、完美、个性化和独创性。

有关媒介的伦理纲领和广告刊登标准:

比如,朝日新闻的广告伦理纲领是:广告必须真实;不能违反各种规定;不能损害社会道义和良风美俗;不能中伤他人和损害他人的名誉;不能违反读者的利益;不能损害版面的品格。该社的《广告刊登标准》明确指出,有下列内容的广告不予刊登:违反法律或有可能违反法律的;中伤他人、诽谤他人的;扰乱社会秩序、反社会的、非道德的;虚伪或有可能使人误解的;损害版面品格的,如色情、残忍、丑恶等的表现;目的不明确或者谁的广告、广告的责任所在不明确的;除了出版和电影广告以外,算卦、掐诀、碾轴、祈祷、迷信及其他不科学的;广告中刊登有未成年犯罪者照片、名字、学校名称的;修正本报的报道内容,或否定、贬低社会对本报的评价,或者表现出本报好像对其商品和服务有所推荐的。

此外,还有关于广告业的伦理纲要和规则,企业内部制作广告时的自律规则,广告主同行业之间的自我约束。

三、发达国家的广告社会监督管理

发达国家的广告社会监督管理多是通过消费者组织进行的。美国最早的消费者组织是于1929年成立的消费者研究公司,在此基础上,1936年又成立了消费者联盟。此外,美国还组织了各种各样的消费者团体,像美国大学妇女联合会、妇女投票者国家联盟、妇女俱乐部总联等。这些组织不仅对广告业和广告主进行监督,还对国家的广告管理提出建议。美国消费者联盟还接受消费者的诉愿和质询,提供详细解答,调查虚伪和欺骗性广告,并予以揭发。他们还设立了最差广告奖,每年评选一次。

据托马斯·C.奥吉恩等在其所著的《广告学》中介绍,美国商务部促进委员会下属的全国广告审查委员会(National Advertising Review Board, NARB)是一个非常重要的自律组织,这个组织是商务促进委员会全国广告管理处(National Advertising Division, NAD)的执行机构。来自消费者、竞争对手或商务促进局地方机构的投诉被呈报全国广告管理处,大部分投诉来自竞争对手。在对投诉进行全面审查之后,全国广告管理处可以将问题上报给全国广告审查委员会,交由评判小组评估。处理投诉的整个具体程序如图11-3所示。

在日本保护消费者利益的组织活动开始于1948年,进入20世纪60年代后逐渐形成高潮,各种消费者组织纷纷成立,到目前已经形成了从地方到中央的社会监督和管理网络。据统计,全日本有消费者组织近3600个,主要的是消费者协会和主妇联合会。这些组织的主要职责是保证消费者得到正确的商品知识的传播和普及,保证消费者自由选择商品,保证公平的竞争。如主妇联合会,就在日本36个地方设立了消费者受害接待室,根据消费者的投诉独立进行商品测试,一旦发现问题,就向政府和厂家进行交涉。日本广告业为了加强与消费者的

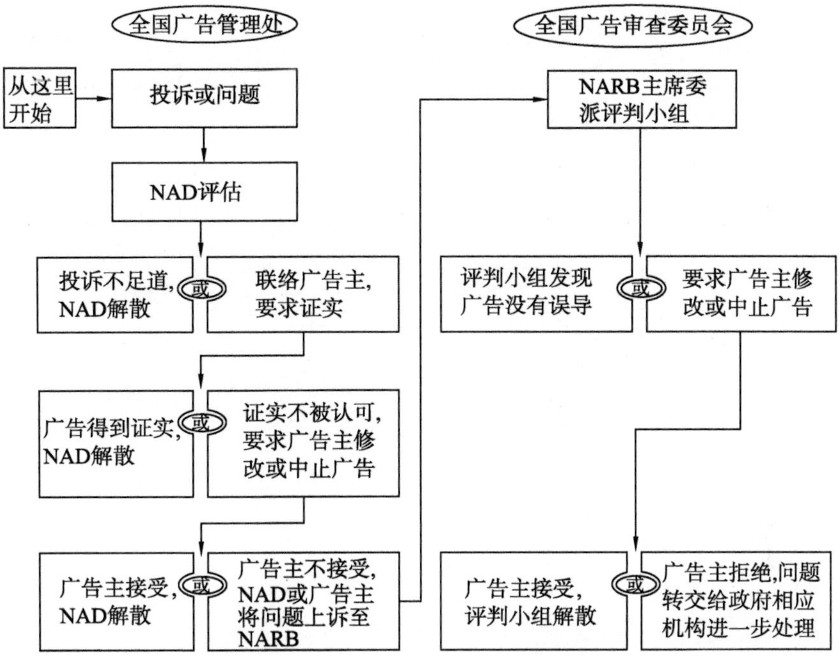

图 11-3 美国全国广告管理处和全国广告审查委员会管理程序流程图

联系，便于消费者对广告的监督，成立了由广告主、广告媒体和广告公司共同组成的广告审查机构。消费者可以将不实的广告、夸大的广告、虚假的广告向广告审查机构检举、揭发。社会舆论对其有较高的评价。

在国际上，1960 年还成立了国际消费者联合协会，拥有 120 多个会员机构，分布在 50 多个国家，总部设在荷兰海牙。它在监督跨国公司的广告业务上发挥着巨大的作用。

附　录

中华人民共和国广告法

1994年10月27日第八届全国人民代表大会常务委员会第十次会议通过

第一章 总 则

第一条 为了规范广告活动,促进广告业的健康发展,保护消费者的合法权益,维护社会经济秩序,发挥广告在社会主义市场经济中的积极作用,制定本法。

第二条 广告主、广告经营者、广告发布者在中华人民共和国境内从事广告活动,应当遵守本法。

本法所称广告,是指商品经营者或者服务提供者承担费用,通过一定媒介和形式直接或者间接地介绍自己所推销的商品或者所提供的服务的商业广告。

本法所称广告主,是指为推销商品或者提供服务,自行或者委托他人设计、制作、发布广告的法人、其他经济组织或者个人。

本法所称广告经营者,是指受委托提供广告设计、制作、代理服务的法人、其他经济组织或者个人。

本法所称广告发布者,是指为广告主或者广告主委托的广告经营者发布广告的法人或者其他经济组织。

第三条 广告应当真实、合法,符合社会主义精神文明建设的要求。

第四条 广告不得含有虚假的内容,不得欺骗和误导消费者。

第五条 广告主、广告经营者、广告发布者从事广告活动,应当遵守法律、行政法规,遵循公平、诚实信用的原则。

第六条 县级以上人民政府工商行政管理部门是广告监督管理机关。

第二章 广告准则

第七条 广告内容应当有利于人民的身心健康,促进商品和服务质量的提高,保护消费者的合法权益,遵守社会公德和职业道德,维护国家的尊严和利益。

广告不得有下列情形:

(一) 使用中华人民共和国国旗、国徽、国歌;

(二) 使用国家机关和国家机关工作人员的名义;

(三) 使用国家级、最高级、最佳等用语;

(四) 妨碍社会安定和危害人身、财产安全,损害社会公共利益;

(五) 妨碍社会公共秩序和违背社会良好风尚;

(六) 含有淫秽、迷信、恐怖、暴力、丑恶的内容;

(七) 含有民族、种族、宗教、性别歧视的内容;

(八) 妨碍环境和自然资源保护;

(九) 法律、行政法规规定禁止的其他情形。

第八条 广告不得损害未成年人和残疾人的身心健康。

第九条 广告中对商品的性能、产地、用途、质量、价格、生产者、有效期限、允诺或者对服务的内容、形式、质量、价格、允诺有表示的,应当清楚、明白。

广告中表明推销商品、提供服务附带赠送礼品的,应当标明赠送的品种和数量。

第十条 广告使用数据、统计资料、调查结果、文摘、引用语,应当真实、准确,并表明出处。

第十一条 广告中涉及专利产品或者专利方法的,应当标明专利号和专利种类。

未取得专利权的,不得在广告中谎称取得专利权。

禁止使用未授予专利权的专利申请和已经终止、撤销、无效的专利做广告。

第十二条 广告不得贬低其他生产经营者的商品或者服务。

第十三条 广告应当具有可识别性,能够使消费者辨明其为广告。

大众传播媒介不得以新闻报道形式发布广告。通过大众传播媒介发布的广告应当有广告标记,与其他非广告信息相区别,不得使消费者产生误解。

第十四条 药品、医疗器械广告不得有下列内容:

(一) 含有不科学的表示功效的断言或者保证的;

(二) 说明治愈率或者有效率的;

(三) 与其他药品、医疗器械的功效和安全性比较的;

(四) 利用医药科研单位、学术机构、医疗机构或者专家、医生、患者的名义和形象作证明的;

(五) 法律、行政法规规定禁止的其他内容。

第十五条 药品广告的内容必须以国务院卫生行政部门或者省、自治区、直辖市卫生行政部门批准的说明书为准。

国家规定的应当在医生指导下使用的治疗性药品广告中,必须注明“按医生处方购买和使用”。

第十六条 麻醉药品、精神药品、毒性药品、放射性药品等特殊药品,不得做广告。

第十七条 农药广告不得有下列内容:

(一)使用无毒、无害等表明安全性的绝对化断言的;

(二)含有不科学的表示功效的断言或者保证的;

(三)含有违反农药安全使用规程的文字、语言或者画面的;

(四)法律、行政法规规定禁止的其他内容。

第十八条 禁止利用广播、电影、电视、报纸、期刊发布烟草广告。

禁止在各类等候室、影剧院、会议厅堂、体育比赛场馆等公共场所设置烟草广告。

烟草广告中必须标明“吸烟有害健康”。

第十九条 食品、酒类、化妆品广告的内容必须符合卫生许可的事项,并不得使用医疗用语或者易与药品混淆的用语。

第三章 广告活动

第二十条 广告主、广告经营者、广告发布者之间在广告活动中应当依法订立书面合同,明确各方的权利和义务。

第二十一条 广告主、广告经营者、广告发布者不得在广告活动中进行任何形式的不正当竞争。

第二十二条 广告主自行或者委托他人设计、制作、发布广告,所推销的商品或者所提供的服务应当符合广告主的经营范围。

第二十三条 广告主委托设计、制作、发布广告,应当委托具有合法经营资格的广告经营者、广告发布者。

第二十四条 广告主自行或者委托他人设计、制作、发布广告,应当具有或者提供真实、合法、有效的下列证明文件:

(一)营业执照以及其他生产、经营资格的证明文件;

(二)质量检验机构对广告中有关商品质量内容出具的证明文件;

(三)确认广告内容真实性的其他证明文件。

依照本法第三十四条的规定,发布广告需要经有关行政主管部门审查的,还应当提供有关批准文件。

第二十五条 广告主或者广告经营者在广告中使用他人名义、形象的,应当事先取得他人的书面同意;使用无民事行为能力人、限制民事行为能力人的名义、形象的,应当事先取得其监护人的书面同意。

第二十六条 从事广告经营的,应当具有必要的专业技术人员、制作设备,并依法办理公司或者广告经营登记,方可从事广告活动。

广播电台、电视台、报刊出版单位的广告业务,应当由其专门从事广告业务的机构办理,并依法办理兼营广告的登记。

第二十七条 广告经营者、广告发布者依据法律、行政法规查验有关证明文件，核实广告内容。对内容不实或者证明文件不全的广告，广告经营者不得提供设计、制作、代理服务，广告发布者不得发布。

第二十八条 广告经营者、广告发布者按照国家有关规定，建立、健全广告业务的承接登记、审核、档案管理制度。

第二十九条 广告收费应当合理、公开，收费标准和收费办法应当向物价和工商行政管理部门备案。

广告经营者、广告发布者应当公布其收费标准和收费办法。

第三十条 广告发布者向广告主、广告经营者提供的媒介覆盖率、收视率、发行量等资料应当真实。

第三十一条 法律、行政法规规定禁止生产、销售的商品或者提供的服务，以及禁止发布广告的商品或者服务，不得设计、制作、发布广告。

第三十二条 有下列情形之一的，不得设置户外广告：

（一）利用交通安全设施、交通标志的；

（二）影响市政公共设施、交通安全设施、交通标志使用的；

（三）妨碍生产或者人民生活，损害市容市貌的；

（四）国家机关、文物保护单位和名胜风景点的建筑控制地带；

（五）当地县级以上地方人民政府禁止设置户外广告的区域。

第三十三条 户外广告的设置规划和管理办法，由当地县级以上地方人民政府组织广告监督管理. 城市建设、环境保护、公安等有关部门制定。

第四章 广告的审查

第三十四条 利用广播、电影、电视、报纸、期刊以及其他媒介发布药品、医疗器械、农药、兽药等商品的广告和法律、行政法规规定应当进行审查的其他广告，必须在发布前依照有关法律、行政法规由有关行政主管部门（以下简称广告审查机关）对广告内容进行审查；未经审查，不得发布。

第三十五条 广告主申请广告审查，应当依照法律、行政法规向广告审查机关提交有关证明文件。广告审查机关应当依照法律、行政法规作出审查决定。

第三十六条 任何单位和个人不得伪造、变造或者转让广告审查决定文件。

第五章 法律责任

第三十七条 违反本法规定，利用广告对商品或者服务作虚假宣传的，由广告监督管理机关责令广告主停止发布，并以等额广告费用在相应范围内公开更正消除影响，并处广告费用一倍以上五倍以下的罚款；对负有责任的广告经营者、广告发布者没收广告费用，并处广告费用一倍以上五倍以下的罚款；情节严重的,依法停止其广告业务。构成犯罪的,依法追究刑事责任。

第三十八条 违反本法规定,发布虚假广告,欺骗和误导消费者,使购买商品或者接受服务的消费者的合法权益受到损害的,由广告主依法承担民事责任;广告经营者、广告发布者明知或者应知广告虚假仍设计、制作、发布的,应当依法承担连带责任。

广告经营者、广告发布者不能提供广告主的真实名称、地址的,应当承担全部民事责任。

社会团体或者其他组织,在虚假广告中向消费者推荐商品或者服务,使消费者的合法权益受到损害的,应当依法承担连带责任。

第三十九条 发布广告违反本法第七条第二款规定的,由广告监督管理机关责令负有责任的广告主、广告经营者、广告发布者停止发布、公开更正,没收广告费用,并处广告费用一倍以上五倍以下的罚款;情节严重的,依法停止其广告业务。构成犯罪的,依法追究刑事责任。

第四十条 发布广告违反本法第九条至第十二条规定的,由广告监督管理机关责令负有责任的广告主、广告经营者、广告发布者停止发布、公开更正,没收广告费用,可以并处广告费用一倍以上五倍以下的罚款。

发布广告违反本法第十三条规定的,由广告监督管理机关责令广告发布者改正,处以一千元以上一万元以下的罚款。

第四十一条 违反本法第十四条至第十七条、第十九条规定,发布药品、医疗器械、农药、食品、酒类、化妆品广告的,或者违反本法第三十一条规定发布广告的,由广告监督管理机关责令负有责任的广告主、广告经营者、广告发布者改正或者停止发布,没收广告费用,可以并处广告费用一倍以上五倍以下的罚款;情节严重的,依法停止其广告业务。

第四十二条 违反本法第十八条的规定,利用广播、电影、电视、报纸、期刊发布烟草广告,或者在公共场所设置烟草广告的,由广告监督管理机关责令负有责任的广告主、广告经营者、广告发布者停止发布,没收广告费用,可以并处广告费用一倍以上五倍以下的罚款。

第四十三条 违反本法第三十四条的规定,未经广告审查机关审查批准,发布广告的,由广告监督管理机关责令负有责任的广告主、广告经营者、广告发布者停止发布,没收广告费用,并处广告费用一倍以上五倍以下的罚款。

第四十四条 广告主提供虚假证明文件的,由广告监督管理机关处以一万元以上十万元以下的罚款。

伪造、变造或者转让广告审查决定文件的,由广告监督管理机关没收违法所得，并处一万元以上十万元以下的罚款。构成犯罪的，依法追究刑事责任。

第四十五条 广告审查机关对违法的广告内容作出审查批准决定的，对直接负责的主管人员和其他直接责任人员，由其所在单位、上级机关、行政监察部门依法给予行政处分。

第四十六条 广告监督管理机关和广告审查机关的工作人员玩忽职守、滥用职权、徇私舞弊的，给予行政处分。构成犯罪的，依法追究刑事责任。

第四十七条 广告主、广告经营者、广告发布者违反本法规定，有下列侵权行为之一的，依法承担民事责任：

（一）在广告中损害未成年人或者残疾人的身心健康的；

（二）假冒他人专利的；

（三）贬低其他生产经营者的商品或者服务的；

（四）广告中未经同意使用他人名义、形象的；

（五）其他侵犯他人合法民事权益的。

第四十八条 当事人对行政处罚决定不服的，可以在接到处罚通知之日起十五日内向作出处罚决定的机关的上一级机关申请复议；当事人也可以在接到处罚通知之日起十五日内直接向人民法院起诉。

复议机关应当在接到复议申请之日起六十日内作出复议决定。当事人对复议决定不服的，可以在接到复议决定之日起十五日内向人民法院起诉。复议机关逾期不作出复议决定的，当事人可以在复议期满之日起十五日内向人民法院起诉。

当事人逾期不申请复议也不向人民法院起诉，又不履行处罚决定的，作出处罚决定的机关可以申请人民法院强制执行。

第六章 附 则

第四十九条 本法自 1995 年 2 月 1 日起施行。本法施行前制定的其他有关广告的法律、法规的内容与本法不符的，以本法为准。

主要参考书目

(1)《广告,艰难的说服》,[美]米切尔·舒德森著,陈安全译,华夏出版社,2003年7月第1版

(2)《现代广告学》,何修猛著,复旦大学出版社,1998年9月第2版

(3)《奥格威谈广告》,[美]大卫·奥格威著,洪良浩、官如玉译,台湾哈佛管理顾问公司,1984年第1版

(4)《方法:国际著名广告公司操作工具》,文武文著,线装书局,2003年10月第1版

(5)《传播学教程》,郭庆光著,中国人民大学出版社,1999年11月第1版

(6)《现代广告战略与战术》,周晓红著,中国青年出版社,1994年11月第1版

(7)《传播学引论》,李彬著,新华出版社,1993年10月第1版

(8)《广告效果测定技术》,樊志育著,上海人民出版社,2000年12月第1版

(9)《社会学方法的规则》,[法]埃米尔·迪尔凯姆,华夏出版社,1999年第1版

(10)《营销管理》,菲利普·科特勒著,梅汝和等译,中国人民大学出版社,2001年第10版

(11)《东方智慧与符号消费——DIMT模式中的日本茶饮料广告》,李思屈著.浙江大学出版社,2003年第1版

(12)《文化理论与通俗文化导论》,[英]约翰·斯道雷著,杨竹山等译,南京大学出版社,2001年第1版

(13)《广告案例教程》,何佳讯著,复旦大学出版社,2002年第1版

(14)《消费社会》,[法]让·鲍德里亚著,刘成富等译,南京大学出版社,2001年5月第1版

(15)《广告文化学》,李建立著,北京广播学院出版社,1998年6月第

现代传播学精品教材

1 版

(16)《广告学——理论与应用》,北京广播学院广告学教研室编,中国广播电视出版社,1993 年 5 月第 1 版

(17)《广告媒体研究》,陈俊良著,中国物价出版社,1997 年 1 月第 1 版

(18)《传播的观念》,陈卫星著,人民出版社,2004 年 4 月第 1 版

(19)《现代广告管理》,张大镇、吕蓉著,复旦大学出版社,1999 年 11 月第 1 版

(20)《广告心理学基础》,马谋超著,北京师范大学出版社,1992 年第 1 版

(21)《广告策划创意学》,余阳明、陈先红著,复旦大学出版社,1999 年 2 月第 1 版